JN418403

해외시장조사론

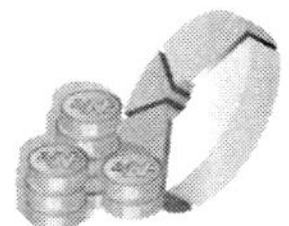

이순철 | 김정포 공저

도서출판 두남

머리말

세계는 하나의 커다란 경제권으로 형성되고, 글로벌 또는 세계화라는 단어가 너무나 일상화되었다. 이제는 세계를 여러 개의 시장으로 보는 시각보다는 하나의 시장으로 보는 시각이 일반화되었다. 특히 최근에 세계무역기구를 중심으로 한 단일 시장화를 위해 다자간 무역협상을 추진하고, 시장접근을 원활히 하기 위해 양자간 자유무역협정(FTA) 등을 대부분의 국가들이 타결하고 있다. 단일화된 세계시장에서의 경쟁은 더욱 치열해지고 있다.

우리나라도 천연자원이 없이 지속적이고 안정적인 성장을 위해 제조업을 중심으로 제품을 생산하여 세계시장으로 적극 진출하고 있다. 이러한 노력 덕분에 우리나라는 경제규모의 80%에 달하는 무역실적을 달성하여 세계 10대 통상국가로 부상하였다. 세계 10대 통상국가가 되기 위해서 많은 우리 기업들이 세계를 하나의 커다란 시장으로 보고, 시장 점유율을 확대해 나가는 노력이 있었다. 특히 최근에 우리나라는 칠레를 선두로 싱가포르, 아세안, 인도 등과 FTA를 비준하는 것은 물론 미국, EU 등과 FTA를 체결하였다. 이에 우리나라는 이미 세계의 주요 FTA선도주자가 되었다. 이러한 노력으로 우리 기업들은 세계 시장으로 진출 가능성이 더욱 높아졌다.

이제 세계 시장은 점점 하나의 시장으로 개방되면서 우리 기업들의 해외 진출은 더욱 확대될 것이다. 미국, 캐나다, 남미 등 구미시장과 EU 시장, 동남아 시장, 남아시아 시장 등 다양한 시장이 커다란 경제단위로, 그리고 개별 국가의 시장 단위로 우리에게 개방되고 있다. 이러한 개방의 시기를 기반으로 우리 기업들은 해외시장 진출 및 개척을 통하여 한 단계 더 도약의 시기를 맞이할 것인지에 대한 갈림길에 서 있다. 이러한 갈림길에서 성공의 여부는 해외시장에 대한 체계적인 조사방법과 접근 방법에 달려 있다고 볼 수 있다.

이에 본고는 급속히 확대되는 세계시장에 우리 기업들이 해외에 진출하기 위한 해외시장조사에 대한 기초적인 자료를 정리하였다. 본고에서 필자는 한국기업들이 해외에 진출하기 위해서는 어떻게 조사를 해야 하는지를 정리한 것이다. 우리 기업들이 오래 전부터 해외시장에 진출을 해왔지만, 여전히 이에 대한 방법론적인 자료없이 현장 경험을 중심으로 이루어져 왔다. 하지만, 이미 세계는 커다란 거대 시장으로 형성되고, 이와 더불어 각 국가별로 다양한 정책 및 협력을 기반으로 시장을 개방하고 있다. 이제는 명확한 접근방법과 조사를 통하여 시장을 개척해 나가야 할 때이다. 이러한 점을 고려하여 본고는 체계적인 해외시장 접근법을 정리하였다.

우선 본고는 해외시장의 구분과 조사 방법을 단순히 기업측면에서만이 아닌 정부 또는 관련기관들의 입장에서 폭 넓고 포괄적으로 접근하였다. 이런 접근과 더불어 기업들이 해외시장에 진출하기 위하여 어떻게 준비하고 조사해야 하는지를 세부적으로 서술해 나갔다. 이러한 조사 방법 및 접근 방법을 기업들이 활용 가능하도록 하였고, 특히 학습을 해나가는 학생들에게도 실질적인 도움을 줄 수 있도록 정리하였다. 특히 기업들이 효율적으로 다양한 정보를 수집하고, 이를 활용하여 해외시장에 진출할 수 있도록 해외시장 조사에서 필요한 기초적인 방법론, 시장수요

조사, 공급자 조사, 유통시장 조사 등을 다양하게 수록하여 독자들에게 해외시장조사 방법론을 학습 및 활용할 수 있도록 하였다.

이를 위해 본고는 해외시장조사의 개념을 중심으로 해외시장 조사 방법론은 물론 해외시장 조사의 대상국가에 대한 분석을 포함하였다. 또한 해외시장조사의 가장 기초가 되는 시장동향조사, 구매자 조사, 공급자 조사, 해외신용조사 등을 포함시켰다. 이와 더불어 해외시장조사가 실질적인 해외진출 전략을 구사한다는 점을 감안하여 해외시장 진출과 진입 전략도 포함시켰다. 더욱이 우리 기업들이 해외시장 진출을 단순히 제품 및 상품을 판매 또는 구매한다는 점만을 고려하지 않고, 해외투자를 위한 시장조사도 한다는 점을 고려하여 해외직접투자에 대한 목적, 유형, 그리고 결정요인 등을 제시하였다. 또한 해외시장에서 정부조달 시장이 상당한 규모라는 점을 고려하여 해외정부의 조달시장의 특성과 진출 전략도 포함시켰다. 마지막으로 해외시장조사가 상당한 인터뷰와 통계 작업이 수반된다는 점을 고려하여 통계분석에 대한 기초적인 방법론도 수록하였다.

아무쪼록 본고가 여러 독자들에게 해외시장 진출을 위한 시장조사 이해를 하는 데 길잡이 역할을 해주고, 특히 우리 기업들이 해외 시장에 진출하는데 도움이 되어 기업성장에 기여할 수 있기를 바란다.

많은 분들의 도움으로 본 『해외시장조사론』을 출간하게 되었다. 우선 본 교재가 나올 수 있도록 도와주신 도서출판 두남 임직원 일동에게 감사드린다. 특히 저희 연구실에 여러 차례 방문하여 본서가 나올 수 있도록 처음부터 끝까지 도와주신 김재윤 차장님께 감사드린다. 그리고 KOTRA의 조사대행 담당관님인 조영수 부장님께도 감사의 말씀을 드린다. 해외시장조사를 가장 선도적으로 수행해 오고 있는 KOTRA의 조사 방법 및 내용이 없이는 실질적인 해외시장조사론이 될 수 없기 때문에

KOTRA의 도움은 더욱 간절하였으며 본고의 완성도가 이로 인해 더욱 높아졌다. 또한 해외시장조사를 직접 수행하여 실질적인 해외시장조사의 내용을 제공해준 중소기업진흥공단과 조달청 관계자분들에게도 감사드린다. 마지막으로 본고를 탈고할 때까지 많은 어려움이 있음에도 불구하고 끝까지 믿고 기다리고 지켜주신 가족들에게 본고를 바친다.

우암동 연구실에서

이순철 · 김정포 씀

차례

제 3 장 해외시장조사의 대상국가 분석

제 4 장 해외시장과 시장동향 조사

제 5 장 해외시장 진출 전략의 수립과 선택

제 6 장 해외시장과 직접투자

제 8 장 해외시장조사의 통계분석

제1장 해외시장조사란?

1.1 해외시장조사의 개요

1. 해외시장조사의 정의

해외시장조사는 다양한 목적에 따라 여러 형태로 수행되어진다. 일반적으로 해외시장조사라고 하면, 기업이 특정시장을 목표로 제품을 수출 또는 판매하기 위해서 현지의 소비자, 생산자, 판매자, 구매자, 경쟁자 등을 조사하여 제품의 판매가능성을 분석하는 것을 의미한다. 하지만 이러한 해외시장조사는 매우 단편적인 시장조사를 의미한다.

해외시장조사는 국가 또는 정부, 기업, 개인 등이 다양한 목적에 따라 수행할 수 있다. 예를 들면, 한국형 원자력 발전소를 해외로부터 수주받기 위해 정부차원에서 해외시장조사를 할 수도 있다. 원자력 발전소는 한국전력공사에 의해 해외로 수출이 되지만, 그 규모가 국민경제에 상당한 영향력을 미칠 수 있기 때문에 정부차원에서 원자력 발전소의 해외시장규모, 진출가능 국가, 각 국가의 정책, 경쟁대상국가 및 업체 등에 대한 조사를 하는 것은 물론 국가와 국가 간의 경제협력 방안 등도 같이 조사하여 일종의 패키지딜을 수행할 수 있는 방안을 모색할 때도 해외시장조사가 수행된다. 고속철도의 경우도 비슷하다. 고속철도의 해외진출을 고려할 때, 가장 중요한 수출당사자는 한국철도시설공단이다. 한국철도시설공단이 해외에 고속철도를 수출하기 위해서는 다양한 시장조사가 이루어져야 한다. 일단 고속철도를 구입할 수 있는 시장이 있는지를 파악하고, 그 시장의 특징 및 규모, 경쟁업체, 도입하려는 구체적인 철도시스템의 사양 등에 대해서 조사가 이루어진다. 이러한 조사가 이루어지면 시설공단은 사업의 규모에 따라 컨소시엄을 구성하고, 이에 대한 계획서를 제출하게 된다. 이러한 과정에서 고속철도가 해외에 진출하기 위해서는 단순히 시설공단의 노력만으로는 되지 않는다. 즉 고속철도가 진출하기 위해서는 정부의 역할이 필요하다. 우리정부가 해당국가의 정부를 상대로 경제협력에 대한 협의를 해나가는 것이 일반적이다. 양국 간에 경제협력을 하기 위해서는 또 하나의 시장조사가 수행되어야 한다. 양국 간 경제협력 가능 분야가 어떤 것이 있으며, 이러한 협력을 하기 위한 구체적인 방안 및 방법도 조사하여야 한다. 이러한 전반적인 조사도 해외시장조사라 할 수 있다.

국가경제에 막대한 영향을 미치는 제품의 판매에 대해서 국가 또는 정부차원에서 이루어지는 해외시장조사도 있지만, 대부분은 민간업체들이 해외에 자사의 제품을 판매하기 판매하려는 시장, 즉 목적시장을 선정하는 것부터가 해외시장 조사가 된다. 특정 시장에서 판매하려는 제품에 대한 수요, 경쟁관계, 생산동향, 가격동향, 유통구조, 수출입 동향, 바이어 및 구매자 파악, 원부자재 공급선 등의 자료 및 정보의 수집, 정리, 분석하여 해외시장 진출 가능성, 시장 선택, 진출 방법 등을 도출하는 것이 기업의 일반적인 시장조사이다.

이렇게 해외시장조사는 한 기업이 특정시장에 진출하기 위해 조사하는 것만을 의미하지 않고 그 목적에 따라 조사 주체 및 수행자가 다양하고 조사방법도 여러 형태가 있다.

궁극적으로 해외시장조사를 하나의 개념으로만 정의하기가 쉽지 않다. 광범위하게 이루어지는 해외시장조사를 종합하여 정의해보면, 포괄적 정의와 협의의 정의로 구분할 수 있다. 우선 세계를 하나의 큰 시장으로 보고, 전반적인 조사를 통하여 특정 목적 시장을 선정하고, 그 시장에 대하여 정치, 경제, 사회, 상거래 등의 제반 개황 및 여건들을 조사하여 특정문제를 해결하고 대응방안을 마련하기 위해 해외시장을 조사하는 경우를 생각해볼 수 있다. 이러한 형태의 해외시장조사를 넓은 의미에서 해외시장조사라 할 수 있다. 이러한 포괄적 해외시장 조사는 진출하려는 시장의 거시경제현황조사, 일반경제현황조사, 특정상품 판매 및 구매 가능성 조사 등을 포함한다.

이에 반해 특정상품에 대한 고객 또는 소비자 조사, 제품 및 상품조사, 판매 및 유통조사, 가격조사, 판촉 및 판로 등의 유통구조, 경쟁구조 및 경쟁업체, 거래대상, 거래처 등을 조사하는 것을 협의의 해외시장조사라고 정의할 수 있다. 즉 무역거래를 체결하는 것을 목적으로 특정상품의 판매 및 구매가능성을 과학적으로 조사·정리하고, 분석하는 과정을 협의의 해외시장조사라고 정의할 수 있다.

결과적으로 해외시장조사는 목적에 따라 다양한 형태로 수행되며, 해외시장조사 활동은 특정목적을 완성하기 위해 시장의 모든 사실을 수집하고, 기록·정리하고, 분석하는 활동이라고 정의할 수 있다.

2. 해외시장조사의 의의와 필요성

해외시장조사는 해외에 있는 특정 목적시장에 대한 조사를 통하여 시장진출에 필요한 비용과 위험을 줄이고 이로부터 이익을 극대화하는 데 필요하다. 해외시장조사가 갖는 의의 및 필요성에 대하여 정리해 보면 다음과 같다.

첫째, 새로운 시장 발굴 및 확보가 가능하다. 해외시장조사를 통하여 기대하지 못한 시장을 발굴할 수 있는 기회를 파악하고, 이로부터 그 시장에서 진출하려는 제품의 판매 가능성 및 판로를 개척할 수 있다. 글로벌 시장에 대한 폭 넓은 조사는 국내 시장에서 판매되고 있는 제품을 해외시장에 판매할 수 있는 기회를 발굴할 수 있다. 예를 들면, 우리가 갖고 있는 원자력발전소를 이전에는 해외에 수출하는 것은 전혀 기대하지도 못했다. 하지만, 한국은 원자력발전소 운영에 대한 노하우 및 기술이 축적되면서 원자력발전 기술은 원전설비, 경수로 건설, 중소형원자로 개발 능력 등에서 세계적인 수준을 보유하게 되었다. 이러한 배경에서 중동, 동남아, 아프리카 등에 대한 꾸준한 시장조사를 하고, 정부의 제도적 정책적 지원을 바탕으로 현재 UAE에 수출은 물론 터키, 아프리카 등과도 수출협상을 하고 있다. 이와 같이 꾸준한 해외시장조사를 통하여 전혀 예상하지 못한 시장에서 새로운 판로를 개척할 수 있다.

둘째, 적절한 진입방법 및 대응방안을 결정할 수 있다. 특정목적 시장에 대하여 시장규모, 인프라, 가격, 경쟁구도, 유통구조, 수입규제 등을 조사 분석하면, 해당지역에 대한 진출 및 대응 방안을 마련할 수 있다. 정부의 경우는 정부간 협력방안과 대응 방안을 마련할 수 있고, 기업의 경우 수출, 직접투자, 합작투자 등의 시장 진출 방식을 용이하게 결정할 수 있다.

셋째, 특정제품의 수출 및 수입(판매 및 구매) 가능성을 제시할 수 있다. 특정제품의 수출 및 해외조달에 대한 적합한 시장을 물색하고, 거래 가능자의 신용조사, 경쟁력 등의 조사를 통하여 수출입 가능성을 판단할 수 있다. 수출입거래의 초기단계로 해외시장조사를 통하여 목적시장과 해당제품에 대한 각종 상거래 정보를 조사함에 따라 수출입 가능성을 모색할 수 있다.

넷째, 마케팅전략을 수립할 수 있다. 해당 목적시장에 소비자의 특성, 선호 및 관습 등의 조사를 통하여 진출시장에 맞는 마케팅 전략을 수립할 수 있다.

다섯째, 시장 환경의 변화를 배울 수 있다. 해외시장조사를 통하여 세계시장 또는 지역시장의 변화를 읽을 수 있고, 이를 통하여 해외시장 진출전략을 수립할 수 있다.

3. 해외시장조사의 목적

해당시장의 제요소를 과학적으로 조사하고 분석하면, 특정 목적 또는 취급 상품 등에 대하여 경제협력 가능성, 교역대상지로서의 적격성 등의 여부를 판단할 수 있다. 경제협력을 위한 정책적 시장조사인 경우, 특정시장의 경제현황, 교역경쟁력, 투자환경 등을 조사하여 정부 및 일반기업에게 협력 또는 진출 방안을 제시할 수 있도록 각종 자료를 수집·분석하여 합리적인 판단을 할 수 있게 하는 것이 해외시장 조사의 목적이라고 할 수 있다. 수출입 시장 조사인 경우 특정 물품의 판매 및 구매 가능성을 측정하기 위해 매매에 필요한 모든 정보를 수집하는 것이 해외시장조사의 목적이 된다.

이에 해외시장조사의 내용과 대상은 시장조사의 목적에 따라 다를 수 있다. 만약에 경제현안이나 이슈 조사인 경우, 특정시장에 대한 조사를 통하여 협력 및 진출 방안, 대응 방안 등을 마련하기 위해 각 종 경제현황과 이슈가 조사대상이 된다. 제품의 판매 및 조달을 목적으로 해외시장조사가 진행되는 경우, 목적시장에서 특정제품의 가격 및 비가격 경쟁력 조사가 시장조사의 내용과 대상이 된다.

이러한 것을 정리해 보면, 첫째, 해외시장조사의 조상 대상은 객관적인 자료를 근거로 한 일정한 방법을 통하여 목적시장에 대한 일반사항과 특수사항이다. 둘째, 해당시장에서의 경제협력 및 제품의 판매 적격성을 파악하기 위하여 해당 제품 및 품목에 대한 국내외 시장 동향 및 수급동향이 조사 대상이 된다. 셋째, 관심 및 주요 이슈조사와 협력 가능성도 조사대상이 된다. 넷째, 관심 제품의 수출입을 위한 국내외 경쟁자 및 수익성 조사이다.

조사의 내용은 ① 정치적 환경 및 정부 정책 ② 물가, 환율, 금리 등의 거시경제지표 ③ 운송 및 유통서비스 체계 ④ 제품의 수요 가능성과 고객의 취향과 성향 ⑤ 국내외 경쟁자 파악 ⑥ 제품주기와 기술 조사 등이다.

조사내용을 분석하기 위해서는 현지 경제 및 상관습에 대하여 사전에 충분하게 이해되어야 한다. 조사내용을 분석하고, 이를 바탕으로 효과적인 협력 및 진출방안은 물론 특정제품의 마케팅 계획을 수립한다.

1.2 해외시장의 구분과 조사 방법

1. 해외시장의 구분

해외시장조사는 제품에 대한 구매자 선정과 이에 맞는 마케팅 전략을 수립하기 위하여 구체적인 경제 및 시장동향을 파악하는 것이다. 시장조사를 통하여 해외시장진출 및 확보 여부를 판단하여 궁극적으로 새로운 시장을 개척하고 발견하는 데 목적이 있다.

시장관리측면에서는 수출입시 기존의 제품 판매를 더욱 촉진하고, 손실 및 애로요인을 사전에 파악하여 해소하며, 시장 내에서의 지위 향상이나 판매 능률을 향상시키는 것이 주요 목적이 된다.

조사를 통하여 이러한 목적을 달성하기 위해서는 해외시장을 구분하여 접근해야 한다.

시장을 구분하는 데는 보통 기존시장, 잠재시장, 미래시장으로 구분된다. 기존시장은 이미 시장을 장악하거나, 시장을 점유하는 공급자가 있는 시장을 의미한다.

잠재시장은 특별한 공급자가 없지만, 소비시장으로서 잠재성이 있는 시장으로 진입에 대한 장벽이나 경쟁은 없다. 하지만, 시장으로서 역할을 할 것이라는 보장도 없다.

미래시장은 일종의 태아기 시장으로 앞으로 시장이 형성될 가능성이 높은 시장이다.

시장을 구분하는 판단 기준으로는 시장의 잠재력, 고객의 태도와 행동, 유통경로, 커뮤니케이션 수단, 시장정보의 원천, 신제품 등이 된다. 여기에서 유의할 점은 시장의 규모, 경쟁적 위치 등이다.

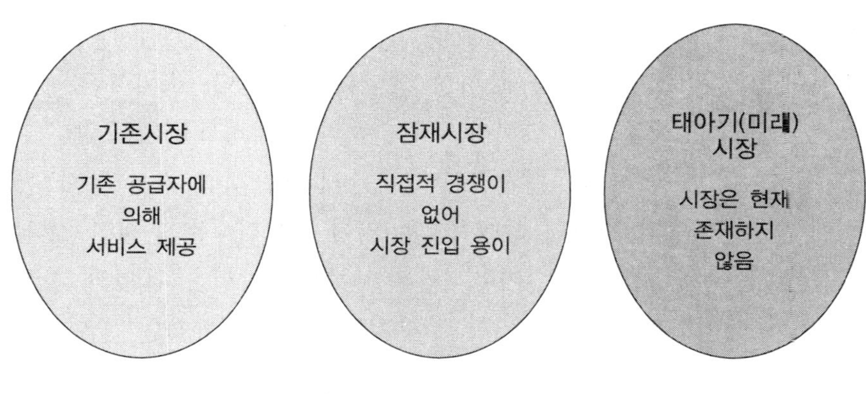

〈그림 1-1〉 시장의 구분

2. 해외시장조사 방법

해외시장을 조사하는 방법은 가장 기초적인 방법인 문헌조사, 해외출장 등을 통한 직접조사, 외부위탁조사, 전시회 등의 참석 및 참관 등이 있다. 문헌조사는 국내외 대외정책기관, 경제기관, 무역관련 기관 등에서 발행하는 서적, 테이다 베이스, 홍보책자, 무역관련 기사 등을 활용하는 방식이다. 대표적인 사례로 특정 국가 또는 국가별 경제 및 수출입통계를 조사하는 경우, UN의 무역통계연보(Yearbook of International Statistics), IMF에서 발간하는 세계경제전망(World Economic Outlook), 국제금융통계(International Financial Statistics) 등이나 국내의 무역협회 및 관세청에서 발간하는 무역통계 연보 및 월보를 활용하여 기초자료를 수집하고 분석하는 방법이다. 문헌조사 방법은 해외시장조사의 초기단계에서 수행되거나, 아니면 해외에 직접조사가 어려울 때 사용하는 방법이다. 상대적으로 시간과 비용이 적게 들지만, 시장환경을 정확하게 파악하는 데에는 한계가 있다.

둘째, 현지 직접 방문에 의한 자체 현지시장조사이다. 현지 방문을 통하여 시장의 참여자, 정책담당자, 거래가능자 등을 인터뷰를 하는 방법이다. 주요 인터뷰대상자는 현지대사관, 공관 및 무역관, 상공회의소 및 유관기관 등과 협조를 통하여 현지 유력 수입업자 및 도매상과의 인터뷰를 추진한다. 이러한 인터뷰를 통하여 해당품목의 시항, 소비패턴, 가격 구조 등을 조사함으로서 주관적이고 감각적인 시장정보를 입수할 수 있다는 장점이 있다. 하지만 현지직접조사는 해외에 직접 가서 조사 한다는 점에서 조사비용과 시간이 상대적으로 많이 소요된다는 단점이 있다.

셋째, 외부위탁조사 방법이다. 외부위탁조사 방법은 해외의 컨설팅회사 등의 에이전트를 활용하거나 정부지원기관을 활용하는 방법이 있다. 가장 많이 활용하는 방법으로 해외 현지 시장을 잘 이해하고 파악하고 있는 주요 시장 전문 컨설턴트, 기 진출한 기업 또는 지인을 활용하는 방법이다. 전문컨설턴트를 활용하는 경우 시장 현황을 매우 면밀하게 파악 및 분석을 해준다는 장점이 있지만, 대개 많은 비용을 수반하게 된다. 기 진출한 기업을 활용하는 방법은 경쟁관계가 있는 기업의 진출 가능성을 염두에 두고 시장의 현황을 전달하기 때문에 가장 중요한 요점은 파악할 수 없을 가능성이 높다. 현지의 지인을 통하여 시장환경을 조사하는 경우는 현지 지인의 존재여부, 그리고 현지 지인의 전문성 등에 따라 시장환경에 대한 정보를 다르게 전달될 수 있다는 단점이 있다. 국내외 경제단체나 유관기관을 이용하는 방법도 있다. 대한투자진흥공사(KOTRA)는 적은 비용으로 기초적인 해외시장조사를 대행해주고 있기 때문에 이를 이용하는 방법도 고려해 볼 만하다. 국외 경제단체로는 UNCTAD의 지원을 받아 운영되고 있는 세계무역연합사이트(www.wtpfed.org) 등이 있다. 그 외 국내외 광고회사를 통하여 조사를 할 수 있다. 특히 전문성이 높은 품목에 대해서 많이 활용하는 방법으로 선진국의 유명광고회사인 경우 세부적인 전문조사를 수행해 준다. 이러한 조사는 비용이 많이 든다는 단점이 있다.

1.3 해외시장조사 형태와 내용

일반적으로 해외시장조사라고 하면, 특정제품을 특정시장에 판매하기 위해 고객, 경쟁기업, 가격구조, 유통구조 등을 조사하여 시장진출 가능성 또는 잠재성에 대한 것을 분석하는 것을 의미한다. 하지만, 정부, 경제연구소, 정부유관기관 등에서 중국, 인도, 러시아와 같은 국가의 경제동향 및 시장동향을 조사하여 분석하는 것도 큰 의미에서는 해외시장조사라 할 수 있다. 그리고 금융회사에서 국가별 증시 상황이나, 주요 상품조사도 해외시장 조사에 포함된다.

이렇게 해외시장조사에는 다양한 형태가 있다. 해외시장조사는 여러 가지로 나눌 수 있지만, 일반적으로 경제정책 및 동향조사, 경제현안조사, 산업조사, 그리고 기업에 의해 진행되는 특정제품 시장조사 등으로 구분될 수 있다.

1. 경제정책 및 동향조사

경제정책 및 동향 조사는 주로 경제연구소 및 정부기관 등에서 수행된다. 주요 국가에 대한 현 경제의 현안, 경제전망, 경제정책 변화 등을 조사 분석하여 그 결과를 많은 이해당사자들에게 제공한다. 이러한 정보는 국가나 정부에게는 양자 간 경제협력 및 대응방안 등을 마련할 수 있는 자료로 제공되기도 하고, 기업들에게는 새로운 시장의 형성 가능성 및 진출 가능성에 대한 정보를 제공하게 된다. 가령, 한국과 인도 간에 자유무역협정을 추진한다고 하면, 인도에 대한 경제 및 시장조사의 기회요인, 위협요인, 강점 및 단점 등을 파악하고, 특히 경제적 리스크가 있는지를 파악하여 정부는 물론 기업들에게 정보를 제공한다. 만약에 우리 기업들이 많이 진출한 국가에서 경제정책이 변하면, 그 정책이 우리기업들에게 기회가 될 수도 있지만, 위험요인이 될 수도 있다. 예를 들면, 인도 주식시장의 사상 최대의 폭락세를 기록하였다면, 증식 폭락 여파는 인도시장은 물론 우리나라 시장에도 영향을 미칠 수 있다. 따라서 우선 인도 금융시장이 건전한지를 먼저 확인 한 후 이에 대한 전망 및 시사점을 제시하여, 우리 기업들이 인도 금융시장의 변화에 대응할 수 있도록 해준다.

다른 예로 러시아 은행산업이 급성장하는 경우를 고려해 보자. 러시아 은행산업의 급성장에 대한 배경을 가장 먼저 확인할 필요가 있다. 즉 러시아 은행산업의 급성장이 일시적인 현상인지 아니면 지속적으로 성장할 것인지에 대하여 현재의 현황, 배경 및 전망 등을 조사할 필요가 있다. 만약에 일시적인 현상이라면 우리 기업들이 러시아 은행산업에 진출할 필요가 없지만, 지속적으로 성장할 것으로 전망된다면, 우리 기업들이 러시아 은행산업에 진출할 필요가 있다는 시사점이 제시되어야 한다.

이러한 점을 빠르게 파악하여 정보를 제공한다는 점에서 경제정책 및 현안조사는 매우 중요하다. 이러한 조사는 거시경제적 지표들을 사용하기 때문에 조사내용은 매우 제한적이다. 주요 조사내용은 ① 특정경제 및 시장에 대한 일반 개황 ② 주요 경제지표 ③ 경제동향 및 주요 현안과 정책 변화 ④ 현안의 발생 배경과 전망 ⑤ 진출 및 대응방안 등이다.

2. 해외산업조사

해외산업조사의 목적은 일반경제 현황 및 산업구조를 분석하고, 해당 국가에 기업진출이 활발하거나 유망한 산업을 심층 분석하여, 기업들에게 특정시장에 대한 진출가능성을 제시하고, 진출에 필요한 전략 등을 제공하는 데 있다. 또한 해외산업조사는 초기에 목적시장의 성장가능성 또는 경쟁가능성을 파악하고, 양자 간 산업협력을 할 수 있는지 또는 경쟁가능성 있는지, 있다면 어떻게 대응할 것인지에 대하여 정부의 대외정책의 수립에도 필요한 자료를 제공한다는 점에서 매우 중요한다.

이러한 해외산업조사에서는 산업구조 및 산업정책, 산업별 동향과 현안, 외국인투자 현황 및 동향, 산업전망, 산업간 협력 가능성 및 경쟁가능성 등이 주요 조사내용이 된다.

3. 기업의 해외시장조사

기업들이 해외시장을 조사하는 목적은 특정시장에 자사 제품의 판매나 구매 가능성에 대하여 조사하는 것이다. 기업들은 제품시장 동향조사, 즉 상품의 수요동향, 생산동향, 가격동향, 유통구조, 수출입 동향, 수출입관리 제도 등에 대하여 조사하고, 이로부터 진출방안을 마련한다. 특히 기업들의 해외시장조사는 진출하려는 제품 취급업체 및 수요 잠재력에 집중되어진다.

1.4 해외시장조사 사례 : KOTRA

KOTRA는 우리 기업들이 해외시장에 진출하기 위한 기초정보를 수집하여 제공하는 서비스를 제공하고 있다. 해외시장조사는 해외에 주재하고 있는 무역관 코리아비즈니스센터(KBC)를 통해 현지 자료를 토대로 관련기관, 기업 등을 접촉하여 조사가 이루어진다. 조사의 내용은 시장동향, 바이어 물색, 원부자재공급선 조사, 맞춤형시장조사 등이다. 시장동향조사는 주로 수요동향, 경쟁동향, 생산동향, 가격동향, 유통구조, 수출입동향, 수출입관리 제도 등을 포함하고 있다.

조사가능 국가는 무역관 코리아비즈니스센터가 소재한 국가로 북미, 구주, 중국, 일본, 아시아, 중동, 아프리카, 중남미 등 전 세계 70여 개국이다.

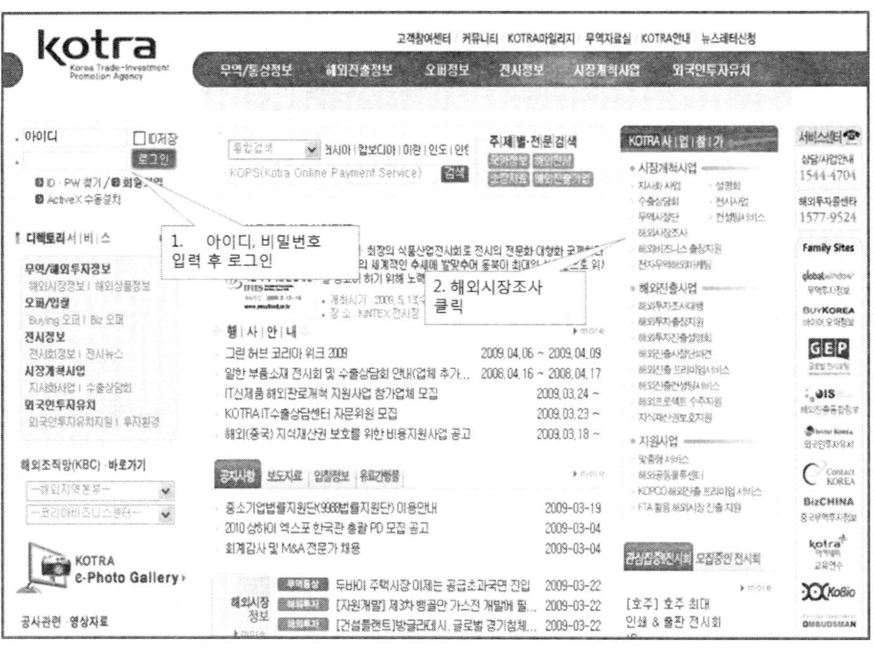
kotra
Korea Trade-Investment Promotion Agency
고객참여센터 커뮤니티 KOTRA마일리지 무역자료실 KOTRA안내 뉴스레터신청
무역/통상정보 해외진출정보 오퍼정보 전시정보 시장개척사업 외국인투자유치
아이디
ID저장
로그인
ActiveX 수동설치
1. 아이디, 비밀번호 입력 후 로그인
2. 해외시장조사 클릭
KOPS(Kotra Online Payment Service)
주제별·전문검색
KOTRA 사업참가
시장개척사업
해외시장조사
해외진출사업
지원사업
디렉토리서비스
무역/해외투자정보
오퍼/입찰
전시정보
시장개척사업
외국인투자유치
해외조직망(KBC) 바로가기
KOTRA e-Photo Gallery
공사관련 영상자료
행사안내
그린 허브 코리아 위크 2009 2009.04.06 ~ 2009.04.09
일반 부품소재 전시회 및 수출상담회 안내(업체 추가... 2008.04.16 ~ 2008.04.17
IT신제품 해외판로개척 지원사업 참가업체 모집 2009.03.24 ~
KOTRA IT수출상담센터 자문위원 모집 2009.03.23 ~
해외(중국) 지식재산권 보호를 위한 비용지원사업 공고 2009.03.18 ~
공지사항 보도자료 입찰정보 유관기관행사
중소기업법률지원단(9988법률지원단) 이용안내 2009-03-19
2010 상하이 엑스포 한국관 총괄 PD 모집 공고 2009-03-04
회계감사 및 M&A 전문가 채용 2009-03-04
해외시장정보
두바이 주택시장 이제는 공급초과국면 진입 2009-03-22
[자원개발] 제3차 빙골만 가스전 개발에 필... 2009-03-22
[건설플랜트]방글라데시, 글로벌 경기침체... 2009-03-22
관심전시회 모집중인 전시회
[호주] 호주 최대 인쇄 & 출판 전시회
서비스센터
1544-4704
해외투자종합센터
1577-9524
Family Sites

kotra
Korea Trade-Investment Promotion Agency
고객참여센터 커뮤니티 무역자료실 KOTRA안내 경영공시 뉴스레터신청
무역/통상정보 해외진출사업 오퍼정보 전시정보 시장개척사업 외국인투자유치
시장개척사업
지사화사업
수출상담회
무역사절단
해외시장조사
해외비즈니스출장지원
설명회
전자무역해외마케팅
해외공동물류센터
조사·신청
해외시장조사 신청전 유의사항
KBC별 보고서 작성 언어 보기
조사신청
서비스 종류
바이어찾기
맞춤형시장조사
바이어연락처확인
조사의뢰서 (워드)
조사의뢰서 (한글)
인터넷 신청
-KOTRA사업관련 종합문의
(콜센터 : 1544-4704)
-지역협력팀
Top

시장개척 사업
조사 · 신청
HOME > 시장개척사업 > 해외시장조사 > 조사신청
지사화사업
수출상담회
무역사절단
해외시장조사
해외비지니스출장지원
설명회
전시사업
전자무역해외마케팅
해외시장컨설팅
관심바이어발굴 조사대행 서비스 항목 변경안내
변경 전/후
조사대행 서비스 항목
비고
기존 조사항목
시장성조사 + 바이어리스트 + 관심도
변경후
관심 바이어리스트 + 관심도세부사항
(2008년 4월 10일부터 시행됨)
표준보고서 샘플 다운로드
조사신청
서비스 종류
세부종류
인터넷 신청
문의처
거래선발굴조사
- 원부자재 공급선 조사
(제품 생산을 위한 자재를 수입하시려는 고객)
- 관심바이어조사
(자사 제품을 수출하시려는 고객)
시장동향조사
해외투자조사대행
수출대금 관련 정보확인
단순해외현장 확인정보
기타조사
- 프로젝트조사
- 기타 무역관련 조사
인터넷 신청
KBC에 문의
- 글로벌소싱팀
Tel) 02-3460-7451, 7453, 7454
- 콜센터(KOTRA 사업관련 종합문의)
Tel) 1544-4704
- 정책사업팀
+ 서울지역: 02-3460-7388, 7739
무통장 입금 계좌 : 우리은행 589-116907-01-004 (예금주:대한무역투자진흥공사)

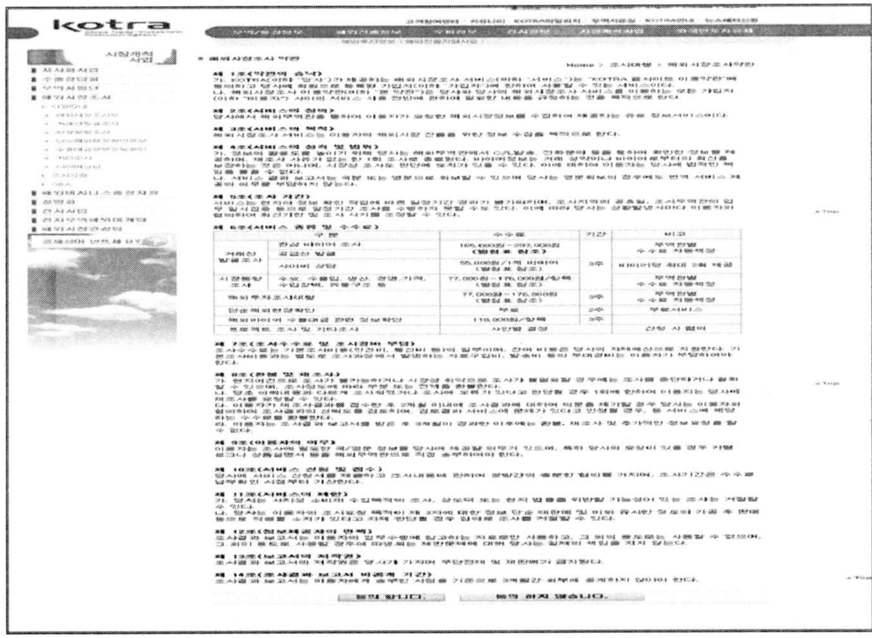
kotra
시장개척 사업
동의 합니다.
동의 하지 않습니다.

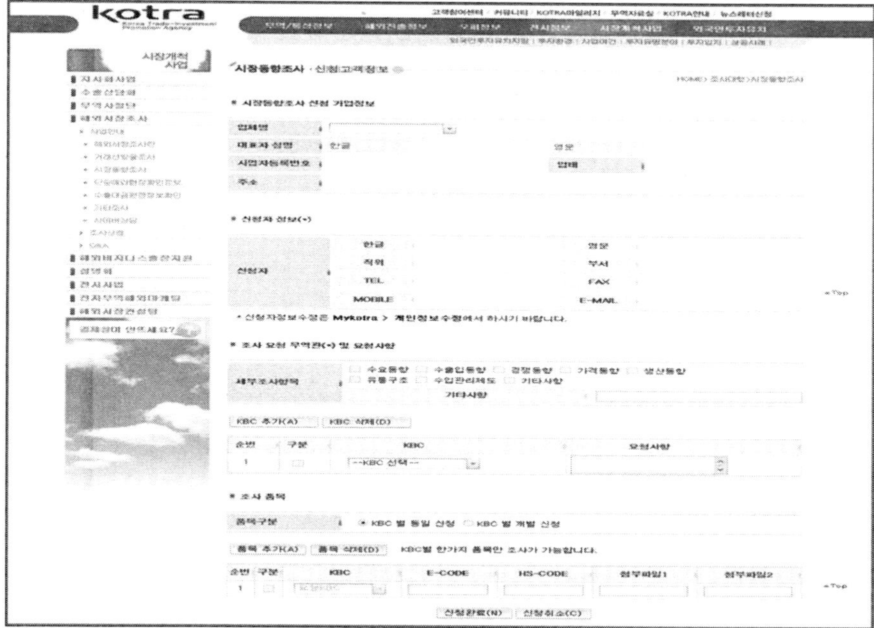
kotra
시장동향조사 · 신청고객정보
* 시장동향조사 신청 기업정보
업체명
대표자 성명
한글
영문
사업자등록번호
업태
주소
* 신청자 정보(*)
신청자
한글
영문
직위
부서
TEL
FAX
MOBILE
E-MAIL
* 신청자정보수정은 Mykotra > 개인정보수정에서 하시기 바랍니다.
* 조사 요청 무역관(*) 및 요청사항
세부조사항목
수요동향
수출입동향
경쟁동향
가격동향
생산동향
유통구조
수입관리제도
기타사항
KBC 추가(A)
KBC 삭제(D)
순번
구분
KBC
요청사항
--KBC 선택--
* 조사 품목
품목구분
KBC 별 동일 신청
KBC 별 개별 신청
품목 추가(A)
품목 삭제(D)
KBC별 한가지 품목만 조사가 가능합니다.
E-CODE
HS-CODE
첨부파일1
첨부파일2
신청완료(N)
신청취소(C)

제2장 해외시장 조사방법론

2.1 해외시장 조사방법의 종류

해외시장조사를 통하여 획득하여야 할 정보는 매우 다양하다 할 수 있다. 예를 들어 진출시장에 대한 제품 및 서비스 수요파악과 진출하고자 하는 제품 및 서비스에 대한 주요 경쟁기업 정보 및 시장경쟁 상황과 진출하고자 하는 해외시장의 위험요인 및 유통구조와 진출시장에서의 주력 바이어 파악과 수출 등 상거래 관련제도 및 현황에 대한 정보 등이 포괄적으로 포함된다.

현재와 같은 글로벌 경제시대에 있어 효과적인 해외시장진출을 위하여 다양한 정보들을 경쟁자보다 더 쉽고 더 빠르게 그리고 보다 저 비용 효율적으로 수집할 수 있는 역량은 기업에게 매우 효과적인 경쟁력을 제공한다. 따라서 필요한 정보를 획득하기 위하여 개인, 기업, 기관, 정부 등은 다양한 노력을 기울이고 있으며 인터넷 등 정보통신기술의 발전으로 인하여 손쉽게 정보를 획득하는 한편 다른 사람이나 기관과의 정부공유시스템(비즈니스 네트워킹)구축을 통하여 필요한 정보를 획득하는 경우도 많아지고 있다. 이렇듯 필요한 해외시장 정보의 양과 종류가 많고 획득되어지는 정보도 엄청나게 많은 만큼 다양한 정보 중 본 조사목적을 달성하는 데 필수적인 가치가 있는 정보를 선별하고, 이러한 가치 있는 정보를 얻는 데 역량을 집중해야 한다. 가치 없는 정보, 예를 들어 인터넷 등에서 무분별하게 수집되어 정보 자료원(source)이 불명확한 정보, 잘못된 통계방법으로 처리되어 분석이 잘못된 통계정보, 소문(rumor)에 기반한 정보, 아주 오래된 사실 등은 정보수집에 투입되는 제반비용을 높이며 변수로서의 생명력이 없는 자료라 할 수 있는데, 이러한 가치 없는 정보는 조사의 효율성을 떨어뜨리는 것은 물론 최종적으로는 기업의 해외진출목적을 달성하는 데 주요한 장애요인이 될 수 있음을 명심하여야 한다.

해외시장조사를 수행하는 방법으로 크게 시장조사 주체가 누구인지에 따라 직접조사와 간접조사로 구분할 수 있으며, 획득하는 자료의 성격에 따라 2차 자료조사와 1차 자료조사로 구분할 수 있다. 이 중 직접조사는 기업이 자체적으로 2차 자료 및 1차 자료를 수집하여 조사하는 방법이며 간접조사는 전문조사 대행기관을 통하여 조사하는 방법이다. 또한 2차 자료는 다른 조사자가 다른 조사목적을 위하여 이미 수집한 자료를 의미하며 1차 자료는 조사자가 현재의 조사목적을 달성하기 위해 직접 수집한 자료로 각종 설문조사나 관찰, 실험 등으로 확보하는 자료가 이에 포함된다.

1. 조사 주체에 따른 해외시장 조사방법의 종류

(1) 간접조사

간접조사란 해외시장조사를 기업이 직접 수행하지 않고 해외시장 전문조사기관에 의뢰하거나 전문조사기관이 생산한 정보를 수집하는 방법을 의미한다. 이러한 간접조사방법은 국내의 조사대행기관이나 국제적인 조사대행기관에 의뢰하여 수행될 수 있다.

전문조사기관의 상업적 제공정보에는 다수의 기업에서 공통적으로 필요로 하는 자료를 정기적으로 수집하여 판매하는 경우와 개별기업의 조사 의뢰에 따라 조사를 수행하고 정보를 제공하는 방법으로 나눌 수 있는데, 이 중 개별기업의 조사 의뢰에 따라 조사를 수행하는 경우는 비용이 매우 고가이며 조사의뢰 기업의 몰입도도 상대적으로 매우 높아야 하기 때문에 정기적인 정보수집보다는 일회성 또는 프로젝트 기반의 정보수집에 보다 적합하다고 할 수 있다.

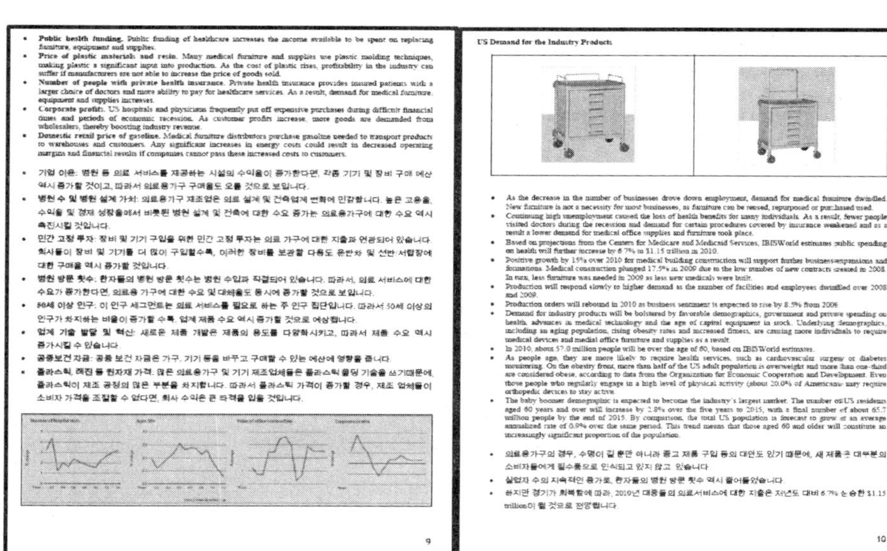

- **Public health funding.** Public funding of healthcare increases the income available to be spent on replacing furniture, equipment and supplies.
- **Price of plastic materials and resin.** Many medical furniture and supplies use plastic molding techniques, making plastic a significant input into production. As the cost of plastic rises, profitability in the industry can suffer if manufacturers are not able to increase the price of goods sold.
- **Number of people with private health insurance.** Private health insurance provides insured patients with a larger choice of doctors and more ability to pay for healthcare services. As a result, demand for medical furniture, equipment and supplies increases.
- **Corporate profits.** US hospitals and physicians frequently put off expensive purchases during difficult financial times and periods of economic recession. As customer profits increase, more goods are demanded from wholesalers, thereby boosting industry revenue.
- **Domestic retail price of gasoline.** Medical furniture distributors purchase gasoline needed to transport products to warehouses and customers. Any significant increases in energy costs could result in decreased operating margins and financial results if companies cannot pass these increased costs to customers.

- 기업 이윤: 병원 등 의료 서비스를 제공하는 시설의 수익율이 증가한다면, 각종 기기 및 장비 구매 예산 역시 증가할 것이고, 따라서 의료용가구 구매율도 오를 것으로 보입니다.
- 병원 수 및 병원 설계 가치: 의료용가구 제조업은 의료 설계 및 건축업계 변화에 민감합니다. 높은 고용율, 수익률 및 경제 성장율에서 비롯된 병원 설계 및 건축에 대한 수요 증가는 의료용가구에 대한 수요 역시 촉진시킬 것입니다.
- 민간 고정 투자: 장비 및 기기 구입을 위한 민간 고정 투자는 의료 가구에 대한 지출과 연관되어 있습니다. 회사들이 장비 및 기기를 더 많이 구입할수록, 이러한 장비를 보관할 다용도 운반차 및 선반/서랍장에 대한 구매율 역시 증가할 것입니다.
- 병원 방문 횟수: 환자들의 병원 방문 횟수는 병원 수입과 직결되어 있습니다. 따라서, 의료 서비스에 대한 수요가 증가한다면, 의료용 가구에 대한 수요 및 대체율도 동시에 증가할 것으로 보입니다.
- 50세 이상 인구: 이 인구 세그먼트는 의료 서비스를 필요로 하는 주 인구 집단입니다. 따라서 50세 이상의 인구가 차지하는 비율이 증가할 수록, 업계 제품 수요 역시 증가할 것으로 예상됩니다.
- 업계 기술 발달 및 혁신: 새로운 제품 개발은 제품의 용도를 다양화시키고, 따라서 제품 수요 역시 증가시킬 수 있습니다.
- 공중보건 자금: 공중 보건 자금은 가구, 기기 등을 바꾸고 구매할 수 있는 예산에 영향을 줍니다.
- 플라스틱, 레진 등 원자재 가격: 많은 의료용가구 및 기기 제조업체들은 플라스틱 몰딩 기술을 쓰기때문에, 플라스틱이 제조 공정의 많은 부분을 차지합니다. 따라서 플라스틱 가격이 증가할 경우, 제조 업체들이 소비자 가격을 조절할 수 없다면, 회사 수익은 큰 타격을 입을 것입니다.

9

US Demand for the Industry Products

- As the decrease in the number of businesses drove down employment, demand for medical furniture dwindled. New furniture is not a necessity for most businesses, as furniture can be reused, repurposed or purchased used.
- Continuing high unemployment caused the loss of health benefits for many individuals. As a result, fewer people visited doctors during the recession and demand for certain procedures covered by insurance weakened and as a result a lower demand for medical office supplies and furniture took place.
- Based on projections from the Centers for Medicare and Medicaid Services, IBISWorld estimates public spending on health will further increase by 6.7% to $1.15 trillion in 2010.
- Positive growth by 15% over 2010 for medical building construction will support further business expansions and formations. Medical construction plunged 17.5% in 2009 due to the low number of new contracts created in 2008. In turn, less furniture was needed in 2009 as less new medicals were built.
- Production will respond slowly to higher demand as the number of facilities and employees dwindled over 2008 and 2009.
- Production orders will rebound in 2010 as business sentiment is expected to rise by 8.5% from 2009.
- Demand for industry products will be bolstered by favorable demographics, government and private spending on health, advances in medical technology and the age of capital equipment in stock. Underlying demographics, including an aging population, rising obesity rates and increased fitness, are causing more individuals to require medical devices and medial office furniture and supplies as a result.
- In 2010, about 57.0 million people will be over the age of 60, based on IBISWorld estimates.
- As people age, they are more likely to require health services, such as cardiovascular surgery or diabetes monitoring. On the obesity front, more than half of the US adult population is overweight and more than one-third are considered obese, according to data from the Organization for Economic Cooperation and Development. Even those people who regularly engage in a high level of physical activity (about 20.0% of Americans) may require orthopedic devices to stay active.
- The baby boomer demographic is expected to become the industry's largest market. The number of US residents aged 60 years and over will increase by 2.8% over the five years to 2015, with a final number of about 65.7 million people by the end of 2015. By comparison, the total US population is forecast to grow at an average annualized rate of 0.9% over the same period. This trend means that those aged 60 and older will constitute an increasingly significant proportion of the population.

- 의료용가구의 경우, 수명이 길 뿐만 아니라 중고 제품 구입 등의 대안도 있기 때문에, 새 제품은 대부분의 소비자들에게 필수품으로 인식되고 있지 않고 있습니다.
- 실업자 수의 지속적인 증가로, 환자들의 병원 방문 횟수 역시 줄어들었습니다.
- 하지만 경기가 회복함에 따라, 2010년 대중들의 의료서비스에 대한 지출은 저년도 대비 6.7% 상승한 $1.15 trillion이 될 것으로 전망됩니다.

10

〈그림 2-1〉 예시 : 미국 의료가구분야에 대한 전문조사기관의 시장조사 보고서

전문조사기관을 통한 시장조사는 다양한 조사기술을 적용하여 개별기업이 자체적으로 조사하기 어려우며 비용이 많이 투입되는 조사를 중심으로 이루어지고 있는 것이 특징으로 국내에서 판매되고 있는 대표적인 상업자료로는 소매점 대상의 다양한 제품에 대한 판매자료(재고량, 구매량, 판매량)를 정기적으로 제공하는 Nielsen Retail Index와 Media Research에서 제공하는 텔레비전 시청률 조사자료 등을 들 수 있다. 이외에도 IT 등 특정산업분야에 대한 전 세계적인 조사자료를 정기적으로 수집하여 제공하는 IDC Trackers 등의 다양한 상업자료가 있다.

이러한 상업자료들은 개별기업이 직접 조사하는 경우보다는 경제적이라 할 수 있으나 자료수집과정에 투입되는 원가를 줄이기 위하여 표본규모를 부풀리거나 조사과정을 철저하게 통제하지 못하는 경우도 있음에 유의해야 한다. 특히 상업자료들은 조사하기가 어려운 자료가 많아서(응답자가 응답해 주기 어려운 자료) 자료수집과정에서 신뢰성 있는 조사가 진행되었는지 대해서도 신중하게 평가해 본 이후에 구입을 결정해야 한다.

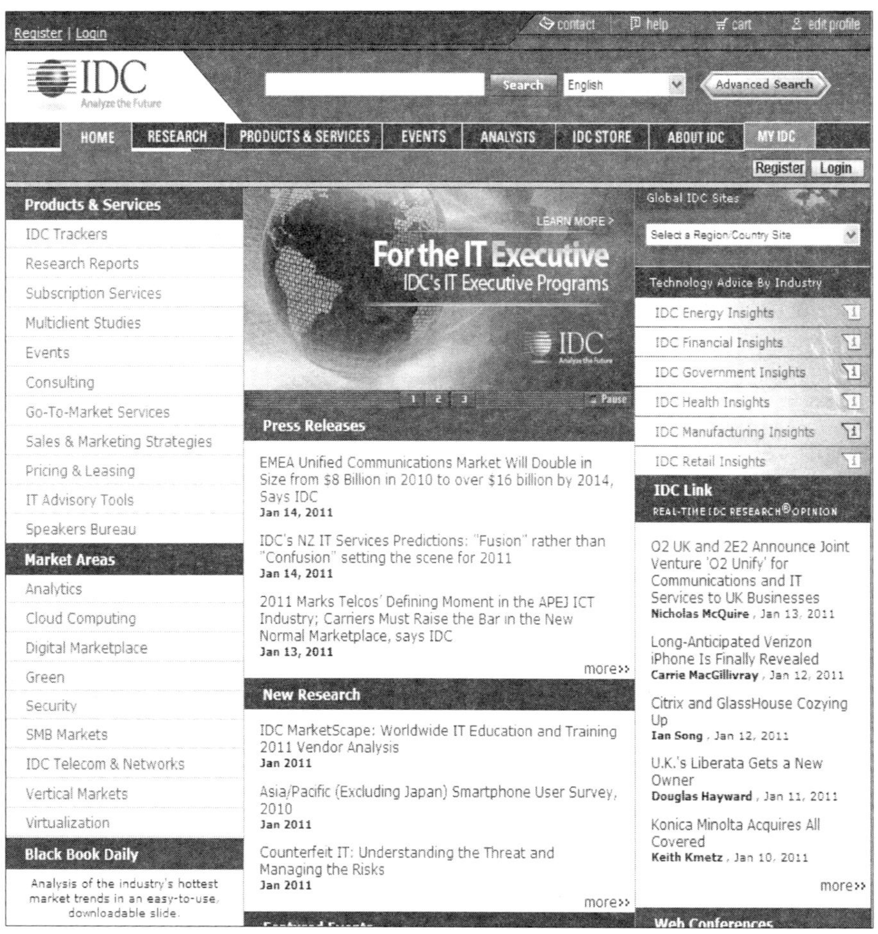

〈그림 2-2〉 IT 분야 전문조사기관 IDC 홈페이지

참고 우리나라 정부 관련 공공기관이 제공하는 해외시장 조사 서비스

이상의 상업적인 전문조사기관 이외에도 우리나라 정부관련 공공기관들은 우리나라 기업들의 원활한 해외진출을 지원하기 위하여 다양한 해외시장 조사 서비스를 제공하고 있는데, 대표적인 기관으로 KOTRA, 중소기업진흥공단, 한국무역협회 등을 들 수 있다.

1 KOTRA의 해외시장 조사 서비스

◦ KOTRA의 해외시장 조사 서비스는 전문 조사원 혹은 컨설턴트를 수반하는 심층조사(depth interview)나 종합 비즈니스 컨설팅이 필요한 경우에는 적합하지 않은 기초정보만을 제공하며, 기본적으로 조사 신청 최근 5년간 KOTRA 해외시장조사 이용내역 분석 자료(조사지역 수출 성공률, 서비스 재이용율 등)를 제공하므로 특정 의뢰기업에 적합한 조사지역, 품목, 마케팅 노력 여하에 따른 수출 성공률 등을 제시하지는 않는다.

〈표 2-1〉 KOTRA 해외시장 조사 서비스 종류 및 수수료와 조사기간

서비스 종류	수수료	조사기간
1. 바이어 찾기	220,000원(VAT포함)	3주
2. 원부자재 공급선 조사	220,000원(VAT포함)	3주
3. 맞춤형 시장 조사	110,000원(VAT포함)	3주
4. 바이어 연락처 확인	무료	2주

(주) 2010년 기준으로 수수료 및 서비스 종류는 변화가능성이 존재함.

◦ 서비스 수수료 책정은 서비스 종류에 따라 이상과 같이 일괄 적용되며, 1개 품목(또는 항목)/1개 KBC(코리아비즈니스센터)를 기준으로 하며, 상기 조사기간은 수수료 입금 확인된 날로부터 근무일(주5일)기준으로 산정(서비스 신청 후 사전검토 기간이 따로 소요될 수 있고, 조사내용의 난이도 및 해당 KBC의 업무 과부하 여부에 따라 연장될 수 있음)된다. 또한 대기업(공정위 발표 상호출자제한기업)의 경우에는 상기 수수료의 2배가 적용되며, 보고서는 국문 또는 영문으로 받아 볼 수 있으나, 국문과 영문을 동시에 제공하지는 않으며, 영문 보고서의 경우 다시 국문으로 번역해주는 서비스는 제공하지 않는다.

◦ 공통적으로 적용되는 조사의뢰 시 유의사항으로는 ㉠ 국내생산제품의 바이어 발굴인 경우와 ㉡ 제품에 대한 영문카탈로그 혹은 영문 홈페이지를 보유한 경우에 이용가능하며, 현지 KBC의 사전검토 및 조사 중에 ⓐ 해당 국가의 직간접적인 수입제한 품목인 경우, ⓑ 해당 국가의 시장성이 미약하거나 거래의사를 가진 바이어가 거의 없는 경우, ⓒ 해당 KBC의 지사화 품목인 경우, ⓓ 조사신청 3개월 이내에 동일품목으로 이미 조사가 진행된 경우에는 서비스가 제공되

지 않는다.

◦ 조사절차를 간략히 살펴보면 아래의 그림과 같으며, 조사가능국가로는 KOTRA 코리아비즈니스센터가 소재한 국가의 지역이 기본적으로 적용되며, KBC가 소재하지 않은 지역은 조사정보제공이 되지 않는다.

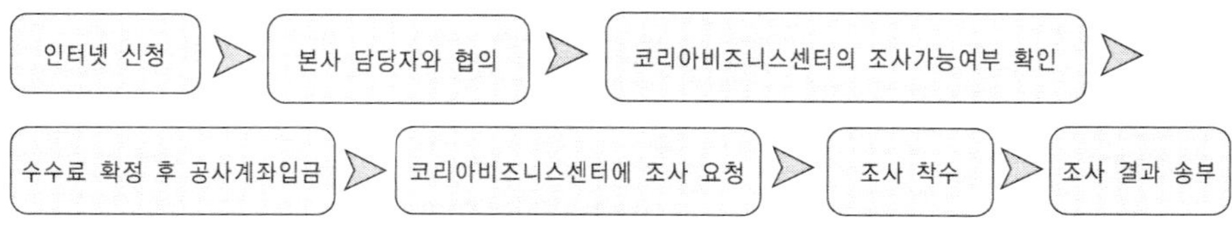

〈그림 2-3〉 KOTRA 해외시장 조사 서비스 조사절차 개요

① 바이어 찾기 : 바이어 찾기 서비스는 의뢰기업 요청에 따라 전 세계 해외 코리아비즈니스센터에서 해당 품목을 취급하는 바이어 정보를 제공하는 서비스로, 조사의뢰 시점에 해외 KBC에서 바이어를 접촉 · 발굴하여 KOTRA 수출전문위원과 의뢰기업이 공동으로 확인한 이후 의뢰기업이 직접 거래알선을 추진하는 서비스로 주요 제공정보는 의뢰기업이 제시한 품목에 대한 현지시장 관련정보와 현지시장 핵심 포인트 및 상담희망 바이어(1개 이상) 제공 등으로 구성

② 원부자재 공급선 조사 : 수출용 및 내수용 제품을 생산하기 위해 필요한 원자재와 부품 소재의 해외 공급업체 정보를 제공하는 서비스로 국내에서 가공 절차를 거치지 않는 소비재나 사치품 등은 지원 품목에 포함되지 않을 수 있으므로 사전 조사가능여부 검토 후 신청 필요

③ 맞춤형 시장조사 : 맞춤형 시장조사는 기업 또는 기관 등의 요청에 의해 해외시장에 관한 정보를 수집하여 제공하는 서비스로 해외 주재 KOTRA KBC를 통해 주로 이루어지며, 조사건수는 고객의 요청에 따라 본사 서비스 디자이너(수출전문위원)가 사전 조정한 후 진행

◦ 주의사항으로 조사 신청 이전에 KOTRA 홈페이지 Digital KOTRA에세 제공되는 다음과 같은 주요 서비스 및 이용가능 정보(① 해외시장정보 : 상품시장, 상품산업동향, ② 국별 유력기업 구매정보, ③ 국가정보 : 국가개요, 관세 및 조세

제도, 인증제도 등, ④ 해외상품정보 D/B : 심층조사(산업별조사), 조사대행 D/B, ⑤ 오퍼정보 : 바이어 오퍼정보)에 대해서는 기본적으로 서비스를 제공하지 않으므로 참고 필요

◦ 고객이 의뢰할 수 있는 본 서비스 항목을 예시하면 다음과 같으며, 개별조사 건당 1~3페이지 이내의 자료가 작성되어 제공됨.

항목	항목예시	조사분야
1	LED 산업	생산, 수출입 통계 등 수급동향
2	제지산업	최근 3년간 생산 및 매출액 추이 등 생산통계
3	PVC바닥재	생산자 가격, 유통가격
4	의약품	수입인증절차 의약품 인증 등록 기관 및 절차
5	닭고기	현지 닭고기 생산 및 주요 공급업체
6	중고자동차	중고자동차시장 유통구조 및 유통업체
7	현지 한인마트	한인마트 수, 주요 연락처 등
8	자동차	자동차 등록대수, 운행대수 등

◦ 수수료는 1건 당 1개 KBC 기준으로 예를 들어, LED 산업의 수급동향 및 유통가격을 조사의뢰할 경우 2건으로 산정되어 수수료가 책정되며, 상기 그객의뢰 항목예시와 유사한 핵심조사내용을 벗어난 대형 프로젝트 조사의 경우에는 KOTRA의 서비스 디자이너(수출전문위원)와 상담 후 조사기한 및 수수료가 별도로 책정

④ 바이어 연락처 찾기 : 의뢰기업이 발굴한 해외 바이어의 연락처와 contact point를 KOTRA KBC에서 단순히 확인해 주는 서비스로 이용 수수료는 무료이며, 월 1회 1개사에 대한 조사가 기본으로 동시에 다수의 조사 서비스 이용은 불가능

② 중소기업진흥공단의 해외민간네트워크 활용사업

◦ 사업목적 : 중소기업이 독자적으로 추진하기 어려운 해외진출 관련 프로젝트에 대해 해외 민간 전문기관의 컨설팅 서비스를 통해 지원하고자 하며, 세계 주요국의 유수 민간 컨설팅 회사나 마케팅 회사를 해외민간네트워크로 지정하

여 중소기업 해외진출 지원거점을 마련하고 네트워크화 함으로써 해외진출 인프라 및 종합 지원 체제를 구축하고자 하는 사업이다.

① 지원 대상 : 구체적인 해외진출 계획이 수립되어 있는 제조업 및 지식서비스업, 제조관련 서비스업 영위 중소기업
② 지원 방법 : 지원기업과 해외 민간네트워크와의 컨설팅 서비스를 상호 매칭하고, 총 컨설팅 계약 금액의 일부 보조
③ 지원 금액 : 총 프로젝트 소요 비용의 70% 또는 50%를 보조금으로 지원하며, 나머지 30% 또는 50%는 지원기업이 부담
④ 지원 한도 : 지역별 차등 적용하며, 조달지원 프로젝트의 경우에는 지역 1의 경우 업체당 1,800만 원 한도, 지역 2의 경우에는 업체당 1,300만 원 한도까지 지원

지역 1	북미, 유럽, 러시아CIS, 일본, 싱가포르, 대양주	업체당 1,800만원 한도
지역 2	중국, 동서남아, 중남미 등 기타 지역	업체당 1,300만원 한도

(주) 2010년 기준으로 업체당 지원 금액 한도 변화가능성 있음.

⑤ 지원 비율 : 수출실적별 차등 적용을 원칙으로 하며, 해외조달프로젝트, 전략프로젝트는 총 소요비용의 70%까지 지원

전년도 직수출 실적 500만불 초과	50% 지원
전년도 직수출 실적 500만불 이하	70% 지원

(주) 2010년 기준으로 업체당 지원 금액 한도 변화가능성 있음.

⑥ 지원 분야 : 지원 분야는 총 5가지로 수출, 해외투자, 기술제휴, 외국인 투자유치, 해외조달 분야를 지원하며, 각 분야별 해외진출 세부 지원내용은 다음과 같음.

분 야	지 원 내 용
1. 수출지원	㉠ 시장조사 및 바이어 발굴, ㉡ 세일즈 렙 활용 유통망 진출지원 등
2. 해외투자지원	㉠ 투자지역조사 및 투자타당성 검토, ㉡ 현지법인 설립지원
3. 기술제휴	㉠ 기술제휴(기술이전, 협력, 라이선싱 등) 파트너 알선, ㉡ 현지지원
4. 외국인투자유치	㉠ 해외 벤처캐피탈 연계, ㉡ 현지투자 상담회 참가지원
5. 해외정부/UN조달	㉠ 현지 에이전트 알선, ㉡ Sub-vendor 계약 등 마케팅 지원, ㉢ GSA 스케줄 등록 등

3 한국무역협회의 해외시장 조사 서비스

◦ 한국무역협회의 해외시장 컨설팅 조사사업은 2010년 2월에 설립된 TradeSOS(종합무역 컨설팅 지원단)과 온라인인 tradeKorea를 통해 제공되며, 이용 수수료는 회원사의 경우 무료이고 비회원사의 경우 1회에 한해 무료로 제공된다.

① 종합무역 컨설팅 지원단(TradeSOS)의 현장 컨설팅 서비스 : 2010년 2월에 설립된 한국무역협회 종합무역 컨설팅 지원단(TradeSOS)이 제공하는 현장 컨설팅 서비스는 무역전반에 걸친 각종 애로사항의 해결을 위해 전국 권역별로 배정된 전문 컨설턴트[1]가 기업 현장으로 직접 찾아가 제공하는 1:1 맞춤형 컨설팅 서비스로 회비를 완납한 무역협회 회원사를 대상으로 제공되기 때문에 무역협회 가입 및 회원비 납부가 필수적이고, 컨설팅 도중에 발생하는 전시회 참가, 해외시장 개척단 활동 및 추가적인 시장조사 비용 등 비용발생 부분은 사전 안내 이후 신청업체 부담으로 진행하는 것을 원칙으로 하고 있다.

1) 서울/경기(5명), 인천(1명), 강원(1명), 대전/충남(1명), 충북(1명), 대구/경북(1명), 부산(1명), 경남(1명), 울산(1명), 광주/전남/제주(1명), 전북(1명)

〈표 2-2〉 한국무역협회 Trade SOS 현장 컨설팅 서비스 개요

구분	상세 내용
해외마케팅	수출입품목 발굴, 해외시장정보 제공, 바이어 발굴
수출입절차	계약서 및 신용장 검토, 물류/통관/보험, 무역클레임/대금회수, 관세환급
무역지원제도	무역금융, 해외전시회 및 시장개척단 정보제공, 기타 무역유관기관 지원사업 안내
기타	외환, 국제입찰/조달, 해외투자, 바이어와의 교신/상담지원, 무역규제/애로사항 발굴

② tradeKorea 온라인 글로벌 마케팅 서비스 : 글로벌 e마켓플레이스, 해외 바이어 DB, 해외기관 등에서 수집한 정보를 기본적으로 제공하며, 전 세계 70개국 230만 기업정보를 수록한 콤파스(Kompass)기업 정보 검색 서비스와 Skype 1:1 화상상담 서비스를 동시에 제공하는 서비스

③ 글로벌 e마케팅 지원 서비스 : ㉠ 해외 바이어 및 동포기업의 구매알선 요청에 대한 관련 국내기업 소개 및 거래를 알선하는 인바운드 거래알선 서비스와 해외시장 개척 및 신규 바이어 확보를 위한 무역 컨설턴트의 전문 거래알선 서비스인 아웃바운드 서비스를 제공하는 글로벌 비즈 매치메이킹 서비스와 ㉡ 알리바바, 라쿠텐, eBay 등 B2B 사이트를 통한 상품등록 및 수출지원 서비스를 제공하는 글로벌 e마켓플레이스를 활용한 해외수출 지원 서비스를 포함

④ 한민족경제네트워크 서비스 : tradeKorea 회원과 전 세계 동포기업 간의 무역 및 비즈니스 거래를 지원하는 서비스로 15,000여 동포기업 정보 및 상품정보와 사업대행, 사업홍보 등의 비즈니스 정보와 동포기업 및 해외한인단체의 홈페이지를 무료로 제작해주는 서비스를 제공

(2) 직접조사

현재 주로 이용되고 있는 해외시장조사의 직접적 방법에는 현지 직접 방문, 해외지사이용, 전시회나 박람회 참가, 국내 경제 · 무역 · 통상자료 이용, 해외의 경제 · 무역 · 통상자료 이용, 국내 주재 외국공관의 자료 이

용, 인터넷을 이용한 자료 수집 등의 방법이 있으며 이를 구체적으로 살펴보면 다음과 같다.

가. 각종 기존문헌 조사

국내외 대외정책기관(OECD, IMF, UNCTAD, 무역협회, KOTRA, 재외 한국대사관 상무관 등), 경제기관, 연구소, 대학기관 등에서 발행하는 각종 자료(서적, DB, 홍보책자, 무역관련 기사, CD ROM)를 활용하는 방식으로 대부분 기초적인 시장조사에 적합하며, 직접조사 방법 중 시간과 비용 측면에서 가장 경제적이라 할 수 있다. 그러나 조사된 자료의 절대량이 부족하고 기업이 원하는 정보가 존재하지 않을 가능성이 있음에 유의해야 한다.

나. 해외 현지 직접방문

목표로 하는 해외 현지시장의 직접방문을 통하여 주요 시장 참여자인 소비자와 경쟁기업과 관련 정책 담당자 및 잠재적 바이어 등 시장 이해관계자 등에 대한 직간접 인터뷰를 통하여 조사를 수행하는 방식으로 얻고자 하는 정보를 비교적 정확하고 깊이 있게 조사할 수 있으나 상대적으로 다른 방식에 비해 시간과 비용이 매우 높다할 수 있으며 기업 내부에 전문조사원이 없을 경우 조사품질에도 문제가 발생할 수 있다. 또한 현지방문을 추진하는 시기의 선택도 조사의 품질을 결정하는 데 매우 중요하다.

다. 해외의 기관(Agency)이나 지인을 활용하는 방법

목표로 하는 해외현지시장을 잘 이해하거나 파악하고 있는 현지지사나 대리점 또는 기 진출한 관련기업이나 지인(현지 네트워크) 등을 활용하여 조사하는 방법으로 현지 직접방문에 비해 대체로 신속하며 저렴한 비용으로 조사가 가능하나, 기 진출한 현지지사나 대리점이 없는 경우와 자료 제공원(관련기업 또는 지인 등)의 이해관계에 따라 조사 정확도에 문제가 발생할 수 있는 단점이 있다.

라. 해외전시회나 박람회 참가 또는 참관

기업입장에서 해외시장 진출을 위하여 선택할 수 있는 가장 좋은 방법 중 하나가 바로 해외에서 개최되는 각종 전시회나 박람회에 참가 또는 출전하는 방법이다. 해외 전시회나 박람회 참가를 통하여 다양한 잠재거래 가능자 및 시장 참여자를 한 자리에서 빠른 시간에 탐색할 수 있으며 새로운 제품이나 서비스 등 경쟁기업의 동향을 한눈에 살펴볼 수 있는 등 비용대비 다양한 정보의 확보가 가능한 장점이 있다. 그러나 참여기업이 전시회 및 박람회 참가목적을 충실히 달성하기 위해서는 참여기업의 사전준비와 협상계획 등 필요시 되는 역량확보를 전시회 및 박람회 참가 이전에 일정수준 확보해 두어야 한다. 국내에서는 지식경제

〈그림 2-4〉 예시 : KOTRA 글로벌 전시포털 사이트

부 및 KOTRA, 중소기업진흥공단 등 유관기관에서 다양한 해외 전시회 및 박람회 참여정보를 제공하고 있다.

2. 자료의 성격에 따른 해외시장 조사방법의 종류

효과적인 해외시장조사를 위해서는 조사목적 및 조사대상지역과 시기 등을 고려하여 조사자가 사용가능한 정보(information)를 다수 수집하여야 하는데, 해외시장조사를 위하여 획득할 수 있는 정보를 자료(data)의 성격으로 구분해보면 크게 1차 자료(primary data)와 2차 자료(secondary data)로 나누어 볼 수 있다.

2차 자료는 다른 조사자가 다른 조사목적을 위하여 수집한 자료로 각종 정부간행물, 통계자료집, 신문기사, 잡지, 연구조사 보고서, 학술논문, 정부 또는 기업의 내부자료 등이 포함되며, 반면에 1차 자료는 조사자가 현재의 조사목적을 달성하기 위해 직접 수집한 자료로 각종 설문조사나 관찰, 실험 등으로 확보하는 자료가 이에 포함된다. 이러한 2차 자료 및 1차 자료는 서로 상반되는 장점 및 단점을 가지고 있으므로 어느 것이 상대적으로 더욱 좋은 자료라고 단언할 수 없으며, 시장별 및 조사목적별 또는 조사에 투입할 수 있는 시간과 비용 등 문제가 어떠한지에 따라 조사자가 적절성을 판단하여야 한다.

〈표 2-3〉 2차 자료와 1차 자료의 비교

	2차 자료	1차 자료
수집 목적	다른 조사문제 해결	직면한 조사문제 해결
수집 과정	낮은 관여도	높은 관여도
수집 비용	적음	많음
수집 기간	짧음	김
적합성 정도	낮음	높음
정확성 평가	평가 어려움	평가 가능함

(1) 2차 자료(Secondary Data) 조사

가. 2차 자료의 수집과 분석

2차 자료는 조사자가 직접 해당문제에 대해 조사하는 1차 자료와는 달리 대부분 문제에 대한 직접적인 해결방법을 제공하는 자료가 아니므로 해당 문제해결을 위한 조사 설계에 보충적인 도움을 줄 수 있는 자료들이다. 또한 간혹 찾아낸 2차 자료의 조사목적이 본 조사와 일치하더라도 조사가 수행되는 시기 차이와 시장상황의 변화 등으로 인하여 해당 조사에 직접적으로 사용하는 데 한계가 있을 수 있음을 인식하여야 한다.

2차 자료의 효율적인 수집을 위하여 명확히 인식해야 하는 것 중 하나는 관련되는 모든 2차 자료(기존문헌자료)를 수집한다는 것은 현실적으로 불가능하므로 수집된 2차 자료의 개별 중요성을 평가하여 효율성을 높일 수 있도록 선별적으로 수집하여야 한다. 또한 확보한 2차 자료를 단순 나열식으로 정리하는 것을 지양하고, 체계적인 분류기준을 만들어 이에 따라 구분하고 서로 연결하여 분석하여야 한다. 수집된 2차 자료를 검토하고 분석할 때에는 해당 자료를 비판적인 시각으로 바라보는 것이 필요하며 이후 필요에 따라 수집될 수 있는 관련되는 1차 자료와 심층적으로 연결시켜 분석해 보아야 한다.

나. 2차 자료의 원천과 종류

일반적인 2차 자료의 원천과 종류를 살펴보면, 우선 2차 자료를 수집할 수 있는 장소를 물리적으로 분류해보면 도서관, 상공회의소 등 각종 협회 정보실, 대학 연구소, 인터넷 자료실 등 매우 다양하며 또한 자료를 수집하는 기업 입장에서 기업 내부 자료와 외부 자료로 분류할 수 있다.

① 기업내부 자료(internal sources data)

기업은 경영활동을 수행하면서 다양한 종류의 문서와 서류를 작성하게 된다. 구체적으로 재무제표 등의 회계장부, 매출액 보고서, 고객 만족도 조사보고서, 현지출장 보고서, 고객들과의 관계를 위한 IR 서류, 협력업체와의 제휴에 필요한 서류, 대외기관에 신고하는 기업공시 보고서 등 종류가 매우 다양하다. 이러한 문서나 서류는 기업 내부에 문서화되어 보존되거나 기업 데이터베이스(DB)에 정리되어 보관되어 있는 경우가 대부분이며 잘 정리된 이러한 자료들은 효율적인 기업 내부 자료로 활용이 충분히 가능하다.

이동전화 서비스 기업이나 신용카드 기업의 경우 고객 개인별로 나이, 성별, 주소 등 인구통계학적인 기초자료와 함께 사용액과 사용처 및 고객의 선호도나 취미생활 등 다양한 정보를 확보하고 있다. 극단적으로 이러한 정보들을 통해 고객 자신은 지난해 오늘 자신이 어떤 소비활동을 하였는지 기억하기 어렵겠지만 기업은 사용내역의 조회를 통해 해당 고객의 과거 행적을 매우 정확하게 파악할 수 있다. 그러나 해당 정보의 사용에 있어 개인정보 활용과 관련된 법률문제를 잘 검토해 보아야 한다. 해당 정보를 기업 내부 자료로만 활용하는 경우에는 큰 문제의 소지가 없을 수 있으나 외부로 유출 또는 공개하는 것에는 고객의 사전 동의나 관련되는 법적절차를 잘 이해한 이후에 활용하여야 한다.

② 기업외부 자료(external sources data)

기업이 외부로부터 입수할 수 있는 자료의 종류는 점점 많아지고 있는 추세이며 자료의 품질도 점차 높아지고 있다. 과거에는 대부분의 2차 자료가 공개적이며 이용료도 매우 저렴하거나 무료였으나 현재에는 다수의 조사기관이 등장하여 양질의 자료를 지적 재화(서비스)로 판매하고 있어 해당 자료의 사용에 주의를 요하여야 한다. 외부자료의 원천과 유형에 어떤 것이 있는지를 살펴보면 다음과 같다.

㉠ 정부기관 : 국가별 경제동향 및 수출입 통계자료

- 무역통계 연보 및 월보(무역협회, 관세청 등)
- UN 무역통계연보(International Trade Statistics Yearbook, UN Comtrade)
- IMF 발간자료(World Economic Outlook, International financial statistics)
- 국내 주재 외국공관의 상무관 및 자료실

㉡ 국내외 경제단체 및 유관기관

- 한국무역협회(KITA), 대한투자진흥공사(KOTRA) 등의 무역통계, 지역별 시장 동향 자료, 국별 수출입업자 총람, 기타 유료 해외시장 조사 등
- 세계무역연합(www.wtpfed.org) 및 UNCTAD(www.unctad.org 등)

〈표 2-4〉 국내 주요 2차 자료원

자료원	제공자료
한국은행	GNP 등 각종 경제지표, 국제수지, 조사통계월보, 금융통계, 국제경제지표 등
공공연구소	KIET와 KDI 기술, 산업, 경제 관련 연구보고서, ETRI의 전자통신 관련 연구보고서 등
사설연구소	삼성경제연구소, LG경제연구소, 현대경제연구소 등 산업, 경영, 경제 관련 연구자료
학회	한국경영학회, 한국마케팅학회, 한국소비자학회, 한국상품학회 등의 학회지(경영관련, 학회는 공동 인터넷사이트 dure.net 이용)
협회	백화점협회, 수퍼체인협회, 물가협회, 광고주협회, 한국무역협회, 한국자동차협회, 한국기계협회 등 수 많은 협회의 협회보 및 간행물
광고대행사	제일기획, 오리콤, 동방기획, 엘지애드, 금강기획, 삼희기획 등의 간행물
잡지사	주간매경, 주간한경, 이코노미스트, 경영과 마케팅, 월간 마케팅과 세일즈, 광고정보 및 업계관련 잡지
조사회사	A.C.Nielsen의 Retail Index, 미디어리서치의 TV 시청률 등 유료자료
도서관	국회도서관, 국립중앙도서관의 학위논문 및 각종 연구논문자료

〈표 2-5〉 해외 주요 2차 자료원

자료원	제공자료
정기간행물 및 신문 인덱스	Business Periodical Index, Funk & Scott Index of Corporation & Industries, Wall Street Journal Index
정기간행물 및 신문	Advertising Age, Business Week, Forbes, Fortune, Industrial Marketing, Journal of Advertising Research, Journal of Marketing, Journal of Marketing Research, Journal of Retailing, Wall Street Journal
사전, 핸드북, 서지	Encyclopedia of Associations, Marketing and Communication Media Dictionary, Reference Guide to Marketing Literature
소비자 및 시장정보 원천	Editor & Publisher Market Guide, Guide to Consumer Markets, Survey of Buying Power
산업정보 원천	Barometer of Small Business, Standard & Poors Industry Survey
기업정보 원천	Fortune Double 500 Directory, Standard &Poors Corporation Records, Thomas Register of American Manufacturers
광고정보 원천	Daniel Starch and Staff reader audience reports, Standard Directory of Advertisers, Standard Rate and Service Publications
정부정보 원천(미국)	American Statistics Index, Monthly Catalog of U.S. Government Publications, Statistical Abstract of the United States, Federal Reserve Bulletin. Economic Report of the President. Survey of Current Business
국제정보 원천	www.OECD.org, www.IMF.org, www.UN.org

다. 2차 자료의 장점 및 단점

2차 자료는 이미 존재하는 자료이므로 수집에 따른 시간에 비용의 경제성이 1차 자료에 비해 상대적으로 높으며 일반기업이나 개인이 사적으로 수집할 수 없는 자료를 쉽게 얻을 수 있고 공공자료의 경우 신뢰성이 높다는 장점이 있다. 또한 기업이 필요로 하는 해외진출 문제에 대한 정의수립에 도움을 주며 1차 자료의 분석과 이용에 대한 지침을 제공해 준다. 따라서 2차 자료를 구할 수 있고 또한 조사문제를 해결하는 데 적합한 경우에는 1차 자료에 앞서 우선적으로 사용하는 것이 바람직하다.

그러나 2차 자료는 대부분 현재 조사목적과 다른 목적으로 수집된 경우가 많으며 조사목적이 일치한다 해도 자료의 적합성, 신뢰성, 정확성, 시효성이 결여될 수 있으므로 이에 대한 평가를 한 뒤에 사용해야 할 것이다.

첫째, 적합성의 평가는 필요로 하는 자료의 측정내용과 측정대상이 일치하는지를 평가해 보는 것이다. 예를 들어 탄산음료가 청량음료에서 차지하는 소비량 점유율을 조사하는 경우 측정내용이 탄산음료의 전체 청량음료 소비량에 대한 비율을 측정하여야 한다. 이 때 측정내용이 탄산음료가 아닌 우유나 주스 소비량이 포함되어 있거나 소비량이 아니라 판매액으로 조사되어 있는 경우는 자료의 적합성이 떨어진다. 또한 성인을 대상으로 한 소비량을 알고자 하는데 청소년층의 소비량을 조사한 자료의 경우에도 적합성이 없다고 볼 수 있다.

둘째, 신뢰성의 평가는 측정내용과 측정대상이 적합한 자료라고 하더라도 자료수집방법이나 측정이 부적절하게 이루어진 경우인지를 평가하는 것이다. 자료수집 절차나 측정도구(설문지 등)를 밝히지 않거나 알 수 없는 경우, 표본의 수(조사대상자의 수)가 매우 적을 때, 조사 자료에 대한 신뢰도를 평가할 수 있는 근거(신뢰도 계수 등)가 없을 때, 동일한 자료원 또는 다른 자료원에서 얻어진 자료 간에 일관성이 없을 때는 신뢰성을 의심해야 한다. 특히 신뢰성이 떨어지는 사적 기관에서 자신의 주장이나 이해관계를 정당화하기 위해서 조사된 자료나 형식적인 조사 실적을 보이기 위해 실시한 조사 자료의 경우는 신뢰성에 문제가 있을 수 있음을 명심해야 한다.

셋째, 정밀성의 평가는 자료의 분류나 측정의 정밀도가 어떤 수준인지를 평가하는 것이다. 정밀성이 낮을 경우 자료로서 이용이 불가능하다. 기간 분류가 월단위로 된 자료가 필요한데 연단위로 된 자료가 이거나, 시(city)단위 자료가 필요한데 도(province) 또는 주(state) 단위로 측정된 자료이거나, 소수점 2자리까지 세밀한 자료가 필요한데 1,000단위로 측정되어 있는 경우 자료의 내용과 신뢰성이 높다 하여도 조사문제를 해결하는데 도움이 되지 않는다. 반면에 요구되는 자료보다 세밀하게 분류된 자료이거나 보다 정밀하게 측정된 자료는 조사요구에 맞도록 통합해서 사용하면 되므로 문제가 없다.

마지막으로 시효성의 평가는 조사 자료가 내용(타당성), 신뢰성, 정밀성 측면에서 모두 적합하다 해도 너무 오래된 자료인 경우 자료를 의사결정에 이용할 수 없는 경우가 있다. 요즘 시장상황이 급격하게 변화하고 있는 상황을 고려할 때 일정기간 이상 지난 자료는 쓸모없는 경우가 많으며 이러한 자료를 바탕으로 의사결정을 내릴 경우 잘못된 의사결정이 수행될 가능성이 높다고 할 수 있다.

(2) 1차 자료(Primary Data) 조사

2차 자료만으로 의사결정 문제해결이 힘든 경우에는 1차 자료의 수집을 검토해야 한다. 1차 자료 수집은 특정주제에 대한 깊이 있는 문제를 해결(의사결정)하기 위하여 주로 사람을 대상으로 관찰(observation)하거나 설문지(questionnaire)를 통하거나 또는 면접(interview) 등을 이용하여 행동이나 사고, 반응 등을 조사하기 위한 목적으로 수행되며, 이러한 내용은 가치관이나 문화 등과도 밀접한 관련성이 있다. 1차 자료는 특정 문제의 해결을 위하여 계획되고 수집되는 자료인 만큼 정확성과 신뢰성 및 현실성이 있어야 하며 그만큼 자료수집 및 계획에 더욱 신중하여야 한다. 이러한 1차 자료 수집방법으로는 크게 의사소통방법(communication method)과 관찰방법(observation method)으로 분류할 수 있다. 이중 의사소통방법은 응답자에게 질문을 하여 자료를 획득하는 방법으로 일반적으로 설문지 조사나 대인면접방법이 대표적이며 관찰방법은 설문지 등을 이용하지 않고 관심 있는 상황이나 행동을 관찰하여 기록하는 방법을 의미한다.

〈표 2-6〉 의사소통방법과 관찰방법의 선택기준 비교

선택기준	의사소통방법	관찰방법
다양성(자료항목)	높음	낮음
신속도(시간)	높음	낮음
비용(경제성)	낮음	높음
객관성(일관성)	낮음	높음
정확성(타당성)	낮음	높음

가. 의사소통방법

의사소통방법은 시장조사에서 가장 흔히 사용되는 방법으로 조사 대상자들에게 조사 문제를 직접 질문함으로써 자료를 수집하는 방법이다. 의사소통 수단에 따라 대인면접(personal interview)과 우편을 이용하는 방법(mail survey), 전화를 이용하는 방법 (telephone survey)이 있으며, 3가지 경우 모두 조사 대상자의 승낙과 협조가 필요하고 적절한 설문지 작성이 필요하다. 또한 최근에는 인터넷 기술의 발달로 온라인 조사가 많이 활용되고 있기도 하다.

의사소통방법의 장점은 다양한 자료를 신속하고 저렴하게 수집할 수 있다는 점이다. 그러나 단점으로는 객관성과 정확성이 미흡할 수 있다는 것인데 예를 들어 어려운 질문에 대한 자료제공 능력이 부족한 응답자의 경우와 민감한 문제에 대해 응답자가 응답을 기피하는 경우 또한 자신 또는 조직의 이익을 위하여 의도적인 왜곡(socially desirable answer)을 하는 경우 등을 들 수 있다.

① 대인면접(personal interview)

대인면접은 조사자가 필요한 자료를 획득하기 위하여 조사 참가자로부터 양방향 대화를 통하여 자료를 획득하는 방법이다. 한 사람의 조사자와 다수 참가에 의한 조사방법과 개인별 심층 조사방법 등이 있다. 주요 조사도구로는 설문지 작성 및 응답을 통한 설문조사방법과 조사자 및 참여자 간에 특정 주제에 관한 심도 있는 대화를 통해 관련 주제에 대한 깊이 있는 자료를 수집하는 질적 조사방법인 심층면접조사, 그리고 참고자료 등을 제시하여 조사 참가자의 반응이나 응답을 조사하는 실험 조사 방법 등이 있다.

대인면접의 가장 큰 장점은 응답자의 오답률을 낮출 수 있다는 것인데 응답자의 대답이나 반응이 명확하지 않을 때 조사자가 추가적인 질문을 제시하여 정확한 응답을 확보할 수 있다는 것이다. 이에 반해 대인면접의 단점은 고가의 조사비용에도 불구하고 개인정보나 직접적인 노출을 꺼려하는 정보 수집은 힘들다는 점이다. 대부분의 대인면접에서 조사자와 응답자는 낯선 관계이지만 우편을 이용하는 방법만큼 익명성이 보장되는 것은 아니기 때문에 조사자가 누구인지에 따라 직접적인 응답을 회피할 가능성이 있다. 일부 연구에서 응답자의 대다수가 여성일 경우에는 조사자가 여성일 경우보다 남성일 경우에 보다 많은 조사응답 오류와 편차가 발생하는 것으로 보고되고 있다. 또한 고연령 조사자가 고연령의 응답자 집단을 조사할 경우에도 편차가 발생하는 것으로 나타났다. 이외에도 조사자의 목소리나 태도, 그리고 용모 등도 조사에 영향을 끼치는 것으로 나타나 조사자 자체가 대인면접의 단점이 될 수 있음을 시사하고 있다.

② 우편을 이용하는 방법(mail survey)

설문지를 통한 우편조사는 과거부터 현재에 이르기까지 가장 많이 사용되는 시장조사 방법 중 하나이다. 조사내용과 길이에 따라 다르지만 우편설문에 의한 응답률은 다른 방법에 비해 상대적으로 낮다는 단점을 가지고 있다. 또한 응답률을 높이기 위하여 추가적인 응답 요청서를 발송하는데 소요되는 비용뿐만 아니라 시간도 가장 많이 소요된다는 단점이 있다. 대부분의 설문지는 단일방향 대화 형식이므로 오답률이 높거나 완성률이 떨어질 수 있는 단점이 있으며 무성의한 응답이 될 가능성도 다른 방법에 비해 상대적으로 높다. 하지만 조사자의 영향력이 매우 낮으므로 민감한 개인적 질문에 대해서는 응답률이 상대적으로 높은 편이다. Zikmund(2003)의 연구에 따르면, '당신은 은행에서 자주 돈을 빌립니까?'와 같은 개인의 프라이버시와 관련된 질문에 대인면접의 경우 17%가 '그렇다'라고 응답한 반면 우편조사에서는 42%가 '그렇다'라고 응답한 것으로 보고되고 있다.

③ 전화를 이용하는 방법(telephone research)

전화를 이용하는 조사는 조사기관에서 선호하는 조사방법 중의 하나이다. 대인면접 등의 방문조사에 비하여 비용이 저렴하며 전국 조사 및 해외시장조사 등 조사가능 지역에 한계가 적은 편이다. 또한 CATI(Computer assisted telephone interview)나 CATS(Computer-administrated telephone survey) 등 보조기기를 사용함으로써 자료수집 속도도 매우 빠르며 양방향 대화가 가능하므로 응답의 신뢰성이 높고 완성률도 높은 편이며 특히 빠른 시간 내에 대규모 조사가 가능하다는 장점이 있다. 그러나 응답자의 오답률이 높을 수 있으며 응답자의 조사에 대한 태도나 수용정도를 조절할 수 없다는 단점이 존재한다.

〈표 2-7〉 의사소통방법별 장단점 비교

	대인면접	전화조사	우편조사	인터넷
조사속도	보통~빠름	보통~빠름	느림	실시간
지리적 제약	제한~보통	도시지역	높음~전 세계	높음~전 세계
응답협조	예약시 높음	낮음	낮음	보통
질문변경	높음	보통~높음	불가능	높음
조사량	보통~많음	적음~보통	보통~많음	적음~보통
결측치	낮음	낮음	높음	낮음~보통
오해 가능성	매우 낮음	낮음	높음	보통~높음
조사자 영향	매우 높음	높음	없음	없음
응답 익명성	낮음	보통	높음	낮음~높음
조사감독	보통	높음	없음	없음
추가 조사	낮음	매우 낮음	매우 낮음	보통
비용	매우 높음	높음	낮음	매우 낮음

나. 관찰방법

관찰방법은 조사자가 조사대상의 행동이나 행위에 참여하지 않고 관찰자로서의 역할을 수행하는 자료수집 방법을 의미한다. 조사과정에서 관찰방법은 사람에 의해서 수행될 수도 있으며 기계(컴퓨터, 사진기 등)에 의해 측정될 수도 있다. 해외시장조사에서 관찰방법은 매우 중요한 의미를 가지는데 이는 설문조사 등의 의사소통방법과는 달리 생소한 해외시장에서 목표 소비자들이 일정한 현상에 대해 어떻게 행동하는가에 대한 객관적이며 사실적인 자료를 수집할 있는 효과적인 측정기법이기 때문이다. 따라서 관찰방법은 설문조사 등의 방법에 비해 응답자 개인의 습관이나 행위를 보다 정확하고 진실되게 측정할 수 있다. 예를 들어 도요타(TOYOTA) 자동차는 대부분의 여성들이 남성에 비해 손톱이 길다는 특징을 감안하여 이를 새로운 자동차 설계에 반영한 사례가 있다. 이를 위해 여성 운전자들이 자동차에 접근하여 차문을 열고 각종 기기를 조작하여 운전을 마칠 때까지의 행위를 면밀히 관찰하여 여성들이 상대적으로 긴 손톱으로 인해 발생할 수 있는 불편을 제거할 수 있었다. 또한 관찰조사는 의사소통방법이 불가능한 조사환경에서 자료를 수집하는 데 매우 유용하다. 예를 들어 미취학 아동들이 좋아하는 과자나 장난감 등은 설문조사로 찾아내기 어렵다. 이 경우 미취학 아동들이 모이는 장소를 인위적으로 설계하여 다양한 과자를 놓아두고 이들의 반응을 기록하거나 놀이터 등에서 어떤 새로운 장난감이 인기가 있는지 등을 관찰하여 필요한 정보를 수집할 수 있다. 특히 관찰방법은 문맹율이 상대적으로 높은 저개발 국가의 시장조사에서 상대적으로 적합한 조사방법이라 할 수 있다.

관찰방법의 장점을 정리해보면 첫째, 객관적이고 정확한 자료의 수집이 용이하다는 점이다. 이는 응답자의 심리 상태나 조사자와의 관계, 질문의 표현, 응답방법의 차이 등에서 발생할 수 있는 오류를 배제할 수 있기 때문이다. 또한 응답자가 자신의 태도나 의견에 대하여 정확히 모르는 경우에도 조사가 가능하다는 장점이 있다. 이에 반해 단점으로는 관찰이 불가능한 행동에 대한 조사에 어려움이 있을 수 있다. 예를 들어 지극히 사적인 장소에서의 행동에 대한 관찰이나 타인에게 숨기고 싶은 행동에 대한 관찰은 현실적으로 불가능하다. 또한 조사 대상자의 행동을 관찰하여 내면적 심리를 추정하는 것에 따른 조사결과의 객관성과 타당성에 문제가 발생할 가능성이 있을 수 있다. 따라서 관찰방법은 일반적으로 다른 조사방법과 병행하여 사용하는 것이 바람직하다.

이상에서 1차 자료조사와 관련된 내용들을 살펴보았는데, 이 중 어떤 1차 자료조사 방법이 가장 좋은지는 기업 상황이나 현지시장 상황, 또는 조사에 투입되는 비용 및 시간 등 제반여건에 따라 달라질 수 있으므로 기업이 당면한 조사상황에 가장 적합한 방법을 선택하는 것이 중요하다. 즉, 이상의 1차 자료조사 방법 중 어떤 방법을 선택하였는가에 문제의 초점을 맞출 것이 아니라 기업이 선택한 1차 자료조사 방법이 얼마만큼 특정 의사결정 문제를 해결하는 데 시간과 비용을 절약하면서도 조사목표 달성에 가장 효과적(effectiveness)이었는지 하는 측면에 초점을 맞추는 것이 더욱 중요하다 할 수 있다.

2.2 해외시장조사의 복잡성과 특수성

해외시장조사에는 일반적으로 국내시장조사(단일시장지역조사)에 적용될 수 있는 기본 개념이나 과정, 절차 등을 그대로 적용할 수 있다. 그러나 조사대상이 국내 단일시장이 아니라 해외지역의 복수시장이라는 점과 국내 단일시장과는 다른 이질적인 자연적, 문화적, 법률적 환경이 공존하고 있다는 점에서 해외시장조사는 훨씬 더 복잡하며 특수한 양상을 가지게 된다. 여기서는 해외시장조사와 관련된 복잡성과 특수성 문제에 대해 먼저 논의하고 이후 이러한 복잡성과 차별성이 해외시장조사 과정에서 어떠한 문제를 발생시키는지를 살펴보기로 한다.

1. 해외시장조사에서의 복잡성과 특수성에 관한 문제

해외시장조사의 가장 명확한 특징은 이질적이고 복잡한 환경을 가진 복수의 해외국가시장을 대상으로 조사를 전개한다는 데 있다. 이는 기본적으로 각 시장별로 지리적인 차이가 있을 뿐만 아니라 정치, 경제, 사회, 문화적 측면 등 모든 환경이 서로 차별적이기 때문에 이러한 국가별 시장조사업무 자체에도 상대적으로 많은 시간과 비용 및 기타 어려운 문제들이 추가적으로 발생하게 됨을 의미한다. 이러한 조사대상 해외시장지역의 복잡성과 개별 시장지역에서의 특수성 문제로 인하여 탈생되는 어려움들로는 용어에 대한 정의(definition)가 국가마다 서로 달라 확보된 계량화된 자료의 비교가능성이 현저히 떨어지거나 동일한 의미를 가지는 객관화된 자료의 확보가 아예 불가능하다는 점, 상거래 관습이나 유통구조가 국가마다 상이하여 동일한 응답집단을 대상으로 수행되는 조사라 하더라도 비교자체가 결과적으로 무의미할 수 있다는 점 등을 들 수 있다.

또한 해외시장조사의 또 다른 특징은 다양한 경영방식(management style) 혹은 시장진입방식(market entry mode)을 전제로 하기 때문에 조사의 영역이 대단히 광범위해지며 해외시장에서 기업 활동을 전개하는데 필요할 것으로 예상되는 거의 모든 유형의 정보와 자료를 조사대상으로 다루어야 한다는 것이다. 해외시장을 대상을 하는 조사는 필요로 하는 정보나 자료의 유형에 따라 다음과 같은 3가지 유형으로 나눌 수 있다.

첫째, 특정국가나 지역시장에 대한 일반적 동향조사로 목표시장의 경제현안과 전망, 경제정책 변화 등을 조사·분석하여 경제전반 및 시장 변화에 대한 향후 대응방안 마련을 위해 ① 특정 경제권 및 시장에 대한 일반 개황 ② 주요 경제지표 ③ 경제동향 및 주요현안과 정책 변화 ④ 자국과 현지국간 경제협력 및 대응방안 등에 대한 조사가 그것이다.

둘째, 산업기반 조사로 특정국가에 기업진출이 활발하거나 유망한 산업을 심층적으로 분석하여 해외진출전략 수립의 기초자료를 제공하거나 특정기업의 특정 산업시장 진출에 필요한 진출전략 수립에 필요한 기본적인 분석 자료를 제공하는 것을 목적으로 ① 산업의 개요 및 산업동향과 현안조사 ② 산업관련 정책조사 ③ 산업성장 잠재력 및 전망조사 ④ 산업진출 전략 및 정책적 시사점 조사 등이 이에 포함된다.

셋째, 특정기업의 해외목표시장에 제품·서비스의 판매 및 구매가능성과 이에 대응한 진출전략 수립을 위해 광고, 가격, 유통, 제품개발 등과 관련된 시장기반 조사로 ① 제품시장 수요, 경쟁구조, 생산구조, 가격구조, 유통구조 ② 수출입동향, 해외업체 진출동향, 수출입관리제도, 상거래 법률, 소비자 문화 및 행동추이 등과 ③ 취급업체 정보 및 주력(핵심) 바이어조사와 기타 관련정보 등에 관한 것이 그것이다.

이상에서 국내시장에 집중하는 조사의 경우에는 세 번째 유형의 조사와 정보가 주된 관심사이며 다른 유형의 정보 수집은 기업의 거시적인 진출전략 수립이나 동향 조사 업무에 포함시켜 인식할 수 있겠으나 해외시장조사는 이상의 세 가지 유형 모두가 포함되는 것이 일반적이다. 새로운 시장지역에 진출하고자 하는 기업은 예상되는 당면가능한 모든 문제들을 해결하는 데 필요한 다수의 정보를 포괄적으로 다루어야 하기 때문에 제품·서비스의 판매 및 구매가능성, 자신의 핵심경쟁역량 등 시장경쟁에 필요한 정보와 함께 특정국가의 정치적 안정성, 문화적 특성, 지리적 조건, 경제성장 가능성 등에 대한 정보도 동시에 분석하여야 다양한 해외시장 진입방식의 결정이나 경영방식의 결정 등도 가능하기 때문이다.

2. 2차 자료수집과 관련된 복잡성과 특수성 문제

다른 조사자가 다른 조사목적을 위하여 수집한 2차 자료는 해외시장조사의 초기단계에 매우 유용하게 사용될 수 있다. 이는 특정국가 및 특정 시장영역에 대한 본격적인 심층조사(in-depth research)를 수행하기 이전에 상대적으로 적은 비용 및 시간의 투입으로도 해당 해외시장에 대한 개괄적인 상황을 파악할 수 있기 때문이다. 그러나 일반적으로 복수국가를 조사대상으로 하는 해외시장조사의 경우에는 2차 자료를 활용한 조사와 분석에 문제점과 한계가 발생할 소지가 높은데, 이는 먼저 사용가능한 자료의 절대량이 국가별로 매우 상이하다는 것과 다른 하나는 국가별 자료를 객관적으로 비교분석하는 데 많은 한계가 있다는 점 등이다. 이를 보다 구체적으로 살펴보면 다음과 같다.

먼저 사용가능한 자료의 절대량이 국가별로 매우 상이하다는 것은 대개의 2차 자료가 각국 정부나 공공기관 등에서 조사되고 발표됨에 따라 해당 국가의 경제개발 수준 및 대외개방정책 등 해당국가의 특성에 따라 국가마다 발표되는 2차 자료의 절대량에 큰 차이를 보이고 있다. 예를 들어 저개발 국가의 경우 발표되는 2차 자료의 신빙성이나 객관성과 같은 신뢰수준은 제외하고서라도 발표되는 2차 자료의 절대량 자체가 매우 부족하며 조사대상 기간도 일회성이거나 비정기적일 가능성이 높다는 단점을 가지고 있다. 또한 UN이나 World Bank 등 국제기구에서 발표되는 자료도 존재하지만 이 경우에도 선진국 관련자료 위주이거나 해당 조사에 참여한 국가 위주의 자료로 구성될 가능성이 높아 기업이 목표로 하는 특정시장지역에 대한 정보가 누락될 가능성이 높다.

다음으로 국가별 자료를 객관적으로 비교분석하는 데 많은 한계가 있다는 것은 확보 가능한 자료의 질적 수준의 차이 또는 국가별 자료의 비교가능성 문제라 할 수 있다. 이는 다시 몇 가지 문제로 나누어 생각할 수 있다.

첫째, 발표된 2차 자료의 신뢰성(reliability) 문제로 해당 국가의 위신이나 체면에 관련된 발표 자료의 경우 해당국가 정부당국이 의도적으로 부풀리거나 낮추어 발표할 가능성이 있다는 것이다. 이러한 가능성은 저개발 국가의 경우 상대적으로 더욱 높다고 하겠으나 선진국이라고 해서 가능성이 전혀 없다고 볼 수 없을 것이다. OECD 국가라 할지라도 다른 국가와의 무역 협상이나 협정 등에서 유리한 고지를 차지하기 위하여 자국의 실업률이나 예금률 등을 부풀려 발표하는 경우가 간혹 있는 것으로 알려지고 있다. 또한 정부정책에 따라 자료 왜곡이 발생되는 경우도 종종 있는데, 국내 매출액에 기반하여 세금을 부과하거나 중소기업에 대한 세금감면 혜택을 높이는 정책을 실행하는 경우 기업은 전자는 줄이고 후자에 포함되기 위해 자료를 왜곡시키게 될 수 있다. 마지막으로 이러한 의도적인 과장 또는 축소 이외에도 조사적용방식의 차이나 조사투입 예산 및 인력의 수준 차이 등에 따라서도 발표되는 자료의 신뢰성 수준에 차이가 나타날 수 있다. 우리나라의 경우에도 국가전반의 통계조사를 담당하는 통계청이 발표하는 자료와 특정 행정기관이 자체적으로 조사하여 발표하는 자료 간에 일정수준 차이가 발생하는 경우를 간혹 살펴볼 수 있다.

둘째, 특정 통계자료의 발표주기나 속도가 상이하여 같은 시점에서의 직접 비교가 곤란한 경우가 발생한다. 예를 들어 발표 자료의 기준연도가 다른 경우 또는 특정국가의 경우 1년 단위로 발표되는 자료가 다른 국가에서는 다른 주기로 발표되는 경우 직접적인 비교가 곤란하여 많은 경우 필요한 시점의 정보에 대해 추정치를 사용하여 비교해야 하는 경우가 있다.

셋째, 조사에 사용되는 용어의 정의나 분류 방법 또는 특정 단어와 개념에 대한 국가별 정의가 국가마다 다른 경우가 많기 때문에 국가간 비교를 어렵게 한다. 예를 들어 국가마다 근무시간이 상이함에도 불구하고 시간당 평균 임금의 산출 시 동일한 근무시간 기준을 적용하여 조사한다든지 아니면 각 국마다 중소기업에 대한 정의가 상이함에도 불구하고 발표 자료를 그대로 비교할 경우 직접적인 수치비교가 무의미하거나 의미가 크게 줄어들 수 있다는 것이다. 또한 똑같은 명칭의 소매점포(예를 들어 슈퍼마켓, 쇼핑센터, 디스카운트 스토어, 백화점 등)라도 그 의미는 국가마다 다를 수 있으며 점포(건물)의 크기나 배치, 취급하는 상품 등이 서로 달라 이러한 용어정의에 기초한 통계자료를 유통경로나 소비자의 쇼핑습관을 파악하기 위한 자료로 사용할 때는 주의를 기울여야 한다.

마지막으로 화폐로 표시된 자료의 경우 국가간 환율의 변동에 따라 실질가치를 제대로 파악하기 어려운 경우가 있다. 각국이 발표하는 화폐 표시 자료의 경우 미국 달러(US $)나 유로(EURO €) 등 동일한 통화로 표시하지 않고 자국통화 표시로 발표되는 경우가 빈번한데 이 경우 각국 화폐의 실질가치에 대한 적정비교가 곤란한 경우가 발생한다. 또한 변동환율제도와 고정환율제도 등 모든 국가들이 자국통화에 적용하는 환율제도가 일정하지 않으며, 변동환율제도의 경우에도 어떤 조건과 연동되어 환산되는지에 따라 다양한 방식으로 나누어 볼 수 있다. 우리나라의 경우에도 근본적으로 고정환율제도에서 변동환율제도로 전환되었는데, 1945년부터 1980년까지는 고정환율제도에서 단일변동환율제도로 변화되었으며 1980년부터는 복수통화 바스켓에 의한 변동환율제도를 적용하였다. 또한 1990년부터 1997년 아시아 외환위기까지는 시장평균환율제도를 적용하였고 1997년 12월 이후에는 시장평균환율제도에서 하루 변동폭을 완전히 폐지한 자유변동환율제도가 시행되었다.

따라서 모든 국가들의 통화가치를 미국 달러 등 동일표시화폐로 환산한다 하더라도 실질적인 적정 가치로 환산되었다고 볼 수 없기 때문에 통화표시 자료의 동등비교에 한계가 있을 수밖에 없다. 또한 GNP나 1인당 국민소득을 국가별로 비교할 때 환율문제 이외에도 추계방법이 문제가 될 수 있는데, 이는 중앙계획경제를 실시하고 있거나 중앙계획경제를 실시하다가 시장경제로 전환해 가고 있는 국가들의 경우 제기되는 문제이다. 특히 중앙계획경제에서 시장경제로 전환해 가고 있는 국가의 경우에는 중앙계획경제가 가지고 있던 문제점들을 많은 부분 그대로 가지고 있는 경우가 많다.

3. 1차 자료수집과 관련된 복잡성과 특수성 문제

2차 자료조사를 통하여 일반적이고 기초적인 문제들이 검토·분석되고 나면 특정기업이 요구하는 특정문제의 효과적인 해결을 위하여 해당 문제와 보다 직접적으로 연결될 수 있는 구체적인 자료수집 과정이 필요하게 된다. 이때 요구되는 자료조사가 바로 1차 자료조사이다. 1차 자료조사는 특정주제에 대한 깊이 있는 문제를 해결(의사결정)하기 위하여 주로 사람을 대상으로 관찰(observation)하거나 설문지(questionnaire)를 통하거나 또는 면접(interview) 등을 이용하여 행동이나 사고, 반응 등을 조사하기 위한 목적으로 수행되기 때문에 가치관이나 문화 등과 밀접한 관련성이 있다. 그런데 국가 간의 상이한 문화적 배경과 환경은 이러한 1차 자료의 수집과정은 물론 분석과 해석과정을 매우 어렵게 만든다.

1차 자료조사 어려움의 본질적인 문제는 상이한 문화권에서 수집된 자료들의 비교가능성과 관련된 문제일 것이다. 이러한 비교가능성 문제는 언어적인 측면과 비언어적인 측면으로 나누어 생각해 볼 수 있는데, 우선 언어의 차이에서 오는 문제는 설문지나 대인 면접 등에서 전달하고자 하는 내용을 자국 언어에서 조사 대상국의 언어로 '정확하게 번역(표현)하였는가'와 관련된 문제이다. 특히 설문지 조사의 경우 번역에서 오는 오류를 줄이지 않는다면 조사결과를 결코 신뢰할 수 없으며, 조사자가 조사현장에서 곧바로 오류를 수정할 수 있는 기회도 매우 적기 때문에 설문문항의 선택만큼이나 중요한 것이 바로 올바른 번역 문제라 할 수 있다. 따라서 이러한 설문지 조사에서 번역 오류를 줄이기 위하여 역번역 혹은 재번역(back translation) 과정을 거치는 경우가 종종 있다. 예를 들어 한국어로 작성된 설문지를 한국어와 영어를 모두 구사할 수 있는 미국인이 영어로 번역한 이후에, 이러한 번역된 설문지를 다시 한국어와 영어에 능통한 한국인이 한국어로 재번역하여 본래의 한국어 설문지와 비교해 보는 것을 의미한다.

또한 조사자가 원래 측정하고자 하는 개념(construct)을 조작적 정의(operational definition)에 의해 보다 구체화 시킬 필요가 있을 때, 이러한 조작적으로 정의된 의미가 실제로 문화권마다 차이가 발생할 경우 본래 의도했던 개념을 정확하게 측정하지 못하여 발생하는 측정 타당성

(validity)의 문제가 생길 수도 있다. 예를 들어 기업성과(performance)에 대한 이미지 조사를 수행할 경우 특정국가에서는 기업의 사회적 참여 및 기여에 대한 항목을 기업성과에 대한 이미지의 매우 중요한 요인으로 인식하는 반면 다른 국가에서는 자국의 경제발전 기여율이나 고용수준 등 경제적 측면을 중요한 요인으로 인식하는 경우 동일한 기업 이미지 조사항목을 사용하였다 하더라도 국가마다 상이한 기업 이미지 조사 결과가 도출될 수 있다. 이러한 비교가능성 문제는 두 문화권 이상을 조사할 때는 물론 단일시장지역을 조사할 경우에도 매우 신경을 써야 하는데, 이는 비슷한 조사활동이 다른 국가에서도 수행될 수 있기 때문이다.

비언어적 측면의 문제는 보다 근본적인 것으로서 측정하고자 하는 추상적인 개념자체가 문화마다 차이를 보이거나 어떤 개념이나 대상, 반응, 행동 등이 갖는 사회문화적인 의미나 중요성 등이 다르기 때문에 발생하는 문제이다. 예를 들어, 리더스 다이제트사는 이탈리아 사람들의 스파게티 소비량을 조사하는 데 있어 대부분의 이탈리아인이 포장되지 않은 스파게티를 한꺼번에 많이 구입하는 소비문화를 이해하지 못하여 상표가 있고 포장되어 있는 스파게티만을 조사대상으로 삼아 잘못된 시장조사 결과를 발표한 사례를 들 수 있다.

이상의 비교가능성 문제 이외에도 1차 자료 수집과정에서 직면하게 되는 또 다른 문제는 실제 조사활동의 수행과정에서 발생하게 되는 문제를 들 수 있다.

첫째, 조사방법의 오류로 인터넷 및 전화 등의 통신매체, 우편버달기간, 직접 면접조사 여부의 가능성 정도가 국가마다 차이를 보이는데, 만일 이를 무시하고 각 국마다 동일한 조사방법의 적용 시에는 필요한 정확한 정보를 얻기가 어렵다. 예를 들어 중동국가의 여성들은 낯선 남성과의 접촉을 꺼려 사실상 직접 면담이 어려우며 문맹률이 상대적으로 높은 국가의 경우 설문지 조사 등의 방법으로는 적절한 조사를 수행하기 힘들다. 특히 특정이슈[예를 들어 성(gender)에 대한 질문 등]에 대해 민감한 반응을 보이는 국가의 경우 공개적인 응답을 꺼려하는 경우가 있으므로 유의해야 한다.

둘째, 표본 선정상의 오류를 들 수 있다. 소득수준이나 인구연령층, 교육수준, 직업구조 등에 걸쳐 국가 간 차이가 존재하는데, 이를 무시한 표본추출로 인해 오류가 발생될 수 있다. 예를 들어 저소득 국가를 조사하면서 고소득 국가의 소득기준을 적용시켜 표본을 추출하는 경우에는 무리가 따를 것이다. 또한 의사결정 과정이나 가족, 기업에서의 의사결정권자가 문화권마다 다를 수 있기 때문에 조직 구성원 중 누구를 대상으로 조사할 것인가 하는 것에는 주의를 기울여야 한다.

마지막으로 미응답에 대한 오류를 들 수 있다. 국가 간의 상이한 문화적 특성으로 인해 조사에 대한 전체 응답률에 차이가 있게 마련이다. 특히 질문 방법이나 내용이 현지국의 국민성에 맞지 않을 경우 기대할 만한 응답률을 기대할 수가 없다. 예를 들어, 어떤 국가의 국민들은 "예" 또는 "아니오"의 양자택일 응답 방식에 익숙해 있으나, 이런 응답 방식을 꺼리는 국민들도 있을 수 있다.

2.3 해외시장조사의 절차

해외시장조사의 일반적인 절차는 일반적으로 다음과 같은 5단계(① 문제의 정의 ➡ ② 조사의 설계 ➡ ③ 자료의 수집 ➡ ④ 자료의 분석과 해석 ➡ ⑤ 보고서 작성)로 이루어지며 이는 국내시장조사와 동일하다. 조사의 목적이나 상황에 따라 각 단계의 상대적 중요성은 달라지거나 때로 생략될 수도 있지만 적어도 논리적으로는 이상의 과정을 따라 조사활동이 수행된다고 볼 수 있다. 각 단계별 세부내용을 간략하게 살펴보면 다음과 같다.

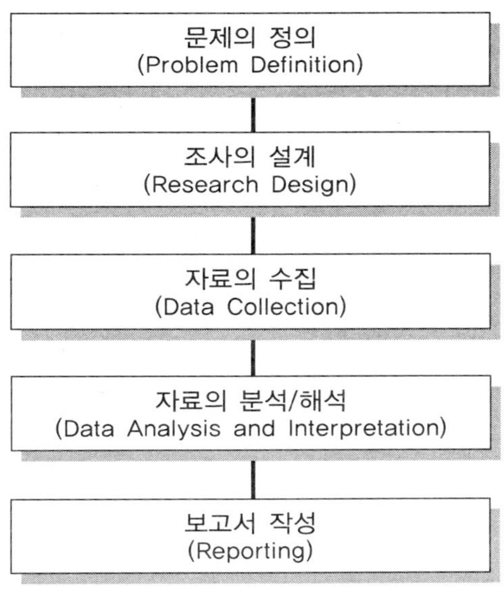

〈그림 2-5〉 해외시장조사의 일반적인 절차

1. 문제의 정의 : Problem Definition

문제의 정의란 해결해야 하는 과제가 무엇인지와 결정해야 할 의사결정 내용이 무엇인지, 그리고 이를 위해 필요한 정보가 무엇인지 등을 명확하게 규정하는 것을 의미한다. 문제가 명확히 정의되어야지만 이의 해결을 위한 조사활동의 설계와 자료 수집 등이 정확하게 결정될 수 있다는 점에서 본 문제의 정의단계는 매우 중요한 해외시장 조사과정의 출발점이라 할 수 있다.

문제정의를 얼마만큼 구체적으로 할 것인지와 조사에서 획득하여야 할 필요한 특정정보의 유형이 무엇이 되어야 할 것인지 등은 해당 조사활동의 기본 전제가 되었던 의사결정의 주요내용이나 의사결정자가 누구인지에 따라 달라질 것이다. 즉 최고 경영층이 수행해야 하는 거시적이며 전략적인 의사결정 문제와 중간 관리자가 수행해야 하는 세부사업 또는 운영전략(operational strategy)에 대한 의사결정의 경우에는 문제정의의 구체성 수준이나 필요정보의 유형 등에서 차이가 발생하게 되며 세부사업 수준으로 의사결정 수준이 내려갈수록 1차 자료의 필요성이 높아지는 것이 일반적이다.

또한 문제를 보다 명확하게 정의하기 위하여 비교적 쉽고 빠르게 획득할 수 있는 2차 자료를 검토하거나 간단한 전문가 인터뷰 등을 수행하는 것도 도움이 된다. 이러한 간단한 2차 자료 조사는 문제를 보다 명확하게 인식하고 정의하는 데 도움을 줄 뿐만 아니라 이후의 의사결정과정에서 고려해야 하는 선택대안(alternatives)의 수를 줄여 향후 세부적인 심층조사에 투입되어야 하는 시간과 비용을 절약시켜 주는 역할을 수행하기도 한다.

2. 조사의 설계 : Research Design

조사의 설계는 정의된 문제의 해결을 위하여 어떠한 조사활동을 어떻게 수행할 것인지를 결정하는 조사활동의 마스터플랜을 마련하는 단계로서 해외시장 조사활동의 성패를 가늠하는 중요한 단계라고 할 수 있다.

조사 설계의 첫 번째 과제는 필요한 정보와 자료유형을 구체적으로 파악해야 한다는 것이다. 의사결정을 위해 필요한 정보와 직·간접적으로 관련이 있는 변수들(혹은 요인)을 확인하고 이들 변수(혹은 요인)에 대한 자료를 어디서 어떤 방법으로 수집하며 수집된 자료를 어떤 기법을 이용하여 분석할 것이냐를 염두에 두고 검토하여야 한다. 2차 자료의 수집만으로 의사결정 문제가 해결될 경우 조사 설계 과정은 비교적 간단한데, 필요한 자료의 목록을 작성하고 자료원을 파악하여 수집, 분석하는 절차에 대한 계획을 수립하면 된다. 그러나 1차 자료 수집의 필요성이 제기되거나 확보된 2차 자료만으로는 의사결정이 충분하지 못하여 추가적으로 1차 자료 수집이 요구될 경우 조사 설계 과정은 훨씬 복잡해지며 일정수준의 과학적 분석기법이 요구된다. 통상적으로 조사 설계라고 하면 1차 자료의 수집을 연상하게 되는 것이 이러한 이유이다.

조사의 설계 단계에서 또 하나의 중요한 과제는 예산과 조직 및 조사 일정 등과 관련된 행정적인 문제를 고려해야 한다는 것이다. 조사에 투입되는 예산의 편성과 주요 조사 일정의 작성 및 조사업무에 따른 기업 내부조직의 역할 분담 등을 명확히 구분하여 전체 조사 과정의 흐름이 순조롭게 진행되도록 하여야 하는데, 해외시장조사는 자료 수집 과정상의 실제적인 어려움이나 자료의 비교 가능성 등에 있어 국내시장 조사보다는 훨씬 어렵고 복잡한 문제를 수반할 가능성이 높기 때문에 조사 설계 역시 매우 신중한 접근이 요구된다. 마지막으로 기업내부에서 자체적으로 수행하기 어렵거나 불가능한 조사업무로 판명될 경우에는 외부의 전문조사기관에 의뢰하는 문제도 조사 설계과정에서 검토하여야 한다.

3. 자료의 수집 : Data Collection

자료의 수집은 앞선 조사의 설계 단계에서 계획된 방법과 절차에 따라 이루어지는 것이 일반적이다. 1절에서 설명되었던 것과 같이 조사방법은 기업이 직접 조사를 수행하는 직접조사와 기업 외부의 전문조사기관에 의뢰하여 조사를 수행하는 간접조사 방법으로 나눌 수 있으며, 조사 자료는 크게 1차 자료와 2차 자료로 구분할 수 있다. 1차 자료는 조사자가 특정 해외시장조사 프로젝트를 위해 직접 계획하고 수집하는 자료로서 수집절차나 방법이 까다롭고 시간과 비용도 많이 소요된다. 이에 반해 2차 자료는 해당 조사 프로젝트와 관련 없는 제3자에 의해 이미 수집된 자료를 확보하는 것으로서 상대적으로 쉽고 저렴하게 확보할 수 있다. 자료수집과 관련된 구체적인 방법 등은 앞선 1절과 이후의 제8장 해외시장조사와 통계분석 등에서 언급되고 있으므로 상세한 설명은 생략하기로 한다.

4. 자료의 분석과 해석 : Data Analysis and Interpretation

자료의 분석은 수집된 자료에 대해 의미 있는 해석이 가능하도록 정리 및 통계처리 등을 수행하는 단계를 의미한다. 수집된 자료는 대개 편집(editing), 코딩(coding), 통계 분석 등의 과정을 거쳐 분석된다. 편집은 수집된 자료가 조사 설계에 따른 분석이 가능하도록 정확성과 일관성을 갖추고 있는지와 조사자의 지시나 요구에 맞게 자료가 수집되었는지 등을 검토하는 과정을 의미하며, 코딩은 자료의 분석을 편리하게 하기 위하여 각각 관찰된 내용에 일정한 기호체계(주로 숫자)를 부여하는 과정을 의미한다. 통계분석은 코딩 처리된 자료를 간단한 형태의 도표로부터 고도의 통계분석 기법에 이르는 다양한 방법에 의해 분석하는 작업을 의미하는데, 구체적인 분석기법의 선택은 조사의 목적, 표본추출 방법, 자료수집 및 측정방법 등에 따라 달리 적용되며 상세한 설명은 제8장 해외시장조사와 통계분석 부분에서 살펴보기로 한다.

서로 다른 문화권에서 수집된 자료를 분석할 때 가장 유의해야 할 것 중 하나가 자료에 나타날 수 있는 문화적 편견(cultural bias)을 검증하고 수정하는 일이다. 소비자의 태도나 의견조사의 경우 문화적 차이로 인하여 문화적 준거(referent point)가 다를 수 있으며, 특히 이러한 문화적 차이 인식을 위하여 자기준거기준(self reference criteria)에 따른 오류가 발생할 경우 자료가 가지는 본래의 의미를 왜곡할 가능성이 있으므로 상당히 주의해야 한다.

수집된 자료에 대한 분석이 끝나면 분석결과에 대한 해석이 수행되어야 한다. 주로 수치로 나타난 분석결과를 기계적으로 해석하는 것은 피하는 것이 좋으며 해외진출 관련 의사결정자가 필요한 의사결정에 사용할 수 있도록 실질적이고 의미 있는 해석이 이루어지도록 수행하여야 한다. 이때 동일한 결과에 대해서도 서로 다른 해석이 있을 수 있으므로 해석과정에도 신중한 접근이 필요하다. 가장 바람직한 것은 조사 설계, 통계기법 등에 대한 전문적인 지식을 갖추고 있으며 필요로 하는 해외진출 관련 의사결정 문제에 대해서도 충분한 이해를 갖춘 사람이 분석 결과를 해석하는 것이다. 그러나 현실적으로 일반 기업입장에서 이러한 인력을 자체적으로 보유하는 것은 비용 및 효율성 측면에서 힘들기 때문에 조사 담당자와 의사결정 담당자 사이에 활발한 의견공유와 트의를 통하여 분석 결과를 해석하는 방안에 대해서 사전에 검토하는 것이 바람직하다.

5. 조사 보고서 작성 : Reporting

보고서는 조사의 결과와 해석을 정리하여 의사결정에 도움을 줄 수 있도록 의사결정 담당자에게 제출하는 문서를 의미한다. 해외시장조사에 투입된 노력이나 결과는 결국 조사 보고서의 완성도에 의해 평가되므로 조사 보고서는 분명하고 명확하게 작성되어야 한다. 여기에서 가장 중요한 것은 보고서의 작성자는 조사 보고서가 누구에게 제출될 것인지를 항상 염두에 두고 작성하도록 하여야 한다는 것이다. 왜냐하면 조사 보고서는 작성자 입장이 아닌 이용자 입장에서 실질적으로 의사결정에 도움이 되도록 쓰여야 하기 때문이다. 이를 위해서는 보고서 이용자의 배경이나 지식에 비추어 충분하고도 명확하게 이해될 수 있도록 보고서가 작성되는 것이 중요하다. 또한 문서형태로 작성된 조사결과 보고서 제출과 함께 구두 보고나 설명회 보고 등도 조사결과의 효과적 전달이라는 측면에서 매우 중요한 보고 방식이므로 이 또한 작성 등에 유의해야 한다.

이상에서 일반적인 해외시장 조사절차를 살펴보았다. 5가지 단계로 나누어 설명된 이상의 해외시장 조사절차는 기업내부 상황이나 현지시장 상황에 따라 보다 단순화되거나 더욱 세분화 될 수도 있으며 때로는 특정 단계가 생략될 수도 있다. 따라서 이상의 해외시장 조사절차를 얼마나 충실히 따랐는가 하는 문제에 초점을 맞출 것이 아니라 기업이 수행한 해외시장 조사절차가 얼마만큼 특정 의사결정 문제를 해결하는데 시간과 비용을 절약하면서도 도움을 줄 수 있었는가 하는 문제에 초점을 맞추는 것이 더욱 중요하다 할 수 있다.

제3장 해외시장조사의 대상국가 분석

3.1 해외시장조사의 대상국가 분석의 개요

해외시장조사의 대상국가에 대하여 일반적인 내용과 특수한 환경에 대하여 조사하는 것은 해외로 진출하려는 시장을 선택하고 결정하는 데 매우 중요하다. 일반적으로 지리적, 역사적, 문화적으로 나라마다 독특한 시장적 배경과 특징을 갖고 있다. 시장에 영향을 미칠 수 있는 국가적 특성은 그 나라의 시장의 규모, 성장 등에 영향을 준다. 시장에 진출하려는 기업들은 그 나라의 시장에 대한 성장 및 진출 잠재성에 많은 관심을 가지고 시장조사를 한다. 시장의 성장과 진출 잠재성에 대한 조사도 매우 중요하지만, 그 나라의 정치적 경제적 기반(fundamental)이 건전한지도 시장을 결정하는 주요 요소가 된다. 만약에 원자력발전소, 화력발전도 등을 해당국가로부터 수주를 받고 건설을 했는데, 그 나라가 정치적 경제적 기반이 불안전에 의해 파산하거나, 대금을 지불하지 못하는 상황이 발생할 수도 있다. 자동차, 산업냉장고 등을 해외시장에 진출했는데 갑자기 정치적 혼란에 빠져 수출대금을 받지 못하는 경우는 물론 더 이상 수출시장으로서 작용하지 못하는 상황이 생길 수도 있다.

따라서 해외시장 진출은 단순히 진출하려는 제품의 수요, 경쟁, 유통구조만을 조사 분석하여 판매 가능성만을 판단하는 과정만이 아니다. 일단 해외시장에 진출하면 안정적으로 판매는 물론 대금회수가 이루어져야 한다. 이러한 판단을 하기 위해서는 해당국가의 일반적인 현황, 경쟁력, 국가 리스크 등을 먼저 조사하여 판단해야 한다.

그 다음으로 경제 및 산업정책의 기조와 변화도 면밀하게 분석해야 한다. 갑작스러운 경제 및 산업정책의 변화로 더 이상 목적 시장에 수출 또는 투자를 하지 못할 경우도 발생한다. 진출하려는 목적 국가의 경제 및 산업정책은 해외시장의 진출을 결정하는데 매우 중요한 결정요인이 된다.

진출하려는 시장의 산업구조와 그 위상도 면밀하게 검토되어야 한다.

진출 대상 품목이 속해 있는 산업만이 아니라 전체적인 산업구조를 파악할 필요가 있다. 즉 나라별로 산업구조가 다르고 그 성장형태 및 속도도 다르기 때문에 산업구조는 해당국가의 시장의 성장 가능성에 막대한 영향을 준다. 더욱이 어떤 산업이 그 시장에서 가장 중요한 산업이고, 어떤 산업이 상대적으로 미비한지에 대한 고찰은 진출 품목을 결정하는 데 결정적인 역할을 한다.

다음으로 진출하려는 대상국가가 우리나라와 어떤 협력관계를 유지하고 있는지도 시장진출에 중요한 영향을 준다. 우선 대외 및 경제협력관계는 강한지, 약한지, 아니면 현재는 강한 협력관계를 가지고 있지는 않지만 앞으로 협력관계를 강화해 나갈 것으로 전망되는지 등에 대한 판단이 필요하다. 양국 간에 협력이 약하거나 반한감정이 있는 경우 우리 제품에 대한 불매운동이 발생할 수도 있고, 어떤 경우는 반덤핑 및 긴급수입금지(safeguard) 등을 악의적으로 이용하여 수입을 금지시키거나 축소시킬 수도 있다. 이에 양국 간의 협력관계 정도와 전망은 해외시장조사에서 기초적으로 수행되어야 한다.

이러한 분석을 통하여 해당국가의 진출에 대한 기본방향을 제시하여야 한다. 가령 시기적으로는 언제가 중요한지, 진출 제품은 어떤 것이 전망이 있는지, 진출 방법은 어떤 것이 좋은지 등을 결정한다. 이러한 결정은 다양한 요인에 의하여 영향을 받을 수 있기 때문에 진출 전략을 수립하는 데 유의해야 할 점도 같이 조사되어야 한다.

이에 본장에서는 진출하려는 대상국가의 일반개황, 국가경쟁력과 리스크, 경제정책과 경제현황, 산업의 구조와 위상, 진출유망산업 및 분야, 양국 간 경제협력 현황 및 전망, 진출전략 수립시 유의해야 할 사항 등에 대하여 자세하게 고찰하고자 한다.

3.2 대상국가의 일반개황

일반개황은 진출하려는 목적시장의 국가의 자연지리, 행정, 정치, 사회 및 문화 등에 대한 조사를 포함한다.

1. 자연지리

목적시장의 국가가 지리학적으로 어떤 위치에 있는지에 대한 정보, 지역의 특성에 영향을 미칠 수 있는 요소에 대하여 조사한다. 그 주요 조사 내용은 국토면적, 인구, 기후, 시간대, 인접국가 등이 된다. 국토면적과 인구는 그 국가의 위상을 대표할 수 있는 것은 물론 향후 시장으로서 성장 잠재성을 보여주는 중요한 요소이다. 국토면적이 넓을수록, 인구가 많을수록 상대적으로 시장은 규모나 잠재성이 커질 가능성이 높다. 기후는 소비의 패턴과 형태를 결정하는 중요한 요소이다. 더운 지방과 추운지방은 음식섭취 등 의식주가 날씨에 의해 영향을 받아 전혀 다른 소비형태를 갖게 된다. 이러한 환경은 진출하려는 제품의 선택에 영향을 준다. 시간대는 현지와 한국 간에 시간차가 어느 정도인지에 대한 정보를 제공한다. 시차의 정도는 현지와 본사 간에 협력, 의사결정 등의 신속성에 영향을 준다는 점에서 필요한 정보이다.

인접국가에 대한 정보는 외부로부터의 충격 요인에 대한 정보를 준다. 인접국가와 경쟁적인 관계를 갖거나, 아니면 비우호적인 관계를 맺고 있는 국가가 있는지에 대한 정보도 이로부터 알 수 있다. 만약에 해당국가가 인접국가와 자유무역협정, 관세협정 등을 맺고 있다면, 해당국가에 직접 진출하는 것이 바람직한지 아니면 인접국가를 통하여 우회적으로 진출해야 하는지에 대한 정보를 이로부터 얻을 수 있다.

2. 행정

시장의 형태나 구조 등은 국가의 거버넌스에 의하여 직접적으로 영향을 받기 때문에 행정구조는 시장조사에서 주요한 참고사항이 된다. 그 주요 조사 내용은 공식 국가명, 수도, 행정조직, 주요 도시 등이다.

3. 정치

시장은 정치에 의하여 크게 영향을 받게 된다. 특히 신흥시장일수록 정치에 매우 민감하게 작용한다. 정부형태, 대통령 및 의원내각제, 국회 및 의회, 주요 정당에 대한 조사를 하고 간략하게 설명하면 된다.

4. 사회 및 문화

해외시장에서는 그 나라의 독특한 사회 및 문화에 의해 소비 및 구매력이 완전히 다르게 나타날 수 있기 때문에 이에 대한 조사가 요구된다. 주요 조사 내용은 민족의 구성, 언어의 사용(단일어 또는 다양한 언어 사용 여부 등), 종교의 구성, 회계연도, 도량형, 공휴일, 공식화폐 등이다.

5. 한국과의 관계

해당국가가 우리와는 어떤 관계가 있는지를 간략하게 전달할 수 있도록 주요 내용들을 조사한다. 주요 내용은 국교, 경제협정, 외교관계, 해당국가에서 우리와의 협력의 중요성 등을 나타낼 수 있는 내용이면 된다. 이러한 내용은 진출하려는 해당국가의 시장에 대하여 이해하는 데 도움이 된다.

〈표 3-1〉 인도 일반 개요 예시

일반	위치	서남아시아, 아라비아 해와 벵골 만 사이
	면적	3,287천㎢(한반도의 15배)
	기후	열대몬순기후, 고온다습
	인구	1,166백만 명(2009)
	수도	New Delhi(12.8백만 명)
	행정조직	29개주, 7개 연방직할지
	민족	인도아리안족, 드라비다족, 몽골족
	언어	힌디어, 영어 등 16개의 공용어 사용
	종교	힌두교(81%), 이슬람교(13%), 기독교, 시크교, 불교 등
정치	독립일	1947. 8. 15(영국)
	정부형태	연방공화제
	국가원수	Manmohan Singh(수상)
	의회	양원제(상원 245석, 하원 545석)
	주요 정당	국민의회당(INC), 인도인민당(BJP), 인도공산당(CPI)
	국제기구가입	UN, IMF, IBRD, ADB, ESCAP, UNCTAD, WTO 등
경제	GDP	12,794억 달러(2009)
	1인당GDP	1,097달러(2009)
	화폐단위	Rupee(Rs)
	회계연도	4. 1~3. 31
	산업구조	(2009) 농업 16.2%, 제조업 28.8%, 서비스업 55.0%
	주요 수출품	(2009) 기계류 18.5%, 철강제품 17.2%, 석유화학제품 12.5%, 전자제품 12.4%
	주요 수입품	(2009) 광물성연료 53.7%, 농산물 8.0%, 정밀화학제품 6.2%
	주요 부존자원	석탄, 철광석, 석유
	경제적 강점	천연자원 및 저임 노동력 풍부, 거대한 내수시장
	경제적 약점	사회간접자본 미비, 수출구조 취약, 관료주의 만연

(자료) 한국수출입은행

3.3 국가경쟁력과 리스크

1. 국가경쟁력

국가경쟁력 및 리스크는 해외시장을 개척하고 선택하는 데 매우 중요한 요소이다. 국가경쟁력이 높고 리스크가 낮을수록 해외시장은 상대적으로 안정되고, 교역 및 직접투자에 대한 신뢰성을 높여 줄 수 있다. 기업들은 도전적으로 전혀 개척되지 않는 불안전한 시장에 진출하기도 하지만, 대부분 안정적인 시장에 진출하기를 원한다. 이에 따라 해외시장조사에서 시장을 선택하는데 국가경쟁력 및 리스크 분석이 우선되어야 한다.

국가경쟁력은 국가의 면적, 경제규모, 인구 등 규모에 의해 좌우될 수도 있다. 국가경쟁력의 비교는 이러한 양적인 경쟁력보다는 최근에는 포괄적이면서도 질적인 경쟁력이 더 중요하다. 이에 세계의 유명 기관들이 이러한 국가경쟁력 조사를 바탕으로 한 경쟁력 지수를 측정하여 발표하고 있다.

국가경쟁력을 보여주는 대표적인 지수는 스위스 국제경영개발원(IMD)에서 발간되는 세계경쟁력연보(World Competitiveness Yearbook, WCY)가 있다. WCY는 세계의 주요 55개 국가들의 경쟁력을 1989년부터 331개의 주요 항목을 중심으로 매년 발표하고 있다. 331개의 항목의 2/3는 각국에 대한 국내외 통계자료를 이용하고, 1/3은 최고경영자들의 설문조사를 통하여 자료를 수집한다. WCY의 주요 경쟁력 요소는 경제성과, 정부효율성, 비즈니스효율성, 인프라 등이다. 이러한 경쟁력 요소를 적절한 가중치를 두어 최종적으로 순위를 정하여 발표한다. 즉 국가 내에서 활동하고 있는 기업들이 국내 및 글로벌 경쟁력을 유지할 수 있도록 환경을 제공하는 국가의 능력에 대한 것을 지수화한다.

〈표 3-2〉는 IMD의 세계경쟁력 지수의 결정요인을 나타내고 있다. 경제성과에는 국내경제, 국제무역, 국제투자, 고용, 물가 등 주요 경제지표로 구성되어 있다. 정부의 효율성은 공공재정, 재정정책, 제도적 체계, 비즈니스 규정, 사회체계 등으로 구성되어 있다. 비즈니스의 효율성은 생산성, 노동시장, 금융시장, 경영관례, 태도 및 가치 등으로 구성된다. 인프라는 물리적 인프라, 기술, 과학, 보건 및 환경, 교육 등 사회적 인프라를 포괄하고 있다.

〈표 3-2〉 IMD의 세계경쟁력 지수의 결정요소

경쟁력 요소	주요 경제지표
경제성과	국내경제, 국제무역, 국제투자, 고용, 물가
정부의 효율성	공공재정, 재정정책, 제도적 체계, 비즈니스규정, 사회체계
비즈니스의 효율성	생산성, 노동시장, 금융시장, 경영관례, 태도 및 가치
인프라	기초 인프라, 기술 인프라, 과학 인프라, 보건 및 환경, 교육

(자료) 스위스 국제경영개발원(IMD)

(1) IMD 세계 경쟁력 지수 및 순위의 예시

IMD의 세계경쟁력 순위에서 BRICs 국가들을 살펴보면, 중국은 최근에 급속하게 순위가 상승한 것을 볼 수 있으며, 그 다음으로 인도도 상승하고 있다. 러시아는 꾸준히 순위가 하락하고 있는 반면, 브라질은 꾸준히 순위가 상승하고 있는 것으로 나타났다.

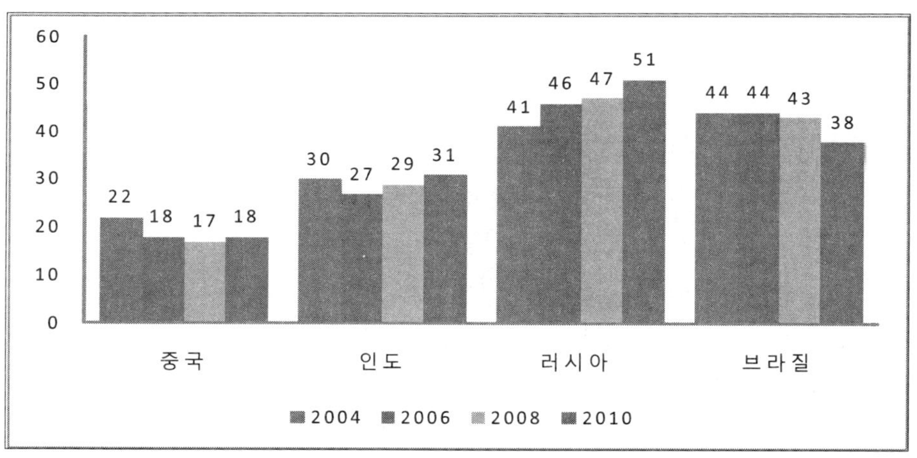

(자료) 스위스 국제경영개발원(IMD)

〈그림 3-1〉 IMD의 세계경쟁력과 BRICs 순위

2010년도 IMD의 세계 경쟁력 순위를 보면, 싱가포르가 1위였던 미국을 앞질러 1위가 되었으며, 브릭스 국가 중에서는 중국이 중위권에 위치해 있고, 나머지 국가들은 중상위권에 위치한 것을 알 수 있다.

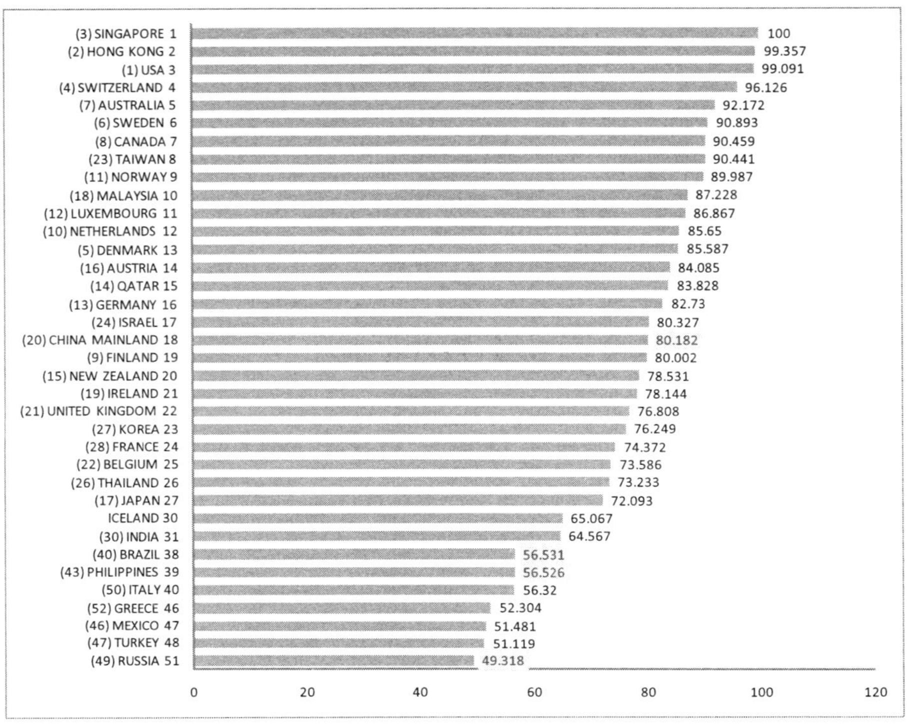

(주) ( )는 2009년도 순위임.
(자료) IMD, World Competitiveness Yearbook 2010

〈그림 3-2〉 주요국의 세계 경쟁력 지수

다른 경쟁력 지표로는 세계경제포럼(WEF)의 글로벌 경쟁력 지수(Global Competitiveness Index)가 있다. WEF는 경쟁력 순위는 제도, 인프라, 거시경제, 보건 및 기초교육으로 구성된 기초분야, 고등교육 및 훈련, 상품시장효율성, 노동시장효율성, 금융시장성숙도, 기술준비도, 시장규모 등의 효율성 개선 분야, 혁신과 비즈니스 성숙도 등 총 3개 지표로 구성되어 있다. 이러한 지표를 이용하여 1인당 GDP의 높은 성장률을 유지하는 국가의 능력을 지표화하여, 중기적으로 높은 경제성장률을 지지해주는 제도와 경제정책을 망라한 것을 의미한다.

〈표 3-3〉 WEF의 경쟁력 순위 지표

구분	세부영역
기초분야 : 4 (basic requirement)	Institution(제도) Infrastructure(인프라) Macro-economy(거시경제) Health & primary education(보건/기초교육)
효율성 개선 분야 : 6 (efficiency enhancers)	Higher education & training(고등교육/훈련) Goods market efficiency(상품시장효율성) Labor market efficiency(노동시장효율성) Financial market sophistication(금융시장성숙도) Technological readiness(기술준비도) Market size(시장규모)
혁신/성숙도 분야 : 2 (Innovation & sophistication)	Business sophistication(비즈니스성숙도) Innovation(혁신)

(2) 세계경제포럼의 글로벌 경쟁력 지수의 예시

세계경제포럼의 글로벌 경쟁력 지수로 본, BRICs 국가들의 경쟁력에서는 중국이 급속도로 상승하여 중 상위권에 속해 있으며, 그 다음으로 인도, 러시아, 브라질 순으로 중위권 및 중하위권에 위치하고 있는 것을 알 수 있다. 중국은 순위가 지속적으로 상승하고 있으며, 인도는 상승하다가 다시 하락하는 추세를 보이고 있다. 브라질은 하락하다가 상승하고 있으며, 러시아는 반대로 상승하다가 하락하는 추세를 보이고 있다.

세계경제포럼의 경쟁력 지수로 본 BRICs의 경쟁력은 앞에서 본바와 같이 대부분 중위권 또는 중하위권에 속하는 것을 알 수 있다. 또한 IMD에서 제시하고 있는 순위와는 상당한 차이를 보이는 것을 발견할 수 있다.

문제는 이러한 경쟁력 지수가 완전하지 않다는 것이다. 즉 국가경쟁력 지수가 완벽하게 신뢰할 수 없다는 단점이 있다. 우선, 이러한 지수를 산출하기 위해 설문조사를 수행하는데, 주요한 부분의 50% 이상이 이 설

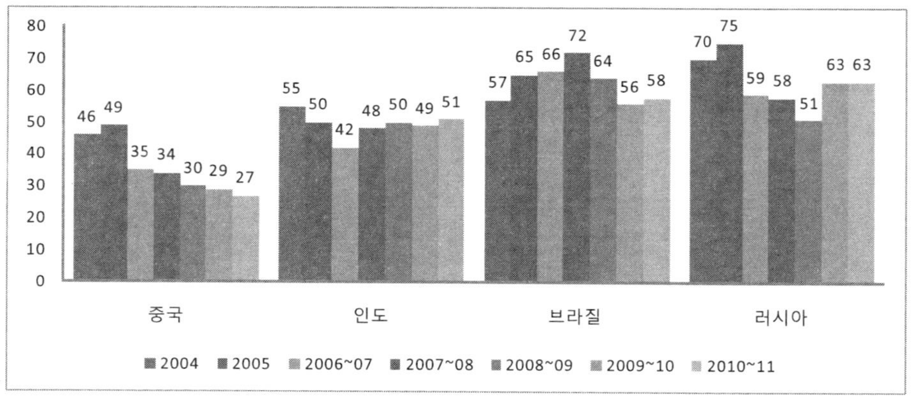

(자료) 세계경제포럼(WEF). 2008. www.weforum.org

〈그림 3-3〉 WEF의 글로벌 경쟁력 순위 및 BRICS

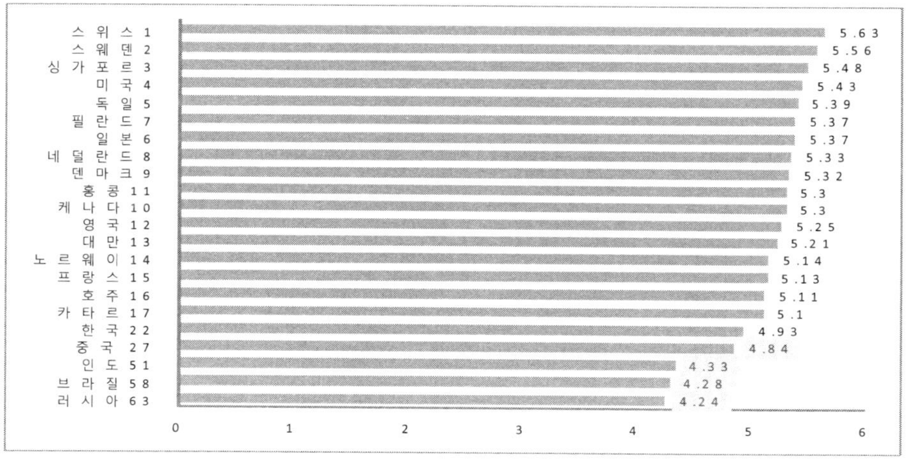

(자료) 세계경제포럼(WEF). 2008. www.weforum.org

〈그림 3-4〉 2010~2011년 세계경쟁력 지수와 BRICs의 순위

문조사에 의존하게 된다. 이러한 설문조사의 대상이 기업경영자들로 자국의 사업 환경에 대한 인식에 따라 경쟁력 순위가 왜곡될 수 있다.

둘째, 평가항목의 구성이 기업에 편중되어 있어, 사회후생, 사회적 자본 등과 같은 국가경쟁력의 핵심요소의 평가가 미흡하다.

셋째, 각 항목에 대하여 가중치를 부과하는데, 가중치의 합리성이 보장되지 않는다. 즉 각 항목의 가중치가 변화하게 되면 순위도 당연하게 변화하는 단점이 있다.

따라서 이러한 지표를 사용할 때, 과민방응 또는 맹목적으로 받아들이지 말고, 전체적인 조사를 바탕으로 합리적으로 판단해야 한다. 특히 각 지수들의 한계를 인식하여, 여러 기관들이 발표하는 지수들을 종합하여 분석 및 판단해야 한다.

2. 리스크

경제리스크, 지정학적 리스크, 사회적 리스크, 환경리스크로 구분하여 국가리스크를 결정한다. 경제리스크에는 경제의 안정성, 유가 및 에너지 공급, 자산시장, 외채, 재정사정, 정부정책 변화 등에서 주요 리스크 요소를 추정할 수 있다. 경제자체가 불안정할수록 그 국가의 리스크는 커지게 된다. 또한 에너지 공급을 국가 내에서 해결할 수 없고, 완전하게 외부에 의존하게 될 경우 유가 및 에너지 가격변화에 경제가 크게 영향을 받게 된다. 특히 외부로부터 에너지 공급이 중단될 경우 경제만이 아닌 국가의 존립에도 크게 영향을 줄 수 있다. 자산시장은 금융시장, 부동산 시장 등을 의미한다. 가령, 최근에 미국에서 발생한 부동산 시장의 파산은 자국 경제는 물론 세계 경제에도 크게 영향을 미치는 것처럼, 자산시장이 불안정하게 된다면 국가경제에 커다란 악영향을 미치게 된다. 모든 국가들은 어느 정도 수준까지는 외채를 보유하게 된다. 하지만, 장기보다 단기부채를 지나치게 많이 보유하게 된다면 유동성함정에 쉽게 빠져들 수 있다. 특히 지나친 부채의 보유는 국가재정을 악화시킬 수 있기 때문에, 대외신용도에 크게 영향을 준다. 따라서 대외부채가 작은 국가가 상대적으로 안정적이고 대외 부채가 많을수록 리스크가 큰 나라라고 할 수 있다. 정부는 세금을 거두고 이로부터 예산을 마련하여 지출을 하게 된다. 하지만, 조세수입보다 지출이 많은 경우 재정적자를 기록하게 된다. 재정적자가 심각한 경우, 재정파탄 가능성이 높기 때문에 그만큼 리스크가 커진다고 할 수 있다. 또한 정부가 재정정책을 자주 바꾸게 된다면 비즈니스 환경이 불안정하게 된다. 따라서 재정정책 기조의 안정성 또한 리스크에 영향을 준다.

지정학적 리스크로는 테러리즘, 국경분쟁, 조직범죄, 내전 가능성 등이 주요 리스크 요인이다. 아프가니스탄, 이라크 등에서처럼 지속적으로 테러가 발생하게 된다면 비즈니스를 할 수가 없게 되기 때문에 기업들이 투자를 꺼려하게 된다. 국경분쟁이 많을수록 내전 및 전쟁의 위험이 커지게 되고, 외국인에 대한 범죄, 조직범죄에 의한 지배적 암시장의 존재 등은 사업환경을 크게 저해한다.

사회리스크로는 급속한 도시화, 과잉규제, 노령화 등이며, 환경리스크로는 수질오염, 식수부족 등의 문제가 주요 리스크이다. 도시화가 급속하게 형성된다면 빈민, 도시오염 등의 문제를 발생할 수 있다. 규제가 지나치게 되면, 기업들은 투자를 할 수 없게 된다. 더욱이 지나친 규제는 정상적인 영업활동 및 기업활동보다는 로비 및 뇌물 등 부정부패에 의존하게 만들게 된다. 즉 정상적인 기업활동을 보장받기 어렵기 때문에 투자가 위축될 수밖에 없다. 수질오염 및 식수부족 역시 최근에 주요 핵심이슈로 나타나고 있다. 기업활동에서 가장 중요한 것 중에 하나가 용수인데 환경문제로 적절하게 공급받을 수 없게 되면 그 만큼 비용이 상승하게 된다.

아래의 사례는 브릭스 국가들의 국가적 리스크를 보여주고 있다.

경제리스크에서는 경제적 안정성의 문제인 국제자본이동, 세계경제위기, 빈부격차 및 계층과 지역 간의 빈부격차에 의한 사회불안 요인이 브릭스 국가에는 상존하고 있는 것으로 평가되고 있다. 유가하락이 경제에 미치는 영향은 러시아가 클 것으로 평가되고 있다. 자산가격붕괴의 리스크를 갖고 있는 브릭스 국가 중에서는 중국과 러시아가 해당된다. 외채리스크는 브라질, 재정적자는 브라질, 인도, 중국이 갖고 있으며, 브릭스 국가들은 모두 급격한 정책적 변화가 심한 나라로 평가되고 있다.

테러리즘에 노출된 국가는 러시아와 인도, 국경국쟁은 중국과 인도, 조직범죄는 러시아, 내전은 브릭스 국가 모두 리스크를 안고 있다고 볼 수 있다. 사회적 리스크에서는 급속한 도시화로 인한 사회문제가 중국과 인도에서 발생하고 있으며, 정부의 부정부패는 브릭스 국가 전체, 노령화는 러시아와 중국, 환경오염에는 중국과 인도가 리스크를 안고 있다고 평가되고 있다.

이러한 사례를 통하여 진출하려는 시장이 어느 정도 대내외적인 리스크에 노출되어 있는지를 평가하고, 시장 진출에 대한 판단을 해야 한다. 특히 진출하려는 분야가 대단위 사업인 경우, 가령 발전소 건설 등 대단위 투자가 예정된 사전 시장 조사일수록 리스크 평가를 정확하게 수행하여 사후적으로 사업이 중단된다거나, 투자 후 대금결제가 제대로 이루어지지 않는 사태로 방지하기 위해서 리스크 평가는 철저하게 이루어져야 한다.

〈표 3-4〉 국가리스크 요인과 BRICs

	세부 내용	예상 원인	관련국
경제 리스크	경제경착륙	국제자본이동, 세계경제(금융, 실물) 위기, 사회불안(빈부격차-계층, 지역 간)	BRICs
	유가하락, 에너지 공급 차질	세계경제위기, 테러발생	러시아
	자산가격 붕괴	부동산 가격 하락	중국, 러시아
	외채문제	국제금리 상승	브라질
	재정적자	정부지출 확대	브라질, 인도, 중국
	정부정책변화	정부개입, 법-제도의 급격한 변화	BRICs
지정학적 리스크	테러리즘	체첸사태, 이슬람분쟁	러시아, 인도
	국경분쟁	중국-대만, 인도-파키스탄	중국, 인도
	조직범죄	마피아	러시아
	내전	지역 간 소득격차 확대, 자원소유권 및 종교 및 민족분쟁	BRICs
사회 리스크	급속한 도시화	농촌인구의 도시유입으로 인한 사회문제	중국, 인도
	과잉규제(red tape)	정부관료의 부정부패	BRICs
	노령화	인구감소, 노령화	러시아, 중국
환경 리스크	환경오염	수질오염, 식수부족	중국, 인도

3.4 경제정책과 경제현황

1. 주요 경제지표

해당시장에 속해있는 국가의 주요 경제지표 조사는 해당시장의 경제성장 가능성, 생산잠재력, 물가상황, 환율변화, 무역규모 등을 사전에 파악하기 위한 것이다. 즉 진출하려는 시장에 대한 경제현황을 파악하는 것임으로 거의 모든 해외시장조사에서 가장 먼저 조사되는 부문이다.

시장의 일반적인 개황을 알 수 있는 경제지표를 먼저 확인한다. 주요 경제지표로는 GDP 규모 및 실질 GDP 증가율, 산업생산성, 인플레이션, 환율, 외환보유액, 경상수지, 수출입 규모, 인구, 대외부채 등이 있다. 이러한 자료는 대부분 1차 자료를 활용하게 되는데, 주로 해당국가의 통계청, 중앙은행, 주요 관계부처의 홈페이지 등에 있다. 그 외 2차 자료로는 세계 경제전망기관 및 연구기관들이 해당국가에서 발표한 자료를 기초로 재가공하여 생산한 것들이 있다.

(1) 주요 거시경제지표의 조사 POINT

해당시장의 거시경제현황을 가장 잘 알 수 있는 지표의 선택은 거시경제의 안정성을 살펴볼 수 있는 지표들을 선택해야 한다. 자료는 2차 자료보다는 1차 자료의 활용하는 것이 바람직하다.

이러한 자료를 어떤 점을 주의 깊게 살펴보아야 하는가?

자료의 해석문제로 해당시장의 경제가 현재까지 안정적으로 성장하여 왔는지, 그리고 어느 정도의 경제규모인지, 물가와 환율은 안정되어 있는지를 살펴보아야 한다. 또한 향후 그 국가가 대외적으로 안정적인지도 살펴보아야 한다. 이에 대해서는 경제성장률, 대외부채, 외환보유고, 환율, 그리고 경상수지 및 무역수지 등을 살펴보아야 한다. 그리고 수출과 수입을 살펴봄으로써 향후 진출하려는 국가가 지속적으로 제품을 구매하거나 구입할 가능성이 있는지 간접적으로 살펴본다.

〈표 3-5〉 주요 거시경제지표 조사 예시 : 인도

구분	단위	2003년	2004년	2005년	2006년	2007년	2008년	2009년
실질GDP증가율	%	8.4	8.3	9.3	9.4	9.6	5.1	6.8
GDP(명목)	십억 달러	591.3	714.8	840.5	945.5	1,196.6	1,281.3	1,273.5
1인당GDP	달 러	540	642	743	824	1,027	1,085	1,063
CPI 상승율	%	3.8	3.8	4.2	5.8	6.4	8.4	10.9
수 출	십억 달러	56.3	74.1	94.1	116.7	140.4	169.8	153.2
수 입	십억 달러	70.2	95.9	134.3	169.0	209.4	281.4	237.8
경상수지/GDP	%	2.4	-0.3	-1.2	-1.0	-1.3	-2.2	-3.0
외환보유고	십억 달러			136,026	176,105	273,859	254,024	274,668
외 채	십억 달러	117.9	122.6	120.2	143.4	205.0	230.6	232.6
D.S.R	%			23.4%	14.1%	26.1%	15.3%	21.2%
재정수지/GDP	%	-4.5	-3.9	-4.0	-3.7	-3.3	-6.0	-6.6
실업률	%	12.0	10.7	10.4	10.1	10.0	9.8	9.5
환율(연평균)		46.58	45.32	44.10	45.31	41.35	43.51	48.41

(주) 인도 회계연도(동년 4월 1일부터 익년 3월 31일까지) 기준임.
(자료) IMF, IFS, EIU

(2) 경제전망 조사

경제전망 조사는 해당시장이 향후 어떻게 성장할 것인지에 대한 조사이다. 특히, 단기적으로 해당시장경제가 어떻게 될 것인지를 알려주기 때문에 경제전망에 대한 조사는 중요하다. 즉 앞으로 조사대상 시장으로 진출을 해야 할지, 기존 시장은 더욱 진출을 강화해 나갈지, 아니면 진출 보류 및 철수하는 것이 더 유리한지 등을 결정하는 정보를 간접적으로 제공한다. 따라서 가능한 한 세계의 주요 경제전망기관들의 자료를 이용한다. 가령, 세계은행, IMF, 아시아개발은행(ADB), 골드만 삭스, EIU, Global Insight 등 국제기구 및 다국적 투자 은행 및 전망기관들이 발행한 자료를 이용한다. 참고로 한국에서는 한국은행, KDI, 삼성경제연구소 등에서 해외경제에 대한 경제전망 지표를 발표하고 있다.

하지만 대부분의 해외경제전망지표는 세계주요기관들이 발간 또는 발표한 내용을 참조하는 것이 일반적이다. 그 이유는 세계 주요 기관이 발표한 내용이 세계 경제의 변화와 흐름에 크게 영향을 미치기 때문이다.

경제전망지표 역시 2차 자료보다는 1차 자료를 활용하는 것이 바람직하며, 주요 경제전망 지표는 GDP 성장률 또는 증감율, 물가상승률 또는 인플레이션율, 수출입을 포함한 경상수지, 환율 등이다. 이 중에서 경제성장 가능성을 가장 잘 표현해주는 실질 GDP 증가율이 제일 중요하며, 그 다음으로 물가상승률을 살펴보아야 한다. 경제가 급속하게 성장하여도 지나치게 물가가 상승하면, 그 경제는 안정적으로 성장하고 있다고 볼 수가 없다. 다음으로는 그 나라의 무역, 즉 수출과 수입은 지속적으로 성장하고 있는지 구매력이나 매출 가능성은 충분한지 살펴본다. 그 외 환율 등을 고려해야 한다. 환율의 변화는 기업의 진출비용 및 수익을 변화시키기 때문에 언제나 주의 깊게 살펴보아야 할 지표이다. 즉 달러 대비 환율이 급격히 상승하면 그 나라의 공식화폐의 가치가 하락하는 것을 의미하며, 급격히 하락하면 그 화폐가치가 상승하는 것을 의미하기 때문에 진출 비용 및 수익에 영향을 준다.

〈표 3-6〉 거시경제지표 전망 예시 : 인도

	단 위	2009년	2010년	2011~2015년 (평균)	2016~2020년 (평균)
GDP 성장률	%	6.8	8.2	8.0	7.6
GDP(명목)	십억 달러	1,273.5	1,528.2	2,360.2	4,557.8
CPI 상승률	%	10.9	12.3	5.9	5.0
경상수지	십억 달러	-38.5	-42.5	-62.9	-80.8
시장환율(연평균)	현지통화/달러	48.41	45.95	44.32	43.22

(자료) Global Insight, EIU

2. 국내 거시 동향

국내 거시 동향에서 가장 중요한 것은 경제성장이다. 경제성장은 어느 정도 최근에 성장하고 있는지, 그리고 어떤 분야가 성장을 견인하고 있는지를 확인한다.

인플레이션은 최근에 3~4% 이상의 물가가 상승하고 있는지를 파악하고, 만약 물가가 급속히 상승하고 있다면, 그 물가상승의 원인이 무엇인지를 파악해야 한다.

재정수지는 최근에 적자, 흑자, 또는 균형수지를 유지하는지를 조사한다. 재정수지의 적자가 심화된다면, 향후 정부의 재정악화로 국가 파산도 가능하기 때문에 재정수지를 좀 더 명확하게 파악해야 한다. 특히 신흥시장일수록 정부가 재정수지 적자를 기반으로 경제성장을 견인하는 경우 장기적으로는 물가 상승의 원인이 되기도 하지만 저축을 감소시켜 투자를 축소시킬 수 있기 때문에 유의하여 조사해야 한다. 또한 지나친 재정수지 적자는 결과적으로 더 이상 경제를 운영할 수 없게 한다. 그 결과 정부는 재정적자를 보전해야 하는데, 궁극적으로 화폐발행에 의한 재정보전 가능성도 높아지거나, 아니면 결국 국가 파산이라는 극단의 경우까지 갈 수 있다. 즉 재정적자가 심해지면, 정부의 재정정책 변화도 발생하게 된다. 이에 정부의 주요 경제정책의 변화를 같이 조사하여 제시하여야 한다. 이러한 조사를 토대로 향후 해당시장의 경제가 안정화될지를 판단해야 한다.

경제성장에 대한 전망을 직접 할 수도 있지만, 이미 많은 경제기관들이 분기별, 월별, 또는 연도별 경제성장에 대한 전망 자료를 많이 발표하고 있기 때문에 비용과 시간을 소요하면서 직접 경제성장 전망을 할 필요는 없다.

우선 특정시장에 대한 경제성장 전망은 해당정부기관에서 발표하는 자료를 활용하는 것이 가장 효율적인 방법이다. 가령 러시아의 경우 '러시아 경제개발통상부'에서 발표하는 자료를 활용할 수 있다. 인도의 경우

인도내의 '응용연구원(NCAER) 등과 같은 곳에서 전망치를 확보하여 분석하면 된다. 하지만 이보다는 IMF, 세계은행 등과 같은 기관의 전망자료를 활용하는 것이 비용과 시간을 절약하는 것은 물론 더 높은 신뢰성을 확보할 수 있다.

3. 대외경제 동향

(1) 수출입 및 경상수지

대외경제동향에서 가장 관심사는 최근 해당경제의 수출입이 어떤 추세를 유지하고 있는지에 대한 것이다. 대외무역에서 흑자 또는 적자를 기록하고 있는지, 그리고 그 정도는 어느 정도인지를 확인해야 한다. 또한 주요 수출입 품목에는 어떤 품목들이 포함되는지에 대한 조사도 병행되어야 한다. 이를 위해서는 연도별로 상위 5위 품목 등 수출입 주요 품목을 조사하고, 이 제품의 최근 추이 및 특징을 조사한다.

다음으로는 국가별 수출입 현황을 조사하여 어떤 국가와 무역을 많이 하는지도 같이 조사하는 것이 해당시장의 상황을 이해하는 데 도움을 준다. 즉 수출은 어느 나라와 가장 많이 하고 있으며, 그 추세는 어떻게 변화하고 있는지를 조사한다. 좀 더 자세한 조사를 원하는 경우 국가별-품목별 조사가 이루어져야 한다. 또한 동 조사에는 우리나라를 꼭 포함시켜 우리나라가 해당시장에서 어떤 위치를 차지하고 있는지를 살펴보아야 한다.

(2) 외국인직접투자

외국인투자에는 외국인직접투자(FDI)와 외국인기관투자 또는 간접투자(FII)가 있으나, FII는 주로 주식 및 펀드 등 금융시장에 대한 투자로 금융조사가 아니면 크게 고려대상이 되지 않기 때문에 여기에서는 외국인직접투자만을 조사대상으로 하는 것이 바람직하다.

외국인직접투자 동향 조사는 목적시장에 외국인이 어느 정도, 어느 분야에 많이 진입하고 있는지, 그리고 어느 나라가 가장 적극적 또는 경쟁가능성이 있는지를 보여주는 조사가 되어야 한다. 따라서 조사내용은 전체적인 외국인직접투자 추이는 물론 국가별 외국인직접투자 유입액, 업종별 FDI 현황, 지역별 투자 추이 등이 된다. 이러한 조사를 토대로 향후 대상 시장이 어떤 분야에 생산 및 판매 등이 증가할 가능성이 있는지를 판단하게 된다.

조사 자료는 중앙은행, 재무부 등에서 발간하는 자료를 이용하면 되고, 인도의 경우는 상공부에서 제시되는 자료를 이용하며, 러시아의 경우는 연방통계청(Federal State Statistics Service)자료를 이용하면 된다. 한편 정부의 외국인직접투자에 대한 개혁, 제한 등 규제 및 정책에 대한 정보도 수집하고 분석해야 한다.

4. 대외부채 및 외환보유고

신흥시장일수록 대외경제에 약한 면을 가질 수 있다. 특히 대외부채가 높고 외환보유고가 낮을 경우 향후 대외경제가 매우 취약하다고 평가할 수 있다. 이와 반대로 대외부채가 적고, 외환보유고가 높을 경우 향후 대외경제측면에서 매우 강한 면을 보여 줄 것으로 판단할 수 있다.

따라서 이에 대한 자료를 조사하는 것이 바람직하다. 하지만 조사대상이 선진국일 경우 이러한 사항이 상대적으로 중요하지 않을 수도 있다. 여기에서 중요한 것은 대외부채와 외환보유고가 어떤 이유로 변화하는지를 조사하고 분석하는 것이 중요하다.

3.5 산업구조와 위상

산업조사는 여러 가지 목적에 의해서 실행될 수 있다. 우선 기업에게는 특정해외시장에 대한 진출가능성을 검토할 수 있게 해준다. 정부 및 관련 기관들에게는 특정시장의 산업에 대한 동향과 구조 및 전망을 분석하여 정부 간에 경제협력 확대 전략을 구상하는 것은 물론 기업들에게 진출 유망한 산업을 발굴하고, 진출하려는 기업들에게 진출 전략 수립에 필요한 자료를 작성하거나 제공하기 위하여 조사가 이루어진다.

이에 따라 해당 시장의 주요 기관에서 발표하는 자료 및 통계나 관련 연구기관들의 참고문헌을 통한 정성적 분석과 전문가 면담 및 현지 조사 등 다양한 조사 방법이 활용되는 것이 일반적이다.

1. 조사대상 산업의 선정

한 기업이 특정시장의 산업을 조사하는 경우는 목적시장에 제품을 판매하기 위해서 수출가능성 또는 현지 투자 가능성에 대한 사전 조사가 대부분이다. 이에 가장 중요한 것은 그 산업의 성장 가능성 및 소비 가능성이다. 산업 성장가능성이 높은 경우, 그 시장에 기업들은 제품을 제조·생산하기 위한 투자 진출을 하거나, 아니면 현지에서 생산하여 제3국으로 수출하기 위한 조사일 수도 있다. 무엇보다도 그 시장의 소비가능성이 높아 특정산업 성장이 높을수록 현지 시장에서 제조 및 판매가능성을 좀 더 심도 있게 조사하게 된다. 이와 더불어 현지 투자가 아닌 수출 가능성 여부도 중요한 산업조사의 이유가 된다. 해당시장에서 특정산업 성장이 빠르게 일어나면, 그 만큼 원자재 및 소재 등의 수요가 크게 발생하게 되며, 이에 따라 해외로부터 원자재 및 소재에 대한 수입이 증가하게 된다. 급증하는 소비추세를 이용하여 수출을 확대하기 위한 가능성을 조사할 수 있다.

결과적으로, 진출하고자 하는 산업의 성장 및 그에 따른 수요 확대 잠재성이 어떤 산업에서 크게 발생하고 있는지를 조사하게 된다.

다음으로 정부차원에서 특정국가의 산업을 조사하는 경우, 해당국의 주요 산업의 성장에 대한 조사를 통하여 향후 수출 및 투자 확대 등에 대한 양국 간 협력 방안을 마련하거나, 주요 산업의 성장에 따른 우리와의 경쟁가능성 등을 측정하고, 이에 대비하기 위해 조사를 하게 된다. 이와 더불어 특정산업의 성장잠재성이 높은 산업과의 양국 간 보완적 또는 국제적 분업 가능성도 중요한 조사 대상이 된다. 결국 산업조사는 시장성, 국제적 기술협력성, 경쟁성 등을 고려하여 추진하게 된다.

2. 산업조사 범위

산업조사는 조사 대상에 따라 산업의 주요 추세 및 현안 분석, 그리고 산업전망을 조사하는 매우 단순한 조사와 경제현황, 산업구조 및 정책, 경쟁관계, 수요관계조사 등 매우 세부적으로 추진되는 산업조사로 구분된다.

산업조사의 범위는 결과적으로 조사를 하고자 하는 목적과 비용 등을 고려하여 이루어지게 된다. 산업조사의 주요 범위로는 경제현황, 산업구조 및 정책, 산업 개황, 주요 산업육성 정책, 주요 산업 부문별 동향, 외국기업의 진출 현황 및 전략, 산업의 성장잠재력 및 전망 등이다.

우선 산업조사 개황은 산업조사의 기초자료 조사이다. 즉 산업의 개요 및 특징 등이 조사대상이다. 산업개요와 개황은 특정시장의 산업에 대하여 변천과정 또는 사업의 위상 등을 조사하여, 그 산업의 중요성 및 위상을 보여줄 수 있는 내용을 조사해야 한다. 변천과정은 매우 간략하게 서술하고, 그 내용은 초기 단계의 주요 생산자와 규모 등을 조사하고, 현재 조사 대상 산업이 어느 정도의 성장단계에 있는지를 조사 한다. 산업조사 개황은 대부분 산업별로 해당국가내의 협회 및 상공부 등에서 발간되는 자료를 이용하면 된다.

3. 산업의 위상과 특징

산업의 위상은 산업의 성장배경과 더불어 해당산업의 성장가능성 및 현재의 세계적 위치 등을 나타낸다. 이에 해당산업을 주요 경쟁국의 산업과 비교할 수 있다면 더 좋은 조사라 할 수 있다. 여기에서는 러시아와 인도의 자동차 산업의 예를 들어 설명하고자 한다.

자동차 산업에 대한 기초적인 조사를 하기 위해서는 글로벌인싸이트(Global Insight)의 자료나, 해당국가의 산업에 소속되어 있는 협회 등을 자료를 활용할 수 있다.

〈표 3-7〉은 주요국의 자동차 밀도와 승용차 등록 현황을 보여주고 있다. 〈표 3-7〉에 의하면 인구 천 명당 자동차 밀도는 독일, 영국, 미국 순으로 높고, 승용차 등록 대수는 미국이 가장 높으며 그 다음으로 독일과 영국 순으로 나타났다. 이에 반해 러시아의 자동차 소유는 인구 천 명당 180대로 체코나 폴란드보다 낮고, 승용차 등록 대수는 상대적으로 높게 나타났다. 인도의 경우 자동차 밀도나 승용차 등록 대수 모두 거의 최하위 국가로 나타났다. 이렇듯 인구 대비 자동차 밀도나 승용차 등록 대수를 국가별로 비교해 보면, 관심을 갖고 있는 국가의 자동차 산업에 대한 정보를 알 수 있다.

〈표 3-7〉 주요국의 자동차 밀도 및 승용차 등록 현황과 국가별 위상

구분	인구 (백만 명)	자동차밀도 (천 명당)	승용차 등록 (백만 대)	구분	인구 (백만 명)	자동차밀도 (천 명당)	승용차 등록 (백만 대)
러시아	143.40	180	25.29	중국	1,308.15	10	13.21
한국	48.61	226	10.98	인도	1,098.95	7	8.01
미국	296.79	451	133.91	브라질	181.34	100	18.13
독일	82.68	552	45.67	체코	10.19	389	3.96
영국	59.91	512	30.67	폴란드	38.49	328	12.63

(주) 2005년 기준
(자료) Global Insight, Rosstat

다음으로 관심 있는 국가의 자동차 산업의 위상을 해당국가의 자동차 관련 협회의 자료를 활용하여 조사한 경우를 보자. 인도의 예로, '인도 자동차 부품 제조 협회'의 자료를 토대로 인도 자동차 산업의 위상을 살펴보자. 동 자료에 의하면 인도는 승용차 부문에서는 세계에서 11번째로 많이 생산하고 있으며, 연평균 성장률이 30%에 달하는 것으로 나타나, 인도 승용차 시장이 세계에서 차지하는 위상을 알 수 있다. 또한 러시아는 인도 다음으로 많은 승용차를 생산하는 것으로 나타났으며, 성장률도 10%로 높은 것으로 나타났다. 그 외 본 자료에서 세계에서 가장 많은 승용차를 생산하는 나라는 일본과 독일로 나타났고, 한국도 5위의 생산국이라는 것을 알 수 있다. 더욱이 생산대수와 성장률을 비교하여, 각 나라의 승용차 시장 중에서 어떤 시장이 빠르게 성장하고 있는지도 보여 주고 있다.

〈표 3-8〉 인도 자동차산업의 위상

국별 승용차 생산 순위(2004년 기준)				국별 상용차 생산 순위(2004년 기준)			
순위	국가	생산대수	성장률(%)	순위	국가	생산대수	성장률(%)
1	일본	8,720,385	3	1	일본	769,953	0
2	독일	5,192,101	1	2	중국	541,813	11
3	미국	4,229,625	-6	3	미국	357,834	39
4	프랑스	3,227,416	0	4	인도	202,435	32
5	한국	3,122,600	13	5	독일	193,774	19
6	스페인	2,399,374	0	6	브라질	106,962	35
7	중국	2,316,262	15	7	스페인	71,992	15
8	브라질	1,756,166	17	8	인도네시아	70,000	23
9	영국	1,646,881	-1	9	멕시코	64,329	28
10	캐나다	1,335,464	0	10	네덜란드	58,442	15
11	인도	1,178,354	30	11	러시아	57,715	15
12	러시아	1,109,958	10	12	프랑스	50,143	15

(자료) ACMA(Automotive Component Manufacturers Association of India)

다음으로 상용차 생산현황을 보면, 인도는 세계 4위의 상용차 생산국가이며, 성장률이 32%로 매우 빠르게 성장하는 시장이라는 것을 동 조사를 통하여 알 수 있다. 또한 러시아도 세계 11위, 성장률 15%로 상대적으로 매우 빠르게 성장하고 있으며, 일반적으로 일본을 제외한 글로벌 시장은 대부분 매우 높은 성장세를 보이는 것으로 판단할 수 있게 해준다.

한 나라의 자동차관련 협회의 자료를 통하여 해당국가의 자동차 산업의 위상뿐만 아니라 다른 나라, 특히 주요 자동차 산업의 위상을 한꺼번에 조사할 수도 있기 때문에 될 수 있는 한 산업의 위상 조사는 다양한 국가들과 비교분석하는 것이 더 효율적이다.

산업의 위상에서 생산능력, 판매추이, 수출입 추이에 대한 조사를 추진하여 생산자 시장, 소비시장, 수출입시장에 대한 특징을 도출할 수 있다. 그 이유는 그 산업의 주요 특징은 그 산업의 생산능력 및 판매 가능성 등을 판단하여 생산 및 소비 시장의 잠재성을 판단할 수 있게 해주기 때문이다. 이에 대한 자료는 대부분 해당국가의 협회 또는 국내외 다양한 협회 등에서 찾을 수 있다.

우선 인도의 자동차 산업의 생산능력에 대한 조사의 예를 보자. 인도 자동차 부문별 생산 능력을 보면, 2륜 또는 3륜 자동차 중심으로 생산능력이 집중되고 있고, 4륜 자동차의 생산능력은 상대적으로 낮다는 것을 알 수 있다. 즉 인도 자동차 생산자 시장은 승용차나 상용차 중심이기보다는 오토바이 등을 중심으로 시장이 형성되어 있다는 것을 알 수 있다.

〈표 3-9〉 인도 자동차 부문별 생산 능력

2003-2004 Installed Capacity(백만대)		2004-2005 Installed Capacity(백만대)	
4륜차	1.51	4륜차	1.72
2&3륜차	7.83	2&3륜차	9.13
엔진류	0.18	엔진류	0.18

(자료) Automotive Mission Plan 2006-2016

조사하려는 산업이 현재 어떤 상황이고, 앞으로 어떻게 될 것인지를 판단하기 위해서는 생산현황 및 추이를 조사해야 한다. 예를 들어, 인도의 승용차 생산 추이를 보면, 2002/03년 이후로 급속히 증가하는 것으로 나타났으며, 특히 2005/06년 이후에는 더욱 급속히 증가하는 것을 알 수 있다.

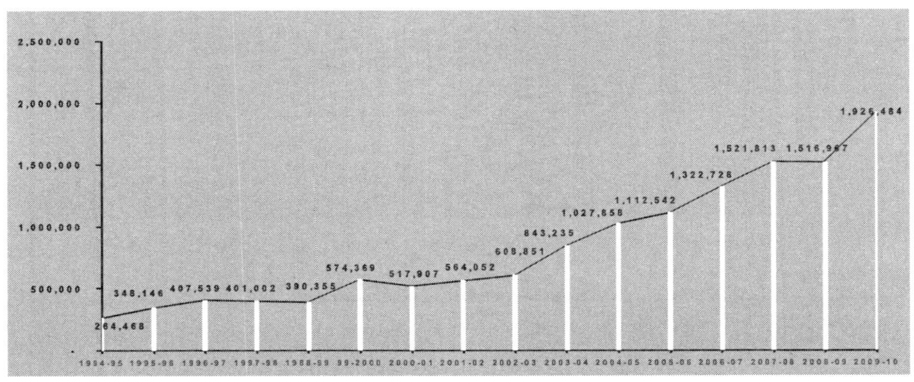

(자료) 인도자동차부품제조협회 홈페이지

〈그림 3-5〉 인도 승용차 생산 추이(단위 : 대)

러시아의 자동차 생산 추이를 조사한 결과를 보면, 러시아 자동차는 1994년까지 급속히 감소하다가, 매우 점진적으로 증가하는 추세를 보이고 있는 것을 알 수 있다. 특히 승용차 생산이 급속하게 감소하고, 그 추이가 크게 변하지 않는 것을 알 수 있다.

이러한 조사를 통하여 보면, 인도의 자동차 생산 시장은 급격히 증가하는 반면 러시아 자동차 생산시장은 상대적으로 매우 축소되어 있다는 것을 알 수 있다.

자동차 시장이 급격히 성장하고 있는지 아니면 소강상태에 있는지 그것도 아니면 침체하고 있는지를 살펴보기 위해서는 자동차 판매시장을 조사하여야 한다. 이에 가장 기본적인 것이 해당시장의 자동차 판매 실적 및 추이를 살펴보는 것이다. 인도의 자동차 판매 시장을 조사해 보면, 2006/07년까지 판매가 증가하다가 글로벌 경제위기가 시작되는 2007/08년부터 소강상태를 보인 후 2009/10년부터 판매가 급속히 증가하고 있는 것을 알 수 있다. 여기에서 주목할 것은 비록 인도의 자동차 시장은 오토바이와 같은 2륜차가 많이 판매되고 있지만, 승용차의 판매가, 글로벌 위기 기간에도 지속적으로 증가하고 있고, 최근에 그 추세가 더욱 확대되고 있다는 것이다.

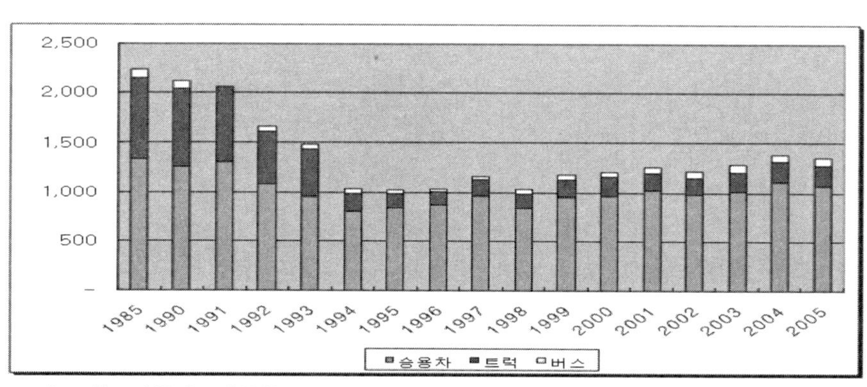

자료: 한국자동차공업협회

〈그림 3-6〉 러시아의 차종별 생산 추이

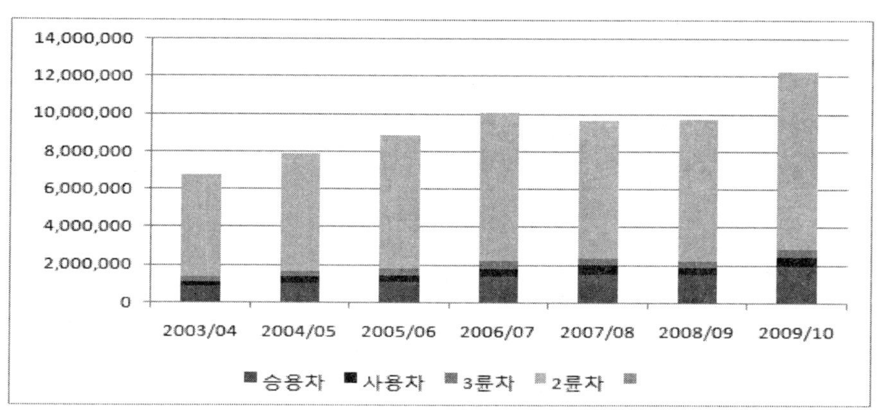

(자료) www.siamindia.com

〈그림 3-7〉 인도 자동차 국내시장 판매 현황 및 추이(단위 : 대)

인도 자동차의 수출 현황과 추이를 분석하여 인도 자동차들이 해외로 수출할 수 있는 여건이 되는지를 조사할 수 있다. 인도 자동차부문의 수출은 주로 오토바이 등 2륜차 중심으로 이루어지고 있으며, 그 추세가 급속히 증가하고 있다는 것을 알 수 있다. 또한 승용차의 수출도 매우 빠르게 증가하여, 2009/10년에 44만 대 이상이 수출된 것으로 나타났다.

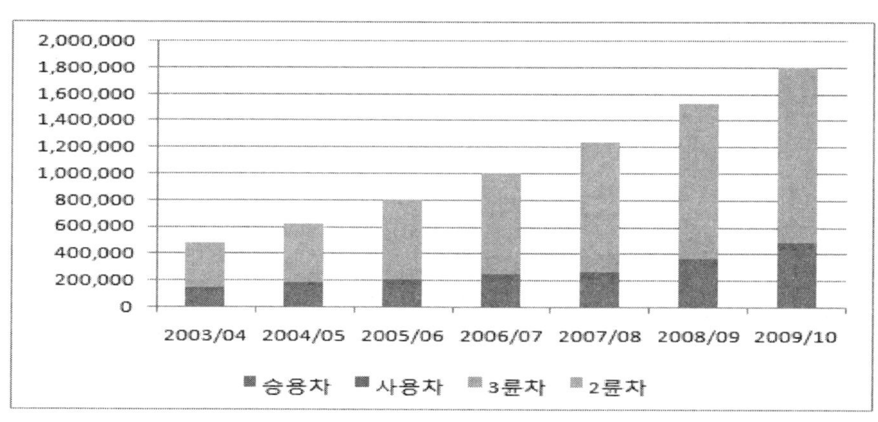

〈그림 3-8〉 인도 자동차 시장의 수출 현황 및 추이(단위 : 대)

이러한 조사와 더불어 기타 특수한 시장 환경을 조사해야 한다. 시장을 형성하는 특수한 환경은 산업조사에서 중요한 분야 중에 하나이다.

가령 자동차의 판매 및 생산 시장에 영향을 미치는 기타 요인들은 도로 환경(규모, 정비, 포장 정도 등), 교통 체증, 인프라, 연료사용, 기술 환경 등 다양하다. 또한 중고제품－중고차의 수입에 대한 정부 정책은 중고차가 신형 자동차와의 경쟁관계를 이루고 있다는 점에서 중요하다. 가령 중고차 수입에 대하여 중앙정부가 개방적이라면, 자동차 판매시장은 중고차와 경쟁적 관계가 높을 수 있다. 특히 진출하려는 시장이 신흥시장이라면 더욱 중고차의 수입은 현지 신차의 판매에 크게 영향을 미친다.

동 조사에서 알 수 있는 내용은 인도의 자동차 시장은 우선 2륜차 중심으로 이루어져 있으며, 최근에 생산보다는 판매가 더 많이 이루어지고 있다는 것을 알 수 있다. 더욱이 수출도 매우 빠르게 증가하고 있다. 이러한 결과로부터 우리는 인도자동차 시장이 급속히 팽창하고 있으며, 내수시장으로서의 가치는 물론 향후 제3국으로 수출 가능성이 높아질 것이라는 점을 알 수 있다.

그 다음으로 산업내의 경쟁자 현황을 조사한다. 경쟁자 현황은 시장 내에서 업종별로 자동차를 판매하고 있는지를 조사하면 된다. 예를 들어, 인도 내에서 승용차 시장을 누가(어느 업체) 가장 많이 점유하는지를 살펴보기 위해서는 인도 승용차 시장의 점유율을 조사하면 된다. 가령 인도의 승용차 시장의 경우를 보면, 인도시장에서 가장 강세를 보이는 자동차 업체는 일본의 스즈키와 합작한 마루티(Maruti)로 시장을 50% 가까이 장악하고 있고, 그 다음으로 현대자동차가 30%, 인도의 타타 자동차 10% 등의 순으로 시장을 점유하고 있다는 것을 알 수 있다. 여기에서 한 가지 더 알 수 있는 것은 인도 자동차 시장은 인도자동차 업체들보다는 다국적 기업들이 더 높은 시장 점유율을 차지하고 있다는 점이다. 즉 인도 자동차 시장은 다국적 기업들에 의해 경쟁이 심화되고 있다는 것이다.

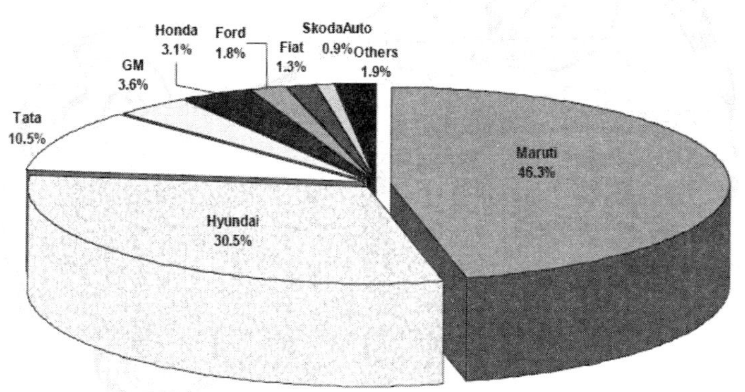

(자료) 인도자동차부품제조협회 홈페이지

〈그림 3-9〉 인도 자동차 시장에서의 주요 업체의 시장점유율 현황

2륜차

		BAJAJ	TVS	YAMAHA		HONDA			
	50%	30%	13%	4%	1%	2%	<1%	-	<1%
	-	15%	28%	-	2%	46%	9%	<1%	-
	-	-	82%	-	-	-	8%	10%	-

3륜차

Sub Segments	BAJAJ	PIAGGIO	Mahindra	FORCE	ATUL	Scooters India
Passenger	68%	24%	2%	1%	3%	3%
Goods	23%	40%	12%	13%	7%	6%

승용차

		TATA		Mahindra		HONDA	GM		HM		FORCE		
Passenger Cars	52%	17%	19%	-	1%	5%	2%	2%	2%	1%	-	<1%	<1%
Utility Vehicles	2%	18%	1%	42%	21%	1%	10%	1%	<1%	-	4%	-	<1%
Multi Purpose Vehicles	100%	-	-	-	-	-	-	-	-	-	-	-	<1%

상용차

	TATA		Mahindra	EICHER	FORCE	SWARAJ MAZDA	HM	VOLVO	
	64%	24%	-	8%	-	3%	-	<1%	<1%
	40%	30%	7%	5%	10%	6%	1%	1%	-
	59%	<1%	32%	4%	3%	3%	<1%	-	-

(자료) Tata Motors, 2005년 10월 기준

〈그림 3-10〉 차종별, 제조업체별 시장 점유율

다음으로 자동차 시장에서 어떤 제품이 가장 많이 팔리고 있는지를 될 수 있는 한 모델별 또는 형태별로 조사하는 것이 바람직하다. 러시아의 경우 경차 부문에서는 대우 마티즈가 많이 팔리고 있으며, 소형차 부문에서는 Reanult Logan이, 중소형차는 Ford Focus, 그리고 중형차에서는 Toyota Camry가 가장 많이 팔리고 있다. 특히 러시아 시장에서는 소형차와 중소형차 판매가 가장 많고 그 판매 비중도 증가하고 있다는 것을 조사를 통하여 알 수 있다.

〈표 3-10〉 러시아 자동차 시장 : 승용차 모델별 판매 순위

모델	2006년 판매대수	전년대비 판매증가율	모델	2006년 판매대수	전년대비 판매증가율
Class A			Class E		
Daewoo Matiz	13,448	-37.1	Toyota Camry	18,099	40.7
Kia Picanto	5,123	278.9	Audi A6	3,095	31.3
Chevrolet Spark	2,886	214.4	Nissan Teana	2,934	N/A
BYD Flyer II	1,694	〉1,000	BMW 5-Series	2,636	46.8
Class B			Class F		
Renault Logan	49,323	598.9	Mercedes-Benz S-Class	2,447	148.4
Hyundai Accent	38,808	18.5	Audi A8	942	13.6
Chevrolet Lanos	37,215	〉1,000	BMW 7-Series	795	-3.4
Ford Fusion	16,532	142.6	Lexus LS	318	-0.3
Class C			SUV		
Ford Focus	49,323	106.5	Hyundai Tucson	12,606	120.4
Mitsubishi Lancer	46,969	19.8	Toyota RAV4	12,030	89.9
Daewoo Nexia	39,678	12.8	Nissan X-Trail	9,933	33.9
Nissan Almera	32,241	47.7	Suzuki Grand Vitara	9,159	89.0
Class D			4X4		
Toyota Avensis	13,140	52.6	Toyota LC 100	8,502	60.0
Mazda 6	12,819	51.6	Toyota LC Prado	8,382	88.4
Nissan Primera	11,142	22.0	Lexus RX	5,304	72.5
Ford Mondeo	10,120	67.0	KIA Sorento	4,996	63.0

(자료) AEB, АСМ-холдинг

다음으로 시장에서의 가격대별 판이 추이를 조사한다. 예를 들어, 러시아의 승용차 시장에서 가격대별로 판매 추이를 보면, 1만 달러 이하의 자동차 판매는 급격히 축소되는 반면 10,000~15,000달러, 15,000~20,000달러 정도의 승용차의 판매가 증가하는 것으로 나타나 러시아의 승용차 판매 시장에 변화가 있는 것을 알 수 있다.

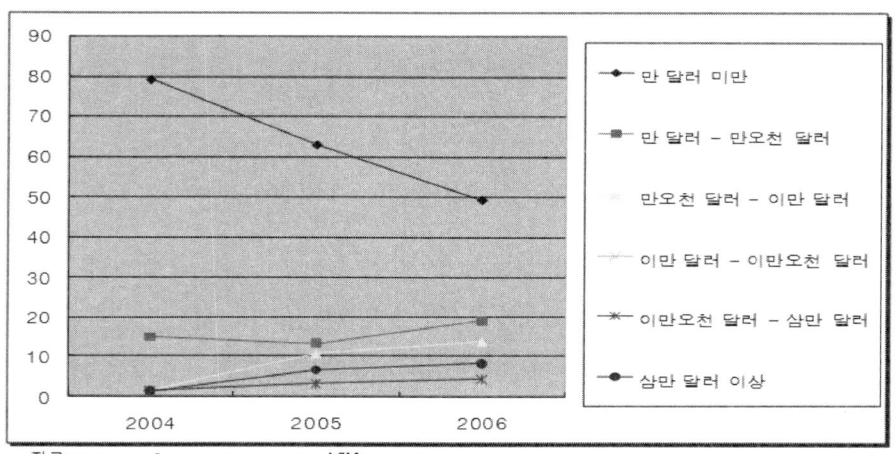

자료: Association of European Business(AEB), АСМ-холдинг

〈그림 3-11〉 러시아 승용차 시장의 가격대별 판매 추이

다음으로 시장에서 국내 브랜드가 많이 팔리고 있는지, 아니면 다국적 기업의 브랜드가 많이 팔리고 있는지를 조사한다. 러시아의 승용차 시장에서는 러시아 브랜드 자동차의 판매는 크게 감소하는 대신에 수입 신형차의 판매는 증가하고 있고, 수입 중고차의 판매도 감소하는 추세를 보여주고 있다. 즉 국내 브랜드와 해외 브랜드 간의 어떤 구도가 형성되어 있는지를 조사하는 것이다.

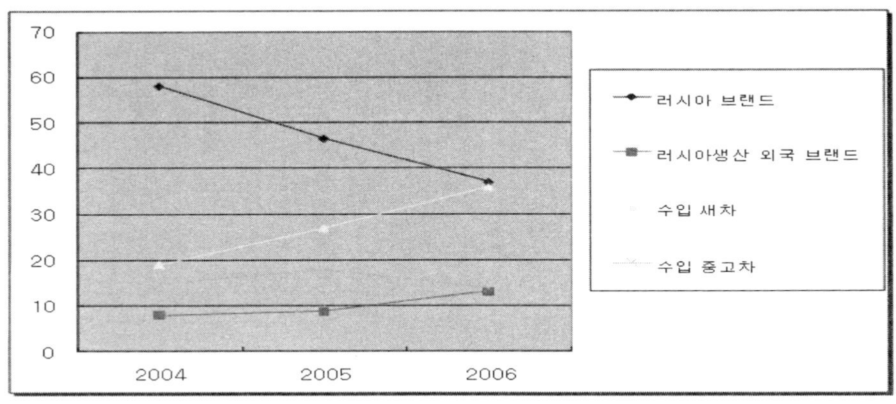

자료: AEB, ACM-холдинг

〈그림 3-12〉 러시아 승용차 시장의 자체 브랜드 점유 추이

수입차의 판매가 증가하는 만큼, 그 다음으로 어느 나라로부터 수입되는 승용차가 많이 팔리고 있는지를 확인해 볼 필요가 있다. 러시아 시장에서는 일본 승용차가 가장 많이 팔리고 있으나 판매 추이는 약간 감소하는 것으로 나타나고 있으며, 미국, 프랑스 등의 승용차 판매가 증가하는 것을 볼 수 있다. 즉 러시아 승용차 시장에서는 일본 승용차가 여전히 강세를 보이고 있으나 최근에는 미국이나 프랑스 등에서의 수입이 증가하고 있다고 말할 수 있다.

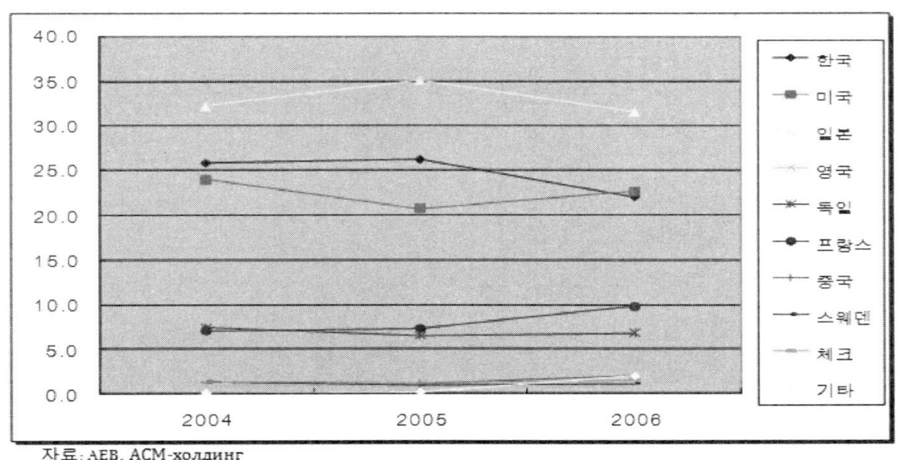

자료: AEB, ACM-холдинг

〈그림 3-13〉 러시아의 국가별 수입 승용차 비중 추이

4. 산업정책

산업정책조사는 해당산업에 대하여 정부가 어떤 자세를 취하고 있는지를 조사하는 것이다. 정부가 해당산업에 대하여 개방적이고 경쟁적인 정책을 시행할 경우 진입에 대한 장벽은 낮고, 해당 산업의 성장 가능성은 그 만큼 높아진다.

이에 반해 해당산업에 대하여 정부가 제도 및 정책을 매우 제한적이고 개방에 대하여 친화적이지 않는 경우 진입 장벽이 그 만큼 높아, 외국기업들이 진출하기는 많은 어려움을 느끼게 된다. 이에 해외시장조사에서 해당산업의 정책조사는 매우 중요하다.

(1) 정책기조 및 추진방향

산업정책조사는 우선 '주요 정책기조 및 추진방향' 조사가 이루어져야 한다. 여기에는 정부에서 발표되는 정책자료들이 중요한 정보가 된다. 정부자료는 해당산업을 담당하고 있는 정부부처 홈페이지 및 각종 출판자료를 활용해야 한다. 매년 관련 정책이 변한다는 점을 유의해야 한다.

산업정책조사에서 가장 유의해야 할 점은 최근에 정부가 어떠한 정책기조를 가지고 있는가이다. 이와 더불어 해당산업에 어느 정도 예산을 편성하고 있는지도 중요한 정보가 될 수 있다.

(2) 규제와 개방

다음으로 중요한 것은 해당산업의 규제와 개방에 대한 정책이다. 대부분의 국가들은 특정산업을 매우 강력하게 보호하거나, 아니면 부분개방, 또는 완전개방하여 국내기업이든 외국기업이든 상관없이 산업활동을 보장하고 있다. 자동차의 경우 중요한 정책은 관세, 소비세, 부가가치세 등은 물론 안전규정, 오염가스 배출규정 등도 중요한 조사대상이 된다. 이와 더불어 인프라 개선에 대한 정부의 입장도 중요한 조사대상이다.

〈표 3-11〉 조사 예 : 러시아의 자동차 수입관세

구분	엔진배기량(cc)	관세율
신차, 3년 이하 중고차	1,800 - 2,300	25%, but less than 1.8euro/cc
	2,300 - 3,000	
3~7년 중고차	1,800 - 2,300	25%, but less than 0.55euro/cc
	2,300 - 3,000	
7년 이상 중고차	1,800 - 2,300	2.2euro/cc
	2,300 - 3,000	

(자료) IFC(2004), P. 91

(3) 외국인투자

외국인 투자 조사는 주요 기업의 생산 및 판매 능력, 그리고 그 기업들의 최근 동향 등을 포함해야 한다. 가령 인도의 승용차 시장에서 가장 중요한 외국인 투자자는 스즈키, 혼다 등이다. 이러한 기업들이 현재 어느 정도 승용차를 생산·판매하고 있으며, 향후 어떤 자동차를 생산하기 위한 투자를 확대해 나갈 것인지에 대한 조사가 이루어져야 한다. 무엇보다도 향후 어떤 유형의 제품들이 어떤 소비자를 대상으로 판매하기 위해 투자가 이루어질 것인지를 조사해야 한다.

인도의 자동차 산업의 예를 보면, 1990년대 중반까지 인도에서는 기술력과 역량의 부족으로 자동차 제조업체는 소수에 불과했으나, 1996년 동 분야가 외국인에게 개방되면서 현대, 혼다, 도요타, GM, 포드, 미쯔비시 등을 위시한 세계적인 기업들이 인도시장에 진출하여, 현재 인도의 자동차 시장은 경쟁이 점차 강화되고 있다.

〈그림 3-14〉 인도 자동차시장에 진출한 기업 현황

〈표 3-12〉 러시아 자동차 시장에서의 외국자동차 생산 현황 예시

공장명	주요 브랜드	연간 생산능력	생산량	
			2005년	2006년
TagAZ	현대 (Accent, Sonata)	120,000	43,631	75,000
Avtotor	기아(Rio, 구형 Sportage) BMW(3-Series, 5-Series)	35,000	16,468	25,000
Ford	Ford(Focus)	50,000	33,038	58,193
Autoframos	Renault(Logan)	60,000	10,000	50,000
IzhAvto	기아(Spectra)	40,000	3,010	25,000
합계		305,000	106,147	233,193

(주) 2006년은 추정치
(자료) Ведомости, CentreInvest estimates

3.6 진출유망산업과 분야

진출유망산업을 살펴보기 위해서는 앞에서 조사한 내용을 종합적으로 분석하고, 다양한 경제전망 및 산업전망기관의 자료를 조사하여 판단하여야 한다. 우선 산업전망은 주요 전망기관에서 발표한 자료를 활용하고, 이와 더불어 주관적 판단을 포함하여 종합적으로 판단해야 한다. 문제는 대부분의 전망기관들이 산업전망에 대한 전망치를 발간하지 않는다는 점이다. 이에 대한 다른 방안으로는 해당산업에 관련된 정부부처의 산업 성장의 목표치를 활용할 수도 있다. 즉 정부의 계획안은 가장 실현 가능한 목표치를 설정한다는 점에서 단기적인 전망치로 활용하기가 용이하다. 그 외 조사자 및 조사팀에서 자위적인 판단 가능한 자료를 통하여 해당산업의 전망을 주관적으로 제시할 수 있다.

인도 자동차 시장의 전망을 사례로 본다면, 우선 자동차 산업에 대한 계획 또는 전망치 자료를 조사한다. 우선 GDP대비 자동차 시장의 비중과 자동차 산업 규모 등에 의해 자동차 시장의 전망을 보여주고 있다. 인도의 자동차 산업은 2016년까지 GDP대비 10%까지 인도정부는 성장시킬 계획을 가지고 있는 것으로 판단되며, 만약 이러한 성장이 현실화된다면 인도의 자동차 시장은 급격히 커질 것으로 판단되어진다.

〈표 3-13〉 자동차산업 GDP 비중 전망

(단위 : 십억 달러, %)

구분	2006년	2010년	2016년
GDP규모	650	950	1390
자동차산업규모	34	69	145
비중	5.2	7.3	10.4

(자료) Automotive Mission Plan 2006~2016

다음으로는 산업전망에서 자위적 해석을 할 때 유의해야 할 점을 살펴보자. 가령 인도의 자동차 시장의 특성을 반영하여 인도 자동차 시장의 성장 가능성을 제시할 수 있다. 그 가능성을 보기 위해서는 ① 자동차 구매 계층의 인구 증가 정도 ② 승용차 시장의 성장 잠재력 ③ 자동차 산업 클러스터 구성 활성화 ④ 소비세 감면 등의 정부 정책 등을 살펴보아야 한다.

자동차 구매 계층의 인구 증가 정도는 통계청 등에서 주로 발표하고, 승용차 시장의 성장 가능성은 세계 주요 전망기관들의 자료를 활용하면 된다. 가령 주요국의 인구 1천 명당 승용차의 보급률을 살펴보고, 그로부터 진출하려는 국가가 얼마나 빨리 승용차의 보급이 변화하는지를 살펴보면 된다.

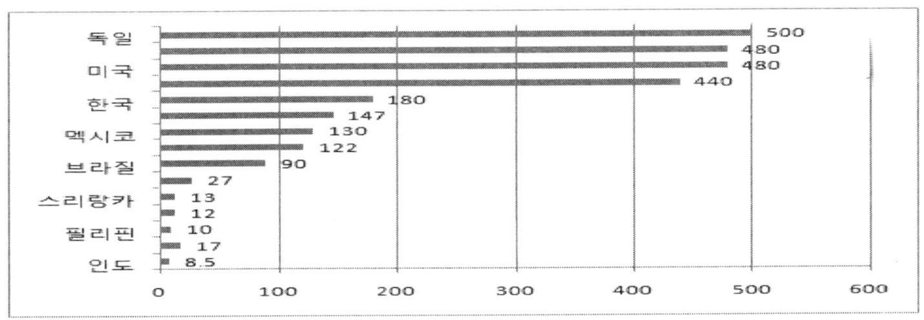

(자료) Wards Automotive, World Bank, SIAM, Smith Barney estimates

〈그림 3-15〉 주요국의 인구 1천 명당 승용차 보급률

승용차 판매대수의 전망에 대한 자료를 찾아 자동차 시장의 전망에 대하여 긍정적인지 부정적인지를 보여줄 수도 있다. 가령 아래와 같이 러시아 시장에서 승용차 판매대수가 점진적으로 증가한다는 전망에 대한 자료를 이용하여 러시아 승용차 시장의 전망이 밝다는 것을 제시할 수도 있다.

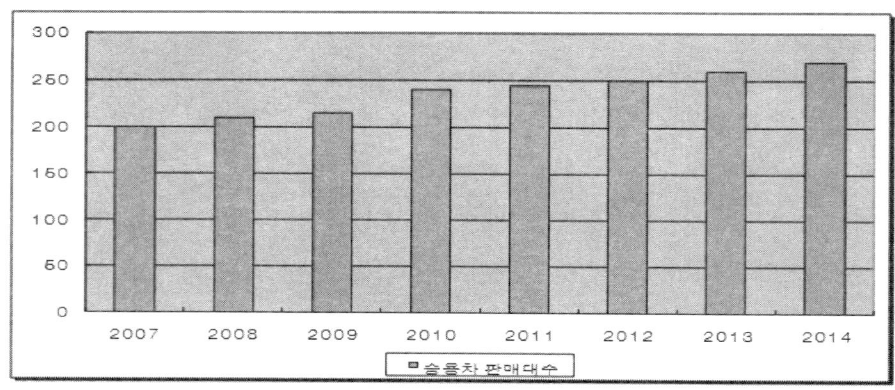

자료: Renaissance Capital

〈그림 3-16〉 러시아 시장의 승용차 판매대수 전망

다음으로는 자동차 클러스터가 형성되고 있는지를 조사할 필요가 있다. 자동차 산업클러스터가 형성되어 있다는 것은 그 만큼 자동차 산업 성장에 긍정적인 영향을 미친다. 특히 현재 산업클러스터가 최근에 많이 형성되고 있다면, 그 자동차 시장의 전망은 밝다고 말할 수 있다. 즉 다양한 자동차 및 부품 업체들이 한 지역으로 집중하고 있다는 것은 산업 성장의 잠재성은 물론 분업 등에 의해 시너지 효과가 높게 나타난다는 것을 의미하기 때문에 산업전망을 긍정적으로 할 수 있다.

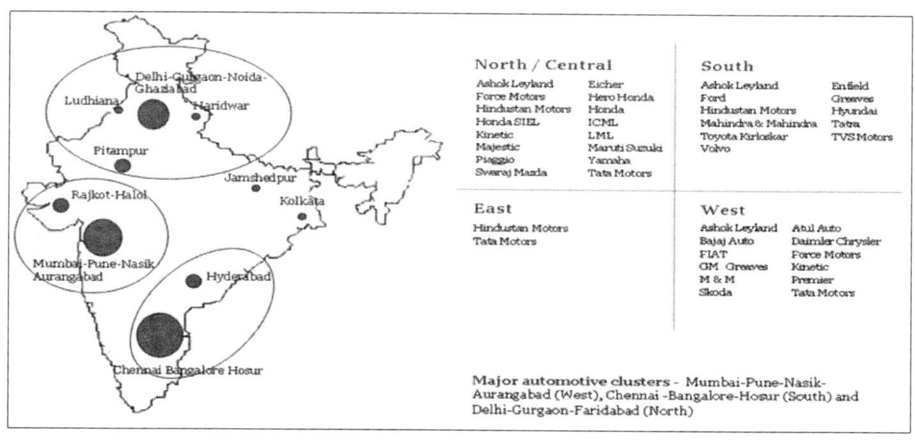

(자료) IBEF 2006. 10. 23일자

〈그림 3-17〉 인도의 자동차 클러스터 현황

산업전망에 대한 조사를 할 때, 산업클러스터에 자동차 부문의 투자가 증가하고 있다는 점을 부각시켜, 해당지역 시장의 성장 가능성이 높다는 점을 주관적으로 제시할 수도 있다.

〈표 3-14〉 주요 자동차산업 SEZ 승인 지역별 투자 규모

(단위 : 달러)

지역명	개발업체	투자 금액
Aurangabad, Maharashtra주	Bajaj Auto Ltd	4,000만
Adityapur, Jharkhand주	Adityapur Industrial Area Development Authority	760만
Gurgaon, Haryana주	Shreeaumji Developers Ltd	1억
Pune, Maharashtra주	Parsvnath Developers Ltd	3,000만
Kharagpur, West Bengal주	Bengal SREI Infrastructure Development Ltd	8억

(자료) The Financial Express 2007년 5월 9일자

진출 예정시장에 어떤 분야로 진출할 것인가는 매우 중요한 조사내용이다. 조사를 위해서는 우선 다양한 방법으로 사전조사가 필요하다. 이를 위해서 일반적으로 사용하는 것은 현시비교지수(Revealed Comparative Advantage, RCA)라는 개념을 사용할 수 있다. 이 지수는 주요 품목별 수출입에서 어느 정도 경쟁력이 있는지를 알 수 있게 해준다. 그렇지 않으면, 지속적으로 수출되는 품목 등이 주요 품목이 된다.

이와 더불어 현지 수요가 높은 품목들 역시 주요 진출 분야가 된다. 이러한 조사는 매우 다양한 방법으로 수행될 수밖에 없다. 국민경제 현황과 현안조사에서는 단순한 시장 정보를 이용하여 파악할 수밖에 없다. 가령 각종 언론매체, 조사보고서 등을 이용하여 주요 분야를 추론해 나가야 한다.

3.7 양국 간 경제협력 현황 및 전망

진출 대상국과의 경제적 협력을 추진하고 있는 것은 양국 정부간 현안이 되기도 하지만, 진출하려는 기업들에게도 사업을 확장하는데 중요한 정보가 된다. 따라서 양국 간 현재 추진 중에 있는 사업 및 협력, 협정 등은 매우 중요한 조사 대상이 된다. 이러한 조사는 우선적으로 양국 정부에서 발표 되는 보도자료 등에 의존할 수밖에 없다. 아니면 제3국에서 발표된 자료를 이용해야 한다. 다른 방법으로 시장에 대해 잘 알고 있는 전문가들을 통하여 정보, 의견, 평가 등을 수집하는 방법이 있다.

□ GCC국가와 한국과의 협력 관계 조사 예시

o 한국은 GCC 국가 중심으로 12건의 투자보장협정,* 13건의 이중과세방지협정,** 10건의 항공협정,*** 및 32건의 분야별 MOU가 체결

* 투자보장협정(12건) : GCC 5개국(바레인 제외), 이집트, 이스라엘, 요르단. 이란, 레바논, 모로코, 알제리

** 이중과세방지협정(13건) : 발효(GCC 5개국(바레인 제외), 이란, 모로코, 알제리, 요르단, 이스라엘, 이집트, 튀니지), 가서명(리비아)

*** 항공협정(10건) : GCC 6개국, 이집트, 요르단, 이란, 이라크

o GCC와의 FTA는 2008년 7월 개시된 이후, 3차 협상까지 진행되었으나, 상품 양허문제로 타결이 지연

〈표 3-15〉 한국의 對GCC 국가와의 분야별 旣체결 MOU 현황

분야	대상 국가	주요 협력 내용
IT 협력	쿠웨이트, 모로코	전자정부, 인력양성, IT협력위원회 개최
금융협력	카타르, UAE	금융감독 정보의 교환 등 당국 간 협력
방송협력	UAE	디지털융합정책, 방송콘텐츠 발전, 전문가 교류
투자협력	UAE, 쿠웨이트	ADIA, KIA 등 국부펀드와 KIC간 정보교류 등
인사교류	카타르	양국 공무원간 상호 교환 파견근무
투자협력	아부다비	KOTRA-산은-아부다비투자공사 간 투자정보 공유
경제협력	UAE, 이라크	원자력, 인력양성, ICT, 재생에너지 등
건설협력	UAE, 쿠웨이트, 이라크, 알제리, 리비아	해외건설 정보교환, 전문가 교류 등
환경협력	UAE, 이란, 이집트, 튀니지, 이스라엘, 알제리, 쿠웨이트	환경산업, 환경인력·정보 교류 활성화, 기술 분야 상호협력 등
체육협력	이라크, 카타르, 이란, 모로코, 알제리, 수단, 이집트, 쿠웨이트	선수·지도자 교류, 대회 참가, 정보교환 등
관광협력	이란, 이집트	관광상품 마케팅 협력, 전문인력 교류 등

3.8 진출 전략 및 유의사항

진출 전략은 다양한 방면에서 고려할 수 있다. 기업측면에서는 다음과 같은 전략을 고려할 수 있다.

① 마케팅 전략

② 가격전략

③ 유통전략

④ 홍보 및 마케팅 전략

이러한 전략은 기업의 제품 진출에 필요한 것들이라고 할 수 있다. 이러한 전략과 더불어 진출 시 주의 및 애로요인들을 회피 또는 우회하는 진출 전략을 고려할 수 있다. 가령 인도의 경우 다양한 나라와 FTA를 체결하거나 추진 중에 있다. FTA를 다양한 국가와 체결할 경우, 관세 인하로 인하여 가격경쟁이 크기 때문에 이를 충분히 고려한 진출 전략이 요구된다. 자동차 클러스터가 많이 발달 경우에는 산업클러스터를 활용한 시장 진출도 모색이 가능하다. 특히 신흥시장들은 매우 특이한 요소들이 많이 존재하기 때문에 충분한 사전조사 및 지속적이고 끈기 있는 추진 전략도 필요하다. 진출 전략을 수립할 때 현지생산, A/S 등의 증가를 고려할 경우 완성품보다는 부품이나 소재 등에 진출하는 것도 하나의 전략으로 고려할 수 있다. 진출에 대한 장벽이 높은 경우는 협력 및 공동진출도 주요 전략이 된다. 특히 생산성이 높거나 제품 구매력이 높은 유망시장에 진출하는 전략도 고려할 수 있다.

제4장 해외시장과 시장동향 조사

여기에서는 기업들이 특정 분야 및 제품의 해외진출 또는 수입하기 위해서 필요한 시장동향, 바이어 발굴, 공급업체 조사 등에 대하여 고찰하고자 한다. 이러한 조사를 통하여 기업들은 특정상품에 대하여 판매 또는 구매가능성을 판단할 수 있다. 물론 시장동향조사를 통하여 목적시장에 직접투자를 위한 방안으로도 활용이 가능하다.

해외시장조사는 ① 바이어를 발굴하기 위한 바이어 조사 ② 원재료나 소재 등을 공급받기 위한 공급자 발굴 조사 ③ 가격, 경쟁구조, 유통구조 등을 조사하는 시장동향조사 ④ 해외투자를 위한 사전 정보 조사 ⑤ 해외시장 진출에서 부딪칠 수 있는 진출 애로요인 조사 ⑥ 해외바이어를 발굴 후, 거래 대금 결제 등을 고려한 바이어 신용조사 등으로 구분된다.[2)]

4.1 시장 및 수요 동향조사

시장 동향조사는 진출하려는 목적시장에 대한 대략적인 시장의 수요 및 동향에 대한 것을 조사하는 것이다. 이에 주요 조사내용은 상품의 수요동향, 경쟁동향, 생산동향, 가격동향, 유통구조, 수출입동향, 수출입관리 제도 등에 대한 정보를 조사하게 된다.

1. 수요 및 시장 동향

시장수요 및 시장 동향은 우선 시장규모, 해당품목 수입규모, 한국제품 수입현황, 시장특성 및 전망 등이 조사대상이 된다.

2) 현재 시장동향 및 관련 조사는 KOTRA에서 유로로 중소기업들을 지원하기 실시하고 있으며, 본고는 KOTRA가 실시하고 있는 해외시장조사의 내용을 활용한다는 것을 밝히는 바이다.

(1) 시장규모

시장규모는 목적시장의 규모로 주로 업체수, 종업원수, 생산규모 등을 의미한다. 여기에서는 전체 규모, 제품별 규모, 또는 기업별 규모 등 다양하게 목적에 따라 조사하게 된다. 이와 더불어 해당제품을 누가 가장 많이 구매하는지에 대한 주요 수요처 조사도 병행할 수 있다.

〈표 4-1〉 OOO제품의 시장 규모

(단위 : U$ 억, %)

구 분	2006		2007		2008		2009		2010	
	금 액	증감율	금 액	증감율	금 액	증감율	금 액	증감율	금 액	증감율
총시장규모	00	00	00	00	00	00	00	00	00	00

(2) 수입시장동향

수입시장동향은 해외시장에 진출하려는 제품이 목적시장에 어느 정도 수입되는지를 파악하기 위한 것이다. 수입제품의 추이, 즉 최근에 동 제품의 수입이 증가하는지, 아니면 감소하는지를 조사한다. 그리고 어느 나라의 제품이 많이 수입되는지도 파악한다.

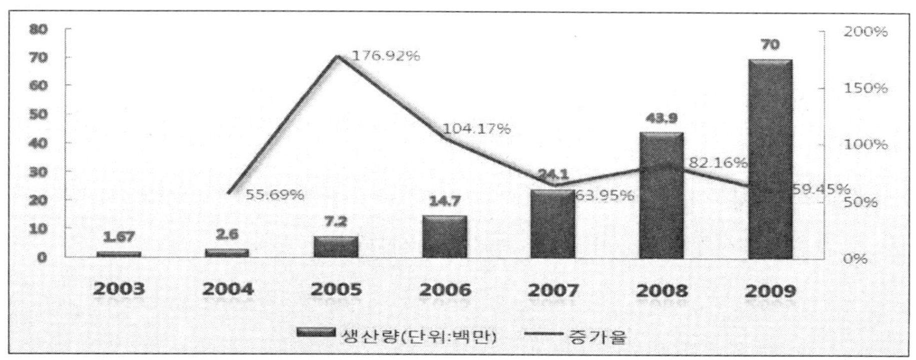

〈그림 4-1〉 미국의 평면 TV 생산량 예시

〈표 4-2〉 OOO제품의 상위 5대 수입국 현황

(단위 : US$ 억, %)

구 분	2008		2009		2010	
	금 액	증감율	금 액	증감율	금 액	증감율
수입 규모	00	00	00	00	00	00
독일	00	-00	00	00	00	-00
스위스	00	00	00	-00	00	00
일본	00	00	00	00	00	00
한국	00	00	00	00	00	00

(3) 한국제품의 수입현황 및 전망

한국제품의 수입현황은 현지시장에 한국제품이 어느 정도 수입되는지를 조사하는 것으로 전체 수입량 중에 한국제품이 시장에서 점유하는 정도 등을 조사한다. 즉 한국제품이 동 시장에서 어떤 위치를 차지하고 있는지를 동 조사를 통하여 파악할 수 있다. 동 조사에서는 한국제품의 강세, 약세, 또는 보합세를 유지하는지를 파악하고, 그 원인을 분석한다.

(4) 시장특성 및 전망

시장특성은 시장형태, 최근에 외부의 충격에 대한 반응, 환율변동 등이 내수에 미치는 영향 등을 조사한다. 시장형태는 하나의 기업만이 있는 독점인지, 주요 2개 업체가 있는 복점인지, 아니면 유사한 기업들이 많은 경쟁적 분점 등인지를 살펴본다. 외부의 충격에 시장이 많은 영향을 받는지 아니면 영향을 적게 받는지에 대한 것도 같이 고려하여 단기적으로 시장을 전망한다. 또한 환율변동 등에 어떻게 영향을 받는지를 조사하여 시장의 가격 탄력성 등을 조사한다. 이러한 조사는 궁극적으로 중단기적 시장 전망으로 연계되어야 한다.

2. 경쟁동향

(1) 경쟁자 및 주요 브랜드 현황

목적시장에서 우리 제품이 진출했을 때 어떤 기업이 가장 중요한 경쟁자인지를 우선적으로 조사해야 한다. 특히 시장의 경쟁구조가 어떤 형태로 구성되어 있는지를 조사해야 한다.

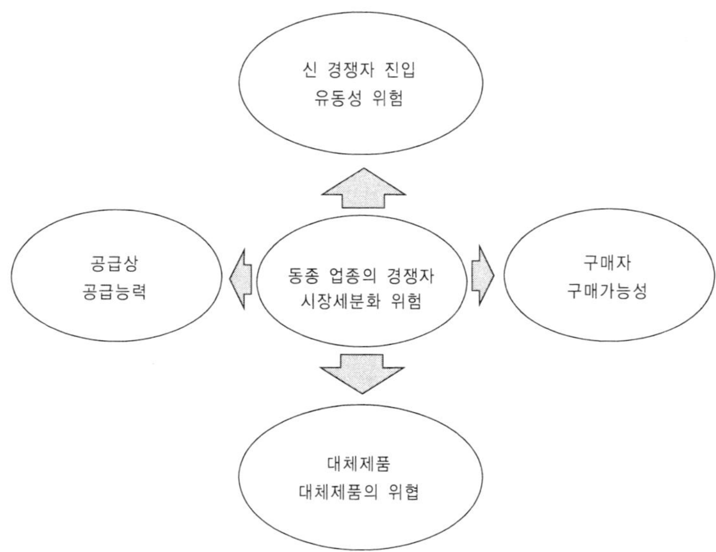

〈그림 4-2〉 OOO제품 업종의 시장경쟁 구조 예시

목적시장에 진출하려는 품목에 대하여 어떤 브랜드가 가장 많이 시장을 점유하고 있는지를 조사하는 것이다. 여기에서는 시장을 점유하고 있는 상위 최소 5대 브랜드의 시장점유율을 조사한다. 특히 각 브랜드별로 점유율의 변화를 조사하고, 어떤 브랜드가 시장에서 강세를 보이는지를 파악한다. 즉 특정 브랜드가 강세를 보인다면, 동 시장에서 소비자들의 선호를 매우 명확하게 알 수 있다. 이에 브랜드의 시장점유율이 변화가 있다면 점유율 변화 요인이 무엇인지도 조사되어야 한다.

〈표 4-3〉

브랜드명	시장점유율	점유율 변화	점유율 변화 요인
OOOO	58.7%	전년비 5% 증가	브랜드 인지도 제고
OOOO	16.4%	전년비 2% 증가	가격경쟁력 향상
OOOO	14.9%	전년과 동일	-
OOOO	7.8%	전년비 1% 증가	-
OOOO	2.18%	전년비 0.5% 증가	-

이와 더불어 주요 브랜드의 소비자 가격, 원산지, 소비자 평판, 주요 판매처, 주요 기술사항 등도 조사하여 경쟁업체의 특이 사항을 파악한다. 목적시장에서 가장 중요한 브랜드가 파악이 되면, 동 브랜드의 업체 또는 경쟁업체에 대한 기초적인 조사가 이루어져야 한다. 기초적인 조사는 주소, 전화, 팩스, 이메일, 홈페이지, 자본금, 설립연도, 종업원수, 공장부지면적, 주요 모델 등 업체에 대한 주요 사항을 조사한다. 경쟁업체에 대한 조사는 많을수록 좋지만 최소한 상위 5대 브랜드 업체에 대해서 수행하는 것이 좋다.

〈표 4-4〉 주요 브랜드별 가격 및 특징

(단위 : 천달러)

브랜드명	소비자 가격	원산지	소비자 평판	주요판매처	주요 특징 (예 : 속도)
AAA135	30	독일	고급품	외자 기업	600m/min
BBB120	30	독일	최고급품	외자 기업	1000m/min
CCC301	20	중국	중고급품	현지 기업	300m/min
DDD429	22	중국	중고급품	현지 기업	450m/min

[경쟁사 정보 예시]

업체명: oooo Co.,Ltd.

- 주소:
- 전화:
- 팩스:
- 이메일:
- 홈페이지:
- 자본금:
- 설립연도:
- 종업원수: 000명(기술자 100여 명)
- 공장부지면적:
- 주요 모델: 예. 섬유제직 준비기계(warping machine, sizing machine 등)
- 업체 소개:

* 제직준비기계의 연구, 개발, 생산, 판매 및 A/S업무를 하는 기업이며 생산규모 및 시장점유율은 로컬 기업 중 1위임

* 독일과 일본산 제조설비 보유

* 공장 내부에서 ERP관리(Enterprise Resource Planning)를 실시하고 있으며 제품은 중국 내수 시장에 공급하는 동시에 유럽, 중동, 아프리카 등 20여개 국가 및 지역에 수출되었음

- 제품사진:

(2) 경쟁업체의 장단점과 한국제품의 위치

여기에서는 브랜드별로 원산지, 소비자가격, 시장점유율, 소비자 평판 등을 비교하고, 이에 따라 한국제품의 경쟁적 위치를 파악한다. 우선 한국제품이 고급품, 중저가품, 저가품 등의 시장 중에서 어느 시장에서 경쟁력을 갖고 있는지, 품질대비 가격경쟁력은 어느 정도인지, 그리고 판매망은 어느 정도 갖추어져 있는지 등을 파악한다.

〈표 4-5〉 경쟁브랜드의 현황 및 특징

브랜드명	원산지	소비자 가격	시장점유율	소비자 평판
AAAA	한국	25	1.5%	중고급품
BBBB	일본	36	4.5%	최고급품
CCCC	중국	22	8.3%	중고급품

[제품 반응 조사 예시]

상담업체	AAA사
상담자 직함	OOOOO manager of NY office
조사목적	생산 및 공급업체 관계자의 자사제품 평가
자사제품의 강점 및 장점	- 성능 - 운영 - 효율성 등
자사 제품의 단점	- 가격과 선호도 - 시장의 요구 수준과의 일치성 등
자사제품의 가격에 대한 인식	- 가격 평가

(3) 특이사항 및 전망

해당시장에서 최근에 생산동향의 변화가 있는지, 있다면 어떤 방향으로 움직이고 있는지 등을 조사한다. 동 조사를 바탕으로 향후 한국제품의 진출 방향도 제시한다.

3. 생산동향

(1) 생산규모 및 전망

생산규모는 최근 3~5년간 생산규모가 매년 몇 %씩 증가하고 있는지, 그리고 전체 생산에서 국내 소비와 해외 수출이 어떤 비중으로 이루어지고 있는지 등을 조사한다. 생산규모의 증가대비 수출은 어떻게 되고 있는지도 주요 조사대상이 된다. 즉 현지 생산제품이 어느 정도 국내에서 소비되는지, 그리고 해외에 수출은 어느 정도 되는지를 파악하여, 향후 동 시장에 진출할 경우 내수시장이 유망한지, 아니면 해외시장으로의 판매가 유망한지 등을 판단한다. 그리고 해외에 수출하는 정도가 크다면, 어느 나라에 주로 수출하는지도 조사하여 해외시장 진출 가능성도 파악한다.

〈표 4-6〉 OOO제품의 생산규모

(단위 : 백만 달러)

구분	2006		2007		2008		2009		2010~	
	금 액	증감율	금 액	증감율	금 액	증감율	금 액	증감율	금 액	증감율
총생산규모	000	00	000	00	000	00	000	00	000	00

〈표 4-7〉 미국 LED 조명의 시장규모 및 전망 예시

	2009	2010	2011	2015	2020
전체 조명 시장 내 LED 조명 비율	〈2%	5~6%	10%	50%	75%
전세계 LED 조명시장 규모	U$2.85bil	U$4bil	-	U$50bil	-
LED 조명 시장서 북미 비율	40%	40%	40%	40%	40%
미국 시장 규모 (북미의 60~70%)	U$0.7~0.8bil	U$1.0~1.1bil	-	U$12~14bil	-

(자료원) LED lighting accounts for 5% of global lighting market in 2010, DIGITIMES

(2) 주요 생산업체별 생산동향

최근 3~5년간 주요 생산업체들이 생산을 증가시키고 있는지, 아니면 감소시키고 있는지, 그것도 아니면 크게 변하지 않고 보합세를 유지하는지를 조사한다. 동 조사를 통하여 현지 생산자 시장의 규모가 어떻게 변하는지를 판단한다. 이러한 판단을 하기 위해서는 생산규모(생산액)와 생산증감률이 조사되어야 한다.

만약에 외부의 충격이 있었다면, 현지 생산업체들은 그 충격으로부터 어떤 영향을 받았는지도 조사하여야 한다. 그리고 그 영향은 어느 정도 지속될 것인지도 판단하여 보고한다.

다음으로 주요 생산업체의 기본적인 사항도 조사한다. 주소나 연락처는 물론, 자본금, 설립연도, 종업원 수, 주요 생산 모델, 그리고 기타 특이사항을 조사한다.

가능하다면 주요 현지 생산업체의 유통경로, A/S 정책, 주요 마케팅 수단 등을 조사하여 향후 현지 시장 진출 시에 대응전략을 마련하는 데 활용한다.

〈표 4-8〉 주요 업체의 OOO제품 생산 현황

업체명	2006		2007		2008	
	금 액	증감율	금 액	증감율	금 액	증감율
OOO	85	10.0	92	8.2	100	8.7
OOO	58	8.5	65	12.1	77	18.5
OOO	39	7.3	45	15.4	50	11.1

4. 가격동향

시장조사에서 가장 중요한 것 중에 하나가 가격동향조사이다. 가격은 주요 제품 중심으로, 가령 상위 5대 품목의 가격변동 동향을 조사하는 것은 물론 수준별, 즉 최고급품, 중급품, 저가품 등을 구분하여 조사한다. 이와 더불어 우리제품과 경쟁관계가 큰 중국제품, 일본제품, 그리고 현지 주요 제품의 가격을 비교할 수 있도록 같이 조사한다. 이러한 조사는 최근 3~5년 동안 또는 가장 최근 가격을 조사한다. 그리고 그 품목들의 최근 가격이 상승세인지 아니면 감소세인지도 조사한다.

그리고 현지 가격결정요인이 무엇인지도 조사한다. 가격결정요인은 다양하겠지만 브랜드(품질), 원산지, 사이즈, 기능 등의 기반으로 조사하고,

그 요소 중에서 가장 가격에 크게 영향을 주는 요인을 순위별로 조사하는 것도 좋다. 이러한 가격조사는 진출하려는 우리제품의 수준을 결정하고, 이에 따른 진출 전략을 결정하는데 중요한 요소가 된다.

마지막으로 가격전망도 필수적으로 이루어져야 한다. 특히 동 시장에 수요의 변화가 있다면 그 변화가 가격에 영향을 어떻게 미칠지 등을 시장조사를 통하여 제시되어야 한다. 가격변화와 소비의 성향변화가 앞으로 우리 제품의 진출을 결정하는 데 중대한 영향을 준다는 점에서 신중하게 조사되어야 한다.

〈표 4-9〉 주요 제품의 가격 동향

(단위 : 천달러, %)

구분		2006		2007		2008	
		금 액	증감율	금 액	증감율	금 액	증감율
AAAA (독일)	OOO 100	35	2.5	35	-	35.5	1.4
	OOO 200	37	3.2	37.5	1.4	37.5	-
BBBB (중국)	△△△ 1000	20	1.4	21	5.0	21	-
	△△△ 2000	23	2.2	23	-	23.5	2.2

〈표 4-10〉 주요 제품별-국가별 가격 비교

브랜드명	원산지	소비자 가격	시장점유율	소비자 평판
AAAA	한국	25만 달러	1.5%	중고급품
BBBB	일본	36만 달러	4.5%	최고급품
CCCC	중국	22만 달러	8.3%	중고급품

5. 유통구조

(1) 유통구조 및 특성

유통구조는 현지 생산업체의 유통구조 수입제품의 유통구조와 특성을 조사하여야 한다. 생산업체들은 직접 최종소비자에게 공급하는지, 아니면 총 대리상을 이용하는지, 그것도 아니면 지역별 대리상의 네트워크를 활용하는지를 조사한다.

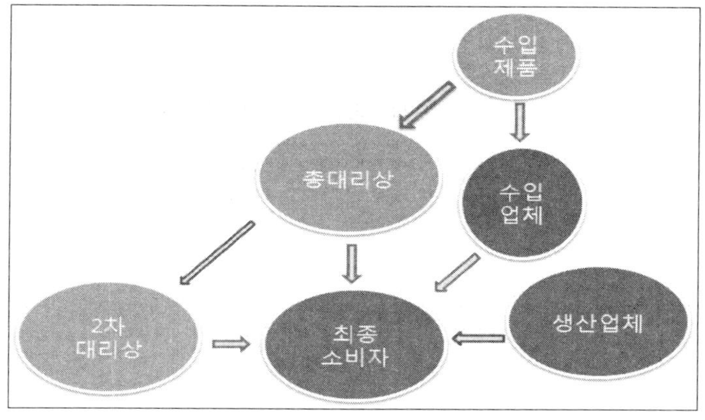

〈그림 4-3〉 유통구조의 예시

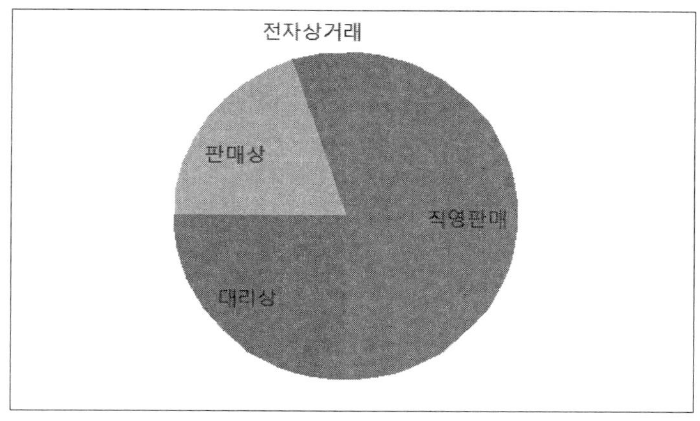

〈그림 4-4〉 유통구조의 예

수입제품에 대해서는 수입업체에 의해 독점적으로 수입되는지, 아니면 총 대리상을 통하여 진출하는지, 아니면 수입업체와 대리점 모두를 이용하여 진출하는지도 조사한다.

다음으로 최근에는 On-line 판매망은 있는지, 있다면 어느 정도 비중으로 판매되고 있는지도 조사한다. 이러한 조사에는 각 유통망의 Node에서 차지하는 비중은 어느 정도인지도 면밀하게 파악하여야 한다.

마지막으로 주요 유통업체에 대해서도 조사가 되어야 한다. 주요 유통업체의 규모, 자본금, 취급품목, 주요 수입국가, 우리 제품에 대한 관심도, 사용 언어 등도 조사한다.

〈표 4-11〉 현지유통업체 정보 및 현황

<table>
<tr><th colspan="3">OOOOOO Co., Ltd.</th></tr>
<tr><td rowspan="2">주 소</td><td colspan="2">(현지어) OOOO</td></tr>
<tr><td colspan="2">(영문) OOOO ZhangJiaGang, China</td></tr>
<tr><td>담 당 자</td><td colspan="2">Mr.Bin(General Manager)</td></tr>
<tr><td>이 메 일</td><td colspan="2"></td></tr>
<tr><td>전화/팩스</td><td colspan="2">전화:
팩스:</td></tr>
<tr><td>홈페이지</td><td colspan="2">http://www.ooooo.com
http://www.oooo.com</td></tr>
<tr><td>설립연도</td><td colspan="2">0000년</td></tr>
<tr><td>종업원수</td><td colspan="2">000명 이상</td></tr>
<tr><td>자 본 금</td><td colspan="2">0000</td></tr>
<tr><td>업 종</td><td colspan="2">생산, 무역</td></tr>
<tr><td>취급품목</td><td colspan="2">각종 방직설비, 중고기계</td></tr>
<tr><td>對韓수입여부</td><td colspan="2">없음</td></tr>
<tr><td>주요 수입국가</td><td colspan="2">없음</td></tr>
<tr><td rowspan="2">업체 접촉
확인 정보</td><td>관심도</td><td>★★☆☆☆</td></tr>
<tr><td colspan="2">* 동 사는 방직설비의 판매, 수출입무역, 중고기계 회수, 판매 및 신형설비의 개발, 제조 등 업무를 동시 하는 업체임.
ISO9001-2000인증 보유
* 연간 영업액은 0000만 달러 이상임</td></tr>
<tr><td>언어
(선호도 順)</td><td colspan="2">* 문서 : 000/영어
구어 : 000</td></tr>
</table>

(자료) KOTRA

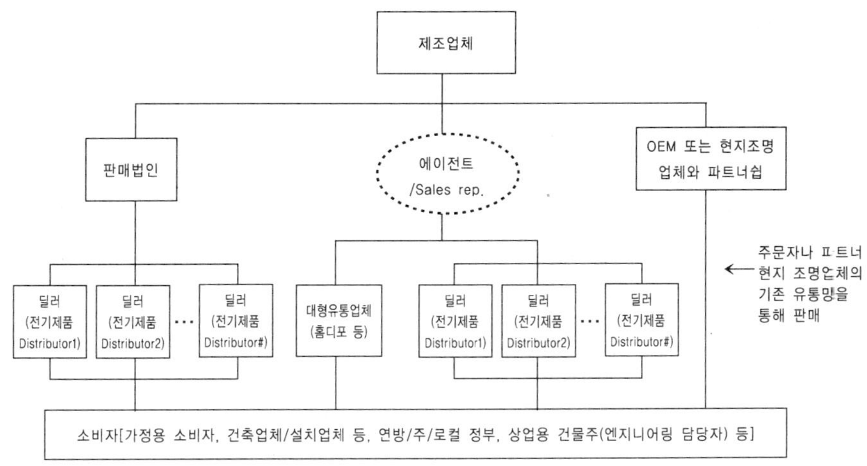

[미국 LED 조명 시장 유통구조 예시]

(2) 공공조달시장

현지시장에서 공공조달시장의 규모도 같이 조사하고 발주하는 방식도 조사한다. 즉 공공조달시장에서 발주처와 경쟁입찰, 제한경쟁입찰 등 발주 방식도 조사한다. 그리고 공공조달시장에 접근하기 위해서는 어떤 방식이 요구되는지도 조사한다.

(3) 유통시장 전망과 우리 제품의 유통방안

유통구조 및 특성에 따라 어떤 방식으로 우리 제품을 효과적으로 유통시킬 것인지를 조사하는 것이다. 가령, 제품 특성상 총대리상 중심으로 유통하는 것이 관행이라면, 총대리상과의 제휴 등을 고려해야 한다. 특히 총대리상 중심으로 유통하기 위해서는 A/S 등이 중요한지도 조사해야 한다.

6. 수출입동향

(1) 수입동향

수출입동향 조사는 진출하는 시장의 진출 가능성을 판단하는데 매우 중요하다. 수출입동향은 수출보다는 수입동향이 중요하다. 즉 우리제품이 진출하려는 수입시장의 규모가 얼마인지를 파악하여야 한다. 이를 위해서는 최근 3~5년간 수입시장규모는 얼마인지, 그리고 그 수입규모가 증가하고 있는지, 증가하고 있다면 어느 정도 증가하고 있는지를 조사한다.

수입시장규모 조사 후 최근 몇 년 동안 어느 나라로부터 주로 수입하고 있는지를 조사한다. 조사대상은 상위 5~10위 정도, 또는 사정에 따라 주요 국가들을 조사하면 된다. 수입이 증가 또는 감소하고 있다면, 그 정도는 어느 정도이며 원인은 무엇인지도 같이 조사한다.

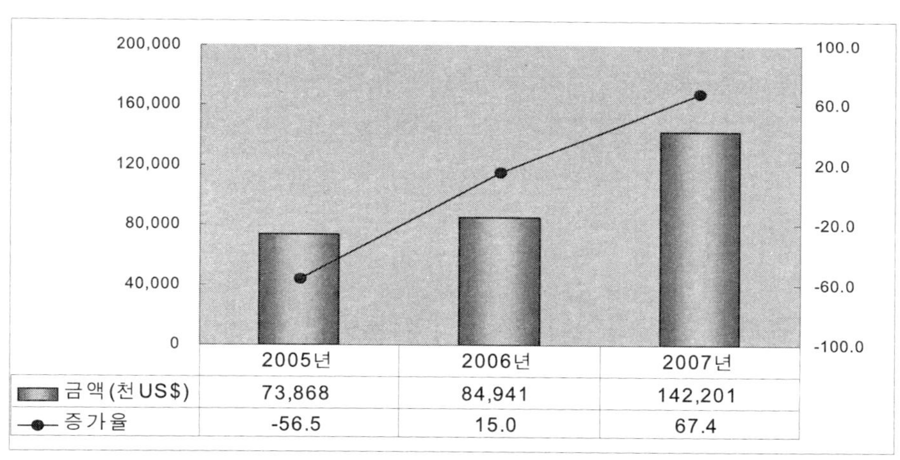

〈그림 4-5〉 000 제품의 최근 수입현황 및 동향(단위 : 천 달러)

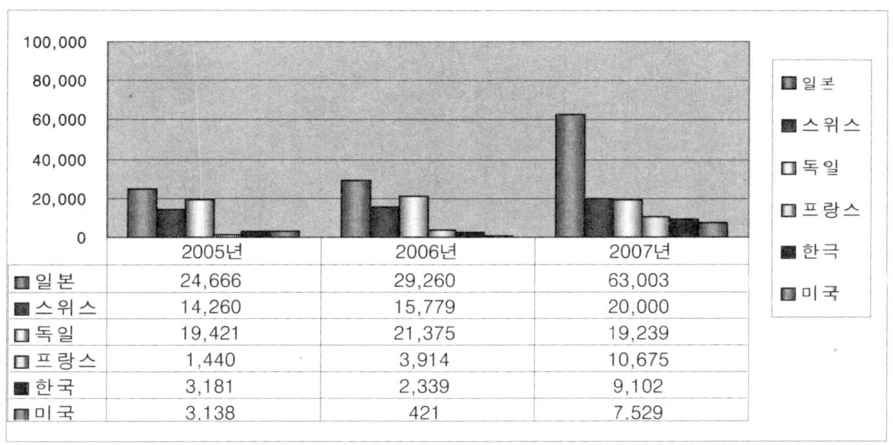

	2005년	2006년	2007년
일본	24,666	29,260	63,003
스위스	14,260	15,779	20,000
독일	19,421	21,375	19,239
프랑스	1,440	3,914	10,675
한국	3,181	2,339	9,102
미국	3,138	421	7,529

〈그림 4-6〉 최근 000 제품의 주요 수입국 현황 및 동향(단위 : 천 달러)

(2) 수출동향

수출동향조사는 수입동향조사와 거의 동일하게 이루어진다. 즉 최근 3~5년간 수출규모는 얼마이고, 어느 나라에 가장 수출을 많이 하는지를 조사한다. 그리고 수출규모의 변화가 있다면 그 원인도 같이 조사한다.

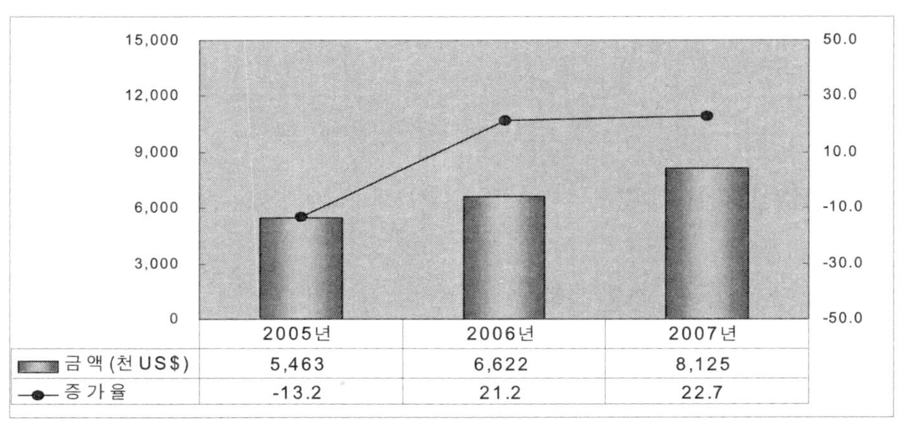

	2005년	2006년	2007년
금액(천US$)	5,463	6,622	8,125
증가율	-13.2	21.2	22.7

〈그림 4-7〉 000 제품의 최근 수출 현황(단위 : 천 달러)

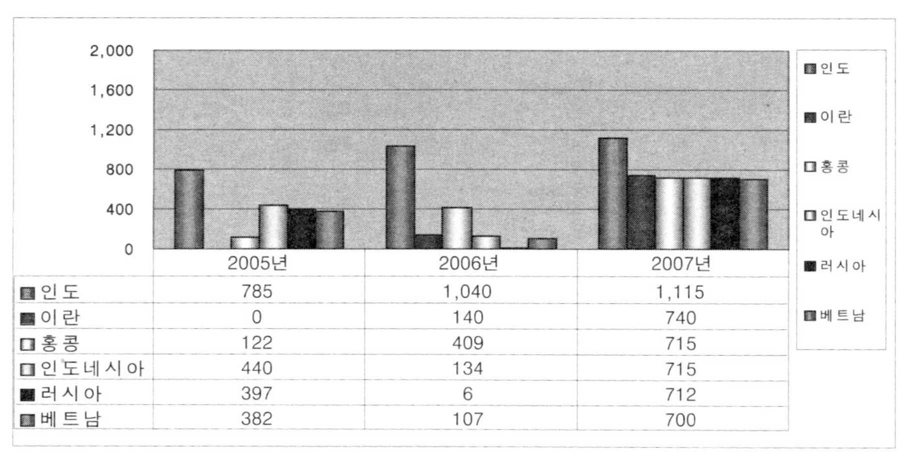

	2005년	2006년	2007년
인도	785	1,040	1,115
이란	0	140	740
홍콩	122	409	715
인도네시아	440	134	715
러시아	397	6	712
베트남	382	107	700

〈그림 4-8〉 000 제품의 최근 주요 수출국 현황 및 동향(단위: 천 달러)

(3) 수출입 전망

향후 수출입이 어떻게 변화할지를 조사한다. 동 조사는 향후 전망에 대한 근거를 제시하는 것이 좋다. 가령 수출이 증가할 것이라면, 그 원인이 주요 수출시장의 소비시장이 회복가능성이 높다든가, 아니면 주요 수출업체가 파산하여 경쟁이 완화된다든지, 또는 새로운 시장의 급부상으로 판매처가 확대될 것인지 등, 그 원인에 대하여 조사가 이루어져야 한다.

7. 수출입관리제도

(1) 해당 정부의 수입정책

진출하려는 목적시장의 정부가 수입에 대하여 호의적인지, 아니면 부정적인지는 진출을 결정하는 데 중요한 역할을 한다. 만약 목적시장의 정부가 우리가 진출하려는 제품에 대하여 수입을 억제하거나 금지하는 경우, 아무리 좋은 제품을 가지고 진출하려고 해도 진출을 할 수 없다. 대신에 현지에 직접투자를 하는 방안을 고려해야 한다.

우선 우리 제품의 수입에 대하여 관세, 각종 세제 및 세율 등을 조사하고, 만약에 동 제품에 대하여 관세 감면 등이 있는지, 있다면 어떻게 활용할 수 있는지를 조사한다. 그리고 수입을 하는데 수입허가가 필요한지도 확인해야 한다. 수입허가가 필요하다면 그 절차와 비용 조사도 이루어져야 한다. 특히 인증과정은 어떻게 이루어지며 그 인증이 쉽게 이루어지는지도 조사한다. 수입허가를 받기 위해서는 현지 전문업체들은 어떤 업체인지 등을 조사한다.

〈표 4-12〉 예시 중국 방직기계의 세 번과 관세

- HS CODE: 844590(Other machinery for producing textile yarns)
- 수입관세 정보

HsCode	품목	관세	증치세	종합세율
8445.9010	warping machines	10%	17%	28.7%
8445.9020	sizing machines	10%	17%	28.7%
8445.9090	other	10%	17%	28.7%

(자료원) 중국해관수출입세칙

(2) 수입관련제도

수입관련제도는 다양하다. 수입관련제도는 허가제여부, 관세 및 비관세 장벽 등이 있다. 주변국 또는 특정국 우회진출 가능성도 조사한다.

〈표 4-13〉 비관세 장벽의 유형의 예시

유형	주요 비관세 장벽 예시
수입규제	관세쿼터 수입허가제 수입사전신고제 수입감시와 감독 중고제품 수입금지제 등
기술장벽	강제인증제도 허가심사제도의 자체 규정 강제 제품의 과다한 표기 부착 사전 검측 요구 형식검증 제도 기술통제관리 포장표기
통관절차	과도한 수입절차 통관지 제한 관세부과 기준가격 비공계 관세분류의 자의적 적용 수입신고 기한 제한 및 지체금 부과 이중세관검사 및 가도한 통관심사 통관절차의 복잡 및 불투명
환경규제	폐기물 수입규제 유해물질 사용 제한 환경 영향평가
경쟁정책	특정분야의 국영기업 독점 각종 자국업체의 면세
투자장벽	자국 부품 및 소재 사용 강제 인증제도 영업제한 엄격한 노동규제
정부조달	외국인 참여 제한 및 자국산 우선 구매
지식재산권	모방 및 해적판 특허 및 라이센스 규제
투명성	제도 및 법규의 운영 및 적용 제도운영의 투명성 사법기관의 중립성 여부 부패 부정확한 규정 적용 및 해석

(3) 해당 정부의 수출정책

해당정부는 우리가 진출하려는 분야의 수출에 대한 지원정책이 있는지를 파악한다. 수출에 대한 지원에는 보조금, 수출세 등이 있다.

4.2 해외구매자 조사

1. 바이어 정보 조사

해외구매자 조사는 수출 또는 해외에 제품을 판매하려는 기업이 해외에 있는 바이어를 발굴하고, 그 바이어에 대한 정보를 조사하는 것을 의미한다. 따라서 해외구매자 조사에서 가장 중요한 것은 우선 우리 제품을 구매가능한 바이어들의 리스트 발굴이다. 우선 진출하려는 해당제품을 취급하는 업체들을 발굴하고, 그 업체가 단순취급업체인지, 상담을 희망하고 향후 구매할 의사가 있는지를 구분하여 조사하여야 한다. 구매자 기초 조사는 업체명을 포함한 업체 개요 및 연락처 등을 포함한다.

해외구매자 정보를 조사할 경우 유의해야 할 점은 다음과 같다.

- 판매하려는 제품의 해당국가의 직간접적인 수입제한 품목인지 확인
- 해당국가의 시장성 및 취급바이어의 수준
- 최근에 동일한 제품에 대한 조사가 이루어졌는지에 대한 여부 확인

해외구매자 정보조사에서 우선 구매 가능성이 있는 업체 리스트를 개발하고 최대한 확보하고, 이를 바탕으로 접촉하거나 현지에서 인터뷰를 하여야 한다. 이러한 업체들은 인터뷰에 의하여 구매가능성에 따라 단순취급업체, 회신가능업체, 구매가능업체 등으로 구분한다.

[바이어 업체 개요]

- 구분 : 단순취급업체, 회신가능업체, 구매가능업체 등
- 연락담당자(전화, 팩스, 이메일 등)
- 홈페이지
- 주소
- 사업분야
- 사업구성
- 취급품목
- 설립연도/종업원수
- 주요 거래 및 수입국가
- 한국업체 거래여부
- 사용가능 언어

여기에서 중요한 것은 사업분야 및 사업부서에 관한 정확한 정보를 조사해야 한다. 현지 시장 판매액 및 추이, 공급선의 추이, 연간 수입규모 및 추이, 한국과의 거래 실적 등이 중요 조사대상이다.

2. 바이어 인터뷰 조사

(1) 발굴 및 연락

바이어를 발굴하는 것은 다음 장에 자세하게 설명하고 있으나, 인터넷, 무역협회, KOTRA, 전시회 등 다양한 방법으로 발굴이 가능하다. 바이어가 발굴되면, 바이어 접촉일 또는 인터뷰 일자, 인터뷰 방법, 즉 담당자 면담, 유선 인터뷰 등을 결정한다.

〈표 4-14〉

업체명	구분
WF Company. Ltd	취급업체
OOOO Company. Ltd	취급업체
OOOO Company. Ltd	취급업체
OOOO Company. Ltd	회신가능업체
OOOO Company. Ltd	회신가능업체
OOOO Company. Ltd	회신가능업체

(2) 바이어의 현지 영업동향 조사

주력시장 공급제품, 새로운 제품 공급시도 여부, 홍보의 적극성 등을 조사한다. 유통망 확보에 대한 정보, 제품의 유형 및 부가가치 정도 등도 조사한다.

(3) 바이어 반응 및 거래

바이어가 기존의 제품에서 우리 제품으로 구매선을 전환할 가능성을 조사한다. 특히 현재 시장에서 가장 잘 판매되고 있는 주력제품을 전환할 가능성이 있는지에 대한 조사가 이루어져야 한다. 이러한 조사와 더불어 향후 바이어 접촉 및 지속 접촉 여부, 그리고 그 방법은 무엇인지를 강구할 필요가 있다. 만약에 바이어가 좋은 반응을 보이고, 거래를 원한다면 어떤 방식이 좋은지도 사전에 조사가 이루어져 있어야 한다.

4.3 해외공급자 조사

해외공급자 조사는 국내에서 최종적으로 필요한 소비재, 사치품은 물론 수출용, 내수용 제품을 생산하기 위해 필요한 원자재, 부품, 소재의 해외 공급업체에 대한 것이다. 우선 해외시장에서 필요한 공급업체의 리스트를 조사하고, 이를 바탕으로 공급가능성 여부를 조사한다. 다양한 업체 조사를 바탕으로 최종적으로 우리에게 필요한 제품을 공급할 수 있는 업체를 선정하는 조사가 해외공급자 조사이다.

주요 조사내용은 다음과 같다.

- 공급선 리스트

공급선 리스트는 다양한 내용을 담는 것이 좋으며, 이에 대해서는 다음 장에서 자세하게 설명하고자 한다.

- 공급선 리스트 작성

주소 홈페이지 설립연도 종업원수 등록자본금 업종 취급품목 대(對)한국 수출여부 주요 수출국가 담당자 관심도 연락과정 상세정보 관심사항 연락 방법 등을 일목요연하게 작성

공급선 정보조사 시 일반적인 공급업체에 대한 조사와 더불어 각 업체의 수출입 정보, 관세정보, 관련 전시회 및 행사 정보 등도 같이 조사하는 것이 바람직하다. 특히 현지 업체 접촉시 주의해야 할 사항도 같이 조사한다. 이를 위해서는 정확한 담당자 파악이 중요하며, 철저한 회사 및 제품 소개 자료를 수집하고 구축해야 할 것이다.

기업이 클수록 판매, 마케팅, 구매 부문의 담당자가 별도로 있는 경우가 많고, 경우에 따라 품목 또는 지역 담당자가 다를 수 있다. 담당자가 매우 세분화될수록 해당 품목에 대한 권한은 해당 담당자에게만 있을 수 있기 때문에 정확한 담당자를 파악하는 것은 매우 중요하다.

새로운 해외업체를 만날 때는 정확한 정보가 생명이다. 될 수 있는 한 영문 자료를 준비해서 해외업체에게 명확한 정보가 전달 될 수 있도록 해야 한다.

4.4 해외신용조사

수출을 할 때, 수출한 물품에 대한 대금을 지급받을 수 있는지가 매우 중요하다. 이에 수출하기 전에 수입업체가 수출대금에 대한 지불능력이 있는지를 파악해야 한다.

□ 주요 조사 내용

- 수입자의 영업현황 및 재정상태 파악
- 수출입자간 거래 행위 및 거래 실적
- 수출입자간 클레임 존재 여부 및 클레임 타당성 조사
- 이면 계약 여부
- 수출화물 인수 여부 및 현재 상태(인수일, 판매 및 재고현황)
- 수입자의 대금 미결제사유(구체적인 송금 지연 사유 등)
- 향후 수출대금 결제계획(대금지급의사 유무, 지급 방법 등)

4.5 해외거래처 발굴[3)]

1. 인터넷 활용과 거래처 발굴

특정 품목 취급업체의 해외 포털 사이트를 이용하여 검색하는 방법이 있다. 가령 해외의 구글, 야후 등을 이용하여 우리가 찾는 품목을 우선 검색하고, 그 다음으로 그 품목을 생산하는 업체를 찾는 방법이다. 이 방법은 누구나 쉽게 활용할 수 있지만, 전문적인 업체를 일관적으로 검색하는 데는 한계가 있다. 이에 해외거래처와 필요한 제품을 찾는 데는 해외의 무역거래를 알선하는 사이트를 활용하는 방법이 많이 사용된다. 해외 무역거래를 알선하는 사이트는 다음과 같다.

〈표 4-15〉

구분	사이트	비고
Alibaba	www.alibaba.com	세계최대의 거래 알선 사이트
E21	www.ec21.com	
Tpage	www.tpage.com	다양한 언어로 서비스
Ecplaza	www.ecplaza.com	
BuyKorea	www.buykorea.com	EC21, Ecplaza, Tpag 연계
Global Sources	www.globalsources.com	
Surplus Global	www.surplusglobal.com	

이러한 포털사이트들은 기업 디렉토리, 재고, 품목별 검색 등 다양한 서비스를 제공하고 있으며, BuyKorea의 경우 Kotra에서 운영하는 것으로 무역정보는 물론 수출입 절차, 무역 서식 등에 대한 정보도 제공하고 있다.

3) 본 내용은 이기찬(2009) 『나 홀로 창업 오퍼상이나 해볼까』 등을 참조하였음.

2. 무역디렉터리 활용

무역디렉터리는 세계 각국의 제조업체 및 수출입업체들의 주소와 연락처 등의 정보를 수록한 책자이다. 일반적으로 무역디렉터리는 극가별, 아이템별, 거래유행별 등의 정보를 제공한다. 문제는 이러한 업체들은 대부분 이미 한국의 기업들과 거래할 가능성이 높다는 것이다. 따라서 새롭게 찾은 해외업체들이 국내의 기업들과 거래를 하고 있는지를 꼭 확인해볼 필요가 있다. 따라서 한 두 기업체들만 발굴하는 것이 아니라 다양하게 많은 업체들을 확보하는 것이 바람직하다. 주로 무역디렉터리는 한국무역협회, KOTRA, 한국수입업협회 등을 직접 방문하여 열람이 가능하며, 일부는 인터넷을 통하여 자료를 입수할 수도 있다. 이러한 인터넷 디렉터리는 전 세계의 주요 제조업체 및 수출업체의 리스트를 수록하고 있으며, 제품별 산업별 정보도 제공하고 있다.

〈표 4-16〉

구분	사이트
KOMPASS	www.kompass.com
Thomas Net	www.thomasnet.com
Ward's Business Directory	www.gale.cengage.com
ABC Europe Production	www.abc-europex.de
Kelly's International Directory	www.kellysearch.com

3. 무역 관련 기관 활용

해외업체를 발굴하는 방법 중에 하나는 무역 관련 기관을 방문하여 필요한 자료를 제공받는 것이다. 무역 관련 기관은 국내에만 있는 것이 아니라 해외에도 다양한 기관들이 있다.

(1) 국내 무역 관련 기관

◎ 한국무역협회(www.kita.net)

◎ 대한상공회의소(www.korcham.net)

◎ KOTRA(www.kotra.or.kr)

◎ 한국수입업협회(www.koim.or.kr)

◎ 중소기업진흥공단(www.sbc.or.kr)

(2) 해외 무역 관련 기관

◎ 세계

- World Trade Centers Association(www.wtca.org)

◎ 미국

- ITA(international Trade Administration; www.ita.doc.gov)

◎ 중남미

- Latin Trade(www.latintrade.com)

◎ 브라질

- BrazilBiz(www.brazilbiz.com.br)

◎ 유럽

- European Chamber of International Business(www.ecib.com)

◎ 영국

- DT(Department of Trade of Industry; www.dti.gov.uk)

◎ 일본

- JETRO(Japan External Trade Organization; www.jetro.go.jp)

◎ 중국

- CCPIT(China Council for the Promotion of International Trade;

◎ 인도

- Department of Commerce & Industry(www.nic.in/eximpol)

4. 전시회의 활용

해외업체를 전시회에 참여하여 발굴할 수도 있다. 세계유명 전시회에는 세계의 주요 업체들은 모두 참여하기 때문에, 한 장소에서 모두 만날 수 있기 때문에 시간이 절약되고 정보 입수의 기회가 풍부해진다. 더욱이 새로운 상품 및 기술의 흐름을 알 수 있고, 다양한 사람들을 만나면서 인맥도 자연스럽게 형성시킬 수 있다. 전시회에 참가하면 단순히 새로운 업체를 발굴하는 것도 좋지만 제품들의 변화 추이, 신기술의 적용, 경쟁자의 제품 추세 파악, 수입상의 취향 분석도 같이 조사한다. 이러한 조사를 위해서는 철저한 사전준비가 필요하며 참가업체의 디렉터리를 잘 확인하고 활용해야 한다.

세계적인 박람회로는 하노버 박람회(Hannover Messe)와 프랑크푸르트 박람회(Ambient Internationale Frankfurt Messe, www.messefranfurt.com) 등이 있다. 하노버 박람회는 매년 4월에 개최되는 대규모 산업박람회로 기계류, 설비산업, 엔지니어링, 자동화기기 등이 주로 전시된다. 프랑크푸르트 박람회는 소비재 박람회, 문구 및 선물용품 박람회, 국제악기박람회, 모피 및 의류 박람회 등이 있다.

그 외 하노버 국제정보통신 박람회, 뮌헨 하계동계 운동용품 박락회, 밀라노 가구 박람회, 밀라노 광학 박람회, 라스가베스 가전 박람회, 광동 박람회 등이 있다.

[전시회 예시]

○ Electronic Americas - International Trade Fair for Components, Assemblies and Electronic Production, Laser Technology and Technical Optics(www.electronic-americas.com.br) - Date : November, 11, 2005 - Venue : Anhembi Exhibition Hall - Organizer : Alcantara Machado Feiras de Negócios(www.alcantara.com.br)

제5장 해외시장 진출 전략의 수립과 선택

5.1 해외시장 진출 전략 수립의 일반적 단계

해외시장 진출 전략의 수립은 해외진출을 수행하고 있거나 수행 예정에 있는 기업이 자신을 둘러싸고 있는 환경의 변화를 분석하여 사업구조를 조정하고 경쟁전략을 수립하며 자신이 경쟁할 해외시장 지역을 선정하고 해외시장 진입방식을 수립하는 일련의 전략적 선택과정을 의미한다. 그러나 해외시장 진출 전략의 수립은 기업이 경영환경 변화에 소극적으로 적응한다는 측면만 존재하는 것이 아니라 변화에 직면한 기업이 전략적 선택을 통하여 경영환경을 변경해 나간다는 적극적인 측면도 포함하고 있음을 명심해야 한다. 일례로 우리나라의 소규모 MP3 제조업체들은 제품출시 초기에 소극적인 국내시장 소비자와 국내시장 확대에 부정적인 주력 경쟁기업들에 대응하여 과감하게 해외시장 진출을 수행하여 성공시킴으로써 CD 플레이어 위주의 국내시장을 이후 급속도로 대체시킨 사례를 살펴볼 수 있다.

해외시장 진출전략 수립은 일반적으로 ① 해외시장 진출여부에 대한 결정 ➡ ② 해외진출 대상시장의 선택 ➡ ③ 해외시장 진출방식의 선택 등의 단계로 이어진다. 새롭게 해외시장에 진출하고자 하는 기업은 우선 해외시장 진출여부를 먼저 결정하고 난 이후 진출 시장과 진출 방식을 선택하여야 하며, 이미 해외시장에 진출한 경험이 있는 기업의 경우에는 추가적인 진출대상 시장선택과 진출방식 선택이 이루어질 수 있고 기존 진출시장에 대한 진출방식의 변경도 검토될 수 있을 것이다.

1. 해외시장 진출여부에 대한 결정

해외시장 진출과 관련된 최초의 의사결정문제는 해외시장에 진출할 것인지를 결정하는 것이다. 이미 해외시장에 진출한 경험이 있는 기업의 경우라면 이 문제를 다시 검토할 필요성이 작겠으나 해당 기업들도 이전에 이와 같은 의사결정 문제를 검토하였을 것이다. 또한 이미 해외시장에 진출해 있는 기업의 경우라도 다른 제품이나 서비스 등 사업 분야의 해외진출을 시도하는 경우라면 이 의사결정 문제는 이전과는 전혀 다른 새로운 의사결정 문제가 될 수 있다.

기업은 기본 속성상 끊임없이 확장을 시도하며 이는 기업의 성장과 맞물려 발생하는 자연스러운 현상이다. 해외시장 진출은 기업 확장의 한 축인 지리적인 확장을 의미하는데 기업이 지속적인 기업성장 과정에 있다고 하여도 모두 지리적인 확장을 무차별적으로 시도하는 것은 아니다. 기업에 있어 해외진출 동기가 작용하여야 비로소 그 동안 기업성장으로 축적한 여유 경영자원을 해외시장에 투입할 기회를 고려하는 것이다. 일반적으로 기업이 해외시장에 관심을 가지게 되는 동기는 ① 최고경영자의 의지 ② 국내시장의 성장한계 ③ 국내시장에서의 과도한 경쟁이나 법적 규제 ④ 국내시장 성공에 따른 해외시장에서의 새로운 사업 가능성 검토 ⑤ 악대차 효과(Band Wagon effect) ⑥ 우연한 제안 ⑦ 매력적인 신수요 발굴 등 다양하다. 특히 국내시장 규모가 적어 수출을 통해 경제성장을 이룩해 온 우리나라의 경우 해외시장으로의 진출은 매우 중요한 의미를 가지며, 이에 대한 기업의 관심 역시 매우 자연스러운 현상이라 할 수 있다.

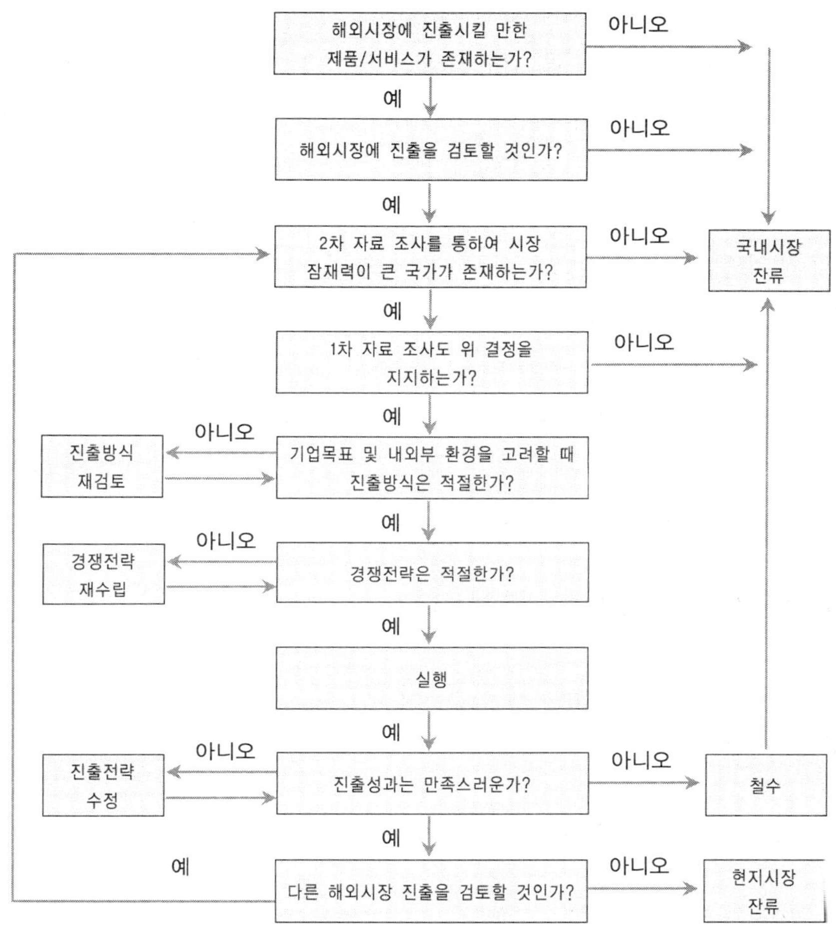

(자료) F. R. Root(1994), Entry Strategies for International Markets; 전용욱 · 김주헌 · 윤동진 (2008), 국제경영(개정판), p.64에서 재인용하여 수정 보완함

〈그림 5-1〉 해외시장 진출전략 수립 단계

대부분의 기업들은 국내시장을 대상으로 경영활동을 수행하다가 각종 사업경험을 축적한 이후 해외시장 진출 가능성을 검토하게 된다. 그러나 최근 들어 다양한 사례연구 및 실증연구들에서 창업한 지 3년 미만인 신생벤처기업의 일부가 부족한 각종 자원상황과 미숙한 경영관리능력에도 불구하고 창업 초기부터 다양한 해외시장 지역에서 거대하고 성숙된 기

존기업들과 직접 경쟁하며 전체 매출액에서 차지하는 해외 판매액 비중도 대단히 높은 경향(전체 매출액에서 해외판매 비중 75% 이상)이 있음을 지적하고 있는데, 이러한 신생벤처기업들의 해외진출 특성은 국내시장에 기반을 두고 있는 신생벤처기업이나 일반적인 중소기업들이 보이는 해외진출 특성과는 확연한 차이가 있는 것으로 이들의 해외진출 과정과 해외진출 진입방식도 전통적인 기업의 국제화 이론들의 설명과 부합되지 않는 특성을 보이고 있음을 지적하고 있다. 이러한 기업들은 일명 "Born-Global" 또는 "International New Ventures"(이하 국제신생벤처기업)라 불리고 있으며, 이러한 국제신생벤처기업들은 대부분 첨단 기술 및 지식집약형 산업에 속해 있고 창업자들의 해외활동에 대한 몰입도가 대단히 높은 특성을 보이는 경향이 있다.

참고 국제신생벤처기업의 발생원인

국제신생벤처기업이 최근 들어 급속히 증가하는 원인으로 다음과 같은 5가지를 들 수 있다.

1 생산, 수송, 통신 기술 등의 급격한 발전

국제신생벤처기업의 발생요인 중 가장 중요한 요인으로 생산, 수송, 통신 등에 있어서의 기술적 진보를 의미한다. 특히, 생산공정 관련기술의 발전은 소량생산의 경제적 약점을 극복하게 하였으며, 이를 통해 세분화(specialization), 고객화(customization), 그리고 소규모 특수 시장만을 위한 생산을 가능하게 하였다. 또한, 지역 간 물동량의 증가로 인력이나 재화의 국제 간 이동 비용을 현저히 감소시켰으며, 이 또한 지속적으로 낮아지고 있는 추세이다. 이는 그 동안 기업의 국제경영에 있어서 중요한 장애 중의 하나였던 지역 간 물류비용 문제의 중요성이 그 만큼 감소하고 있다는 반증이기도 하다. 더 나아가 internet의 등장으로 인한 정보통신 기술의 비약적인 발전은 국제 기업 경영관리의 주요 장애 중 하나인 정보의 흐름 및 분석비용을 현저히 감소시켰으며, 물리적인 거리의 장애를 극복할 수 있게 하였다.

② 기업 경영을 담당하는 인력(창업자, 벤처기업의 주요 경영진)들의 역량 증가

글로벌화(globalization)로 대변되는 세계의 해외진출은 다양한 국가와 문화를 체험하고, 이를 이해할 수 있는 인력들을 다수 배출하게 되었다. 특히, 교통수단의 발달로 인한 여행의 증가는 언어와 문화의 장벽을 제거하는 중요한 도구가 되었던 것이다. 이로 인해 다양한 언어와 문화를 이해하게 된 많은 기업가들이 모국 뿐 아니라 다른 국가에서의 사업에 대해 더 이상 두려워하지 않게 되었으며, 이로 인해 기업의 해외진출이 가속되어지는 결과를 낳게 된 것이다. 예를 들어, EU에서는 회원국가 간의 상호 이해 증진을 위하여 매년 50,000명이 넘는 학생들을 6개월에서 1년 정도 타국에 가서 공부할 수 있는 프로그램을 마련하고 있다. 이러한 프로그램을 통해 배출된 인력들은 다른 나라의 언어, 문화, 관습 등을 이해할 수 있고, 또 이들은 기업의 국제 간 경영을 담당할 수 있는 든든한 자원이 되고 있는 것이다.

③ 시장관련요인으로 새로운 시장 환경의 출현

국제신생벤처기업 등장의 원인으로 기존연구들은 시장 세분화로 인한 니치마켓의 등장을 들고 있다. 정보통신 기술을 비롯한 각종 기술 혁신과 소비자들의 개별적인 욕구 충족을 위한 시장 전문화(specialization) 혹은 세분화(specification)의 증가로 인해 다양한 세부 시장들이 생겨나게 되었다. 이로 인해 기존의 대기업이 이러한 세분화된 시장 요구를 다 충족시키지 못하게 되었고, 이르 인해 중소기업에게도 새로운 시장 기회가 생기게 되었으며, 이와 관련된 국제적인 시장 기회가 발생하게 된 것이다. 또한, 절대적인 국내 시장 규모가 협소함으로 인해 해외시장에 대한 개척을 사업 초기부터 감당해야 하는 경우도 있다. 이러한 경우는 시장 규모가 큰 기업에서도 마찬가지로 일어날 수 있는데, 예를 들어 제품이나 기술이 혁신적이어서 나라마다 수요가 그렇게 크지 않은 경우에는 최신 기술을 보유한 기업은 각 나라마다 발생하는 소수의 제품수요를 충족시키기 위해 국제적인 사업을 적극적으로 추진할 것이다. 또한 새로운 혁신적 제품을 개발한 기업가는 여전히 자신의 상품을 세계 어느 곳이라도 제품 구매를 희망하는 고객에게 제품을 판매하려 할 것이기 때문이다. 최근에는 기업의 각종 기초 활동들이 Global Outsourcing을 통해 서로 밀접하게 연관되어 발전하게 되었다. 따라서 이러한 산업과 기업 간의 국제적 밀접성은 신제품의 세계적

확산 속도를 배가시켰으며, 이로 인해 소비자들의 구매 또한 세계화되는 경향을 보이게 되었다. 이러한 신제품에 대한 세계적 수요의 동질화는 이러한 제품을 생산하는 신생 기술기업에게 있어 세계적인 사업을 시작하게 만드는 중요한 동기를 제공해 주고 있다 하겠다.

④ 범세계적인 기술 및 시장지식 필요성의 증대

범세계적인 경쟁에서 유리한 입지를 구축하고 세계시장에서 주도적 위치를 달성하는 데 가장 중요한 요인의 하나는 기술이다. 헤르만 지몬(H. Zimmon)이 저술한 『숨은 강자들(Hidden champions)』에 따르면 범세계적으로 성공한 소규모 기업들의 4분의 3은 자신들이 선망의 지위를 유지하는 것이 기술 노하우와 혁신에 기반을 두고 있다고 응답하고 있다. 또한 기술의 고급과 저급의 정도를 평가하는 7단계의 기준에서 볼 때 70.6%의 혁신적 소기업들은 자신들의 제품이 평균 이상이라고 응답했으며, 기술 노하우와 혁신성을 각각 5.9와 5.6으로 비교적 높게 평가하고 있는 것으로 나타났다. 이상과 같은 기술혁신의 우위와 이의 성취는 바로 연구개발과 기술변화에 도움이 되는 주위환경에 크게 의존하며, 범세계적으로 빠르게 진입하여 성공하고 있는 기술혁신적 소기업들의 활동도 바로 이러한 성장을 가능케 해주는 보다 다양한 국내외 환경을 사업초기부터 염두에 두고 있어야 한다.

⑤ 고객과의 긴밀한 상호작용 필요성

소규모 신생 기술 창업기업들의 고객과의 관계는 매우 밀접하다. 이 관계의 중요한 특성은 상호의존성이라는 것이다. 좁은 시장지역에 전문화해야 하는 기업들은 자신들이 만든 유일무이한 제품의 대체품을 찾는데 어려움이 있는 소수의 고객들에게 크게 의존하게 되며, 이러한 관계는 쌍방을 서로 책임과 의무를 지닌 긴밀한 관계로 만들어 주어 신뢰와 존경 위에 형성된 장기간의 거래 관계를 유지하게 만들어 준다. 따라서 이러한 소규모 기업들은 고객이 존재하는 곳이라면 세계 어느 곳이든 달려가며, 고객을 위한 최신의 정보와 최선의 서비스를 위해 빠르게 움직이게 된다. 그러나 이러한 관계가 반드시 우호적인 것만은 아니다. 성공적인 해외진출 벤처기업들은 기존의 마케팅 전문가적 업무만을 수행하지는 않는다. 기존 기업들과는 달리 고객이 요구에 말뿐인 호의를 보이지 않으며, 오로지 실천을 통해 가장 중요한 정보원이 될 수 있는 고객과 함께 하고자 한다.

〈표 5-1〉 국제신생벤처기업 발생원인

요 인	구체적 내용
기술(지식) 관련 요인	통신, 정보기술, 운송수단의 발전
	범세계적 경쟁격화에 따른 다양한 지적자산의 중요성 증대
	혁신적이고 유연한 생산기술의 등장
	신기술의 급속한 진부화
시장 및 소비자 관련 요인	세계시장의 소비자 기호 동질화
	산업 특성에 따른 틈새시장 소비자의 중요성 증가
	범세계적 경쟁에 따른 국내시장범위 협소
창업자 관련 요인	해외유학, 해외근무 등 다양한 국제경험을 보유한 인력증가
재무 관련 요인	국제적인 자본조달 기회의 증가
무역 관련 요인	WTO 등 무역장벽의 감소

2. 해외진출 대상시장의 선택

해외시장 진출여부에 대한 가능성 검토가 끝나 해외시장 진출이 결정되고 나면 다음의 의사결정 사항은 어떤 시장으로 진출해야 하느냐, 즉 진출대상 시장의 선택과 관련된 문제로 넘어간다. 다른 제품이나 서비스 분야에서 해외시장에 이미 진출해 있는 기업이라면 해당 국가시장이 일차적 후보지로 자연스럽게 부각되겠지만 최초로 해외시장 진출을 수행하는 기업이라면 진출대상 시장을 선택하는 것은 해외시장 개척의 성패를 좌우할 수 있는 매우 중요한 문제이다.

해외진출 대상시장을 선택하기 위하여 전 세계 모든 국가를 대상으로 검토·분석 작업을 진행한다는 것은 현실적으로 불가능한 일이다. 따라서 개별 기업이 중요하게 고려하고 있는 대상시장 선정기준, 예를 들어 잠재적 시장성장 가능성, 시장경쟁 상황, 원료 및 부품 획득 용이성, 시장 규제 등의 기준 중에서 중요도가 높다고 판단한 몇 가지 사항을 이용하여 복수로 국가를 선정하고, 이후 선택된 복수의 국가들을 대상으로 심층조사 및 분석을 수행하고 평가하여 진출 국가를 선택하는 것이 일반적이라 할 수 있다. 이와 관련하여 고려할 수 있는 선택모형 등에 관해서는 제2절에서 보다 자세히 언급하도록 할 것이다.

기본적으로 해외진출 대상시장 선정과정에서는 기회(opportunity)와 위험(risk)이라는 2가지 차원의 속성과 관련된 자료를 분석하게 된다. 기회란 현재 혹은 잠재적인 시장의 크기를 말하며, 위험이란 정치, 경제, 사회, 문화적 환경 등의 이질성이나 불안정성 등을 의미한다. 추가적으로 시장경쟁 상황은 이상의 두 가지 측면을 모두 포함하고 있다고 할 수 있다. 최종적으로는 기업이 고려하는 다양한 요소들을 종합적으로 고려하여 개별 국가시장의 매력도를 평가하고 해당 순위에 따라 해외진출 대상시장의 우선순위를 고려하여 진출을 수행하게 된다.

3. 해외시장 진출방식의 선택

특정 국가시장으로 진출이 결정되고 나면 이제 어떠한 진출방식으로 해당 시장에 진출할 것인지를 결정해야 한다. 즉, 해외시장에 대한 진입방식(entry mode)을 결정해야 하는 것으로 수출(export), 계약형태(contractual mode), 직접투자(foreign direct investment) 등 3가지 형태가 기본적이며, 수출방식을 다시 간접수출과 직접수출로 구분할 수 있고 계약형태에는 라이센싱(licensing), 프랜차이징(franchising), 계약생산(OEM), 턴키(turn-key) 계약, BOT(Build-Operate-Transfer) 등이 포함되며, 직접투자는 소유권 방식에 따라 단독투자(wholly owned subsidiary)와 합작투자(joint venture)로 나눌 수 있으며, 설립방식에 따라 신규설립(green field), 인수·합병(M&A), 브라운필드(brown field) 방식 등으로 나눌 수 있다.

해외시장 진출방식을 결정하려면 해당 시장의 규모와 성장가능성, 정치적 위험, 무역장벽이나 외환송금 규제와 같은 각종 법적규제와 정부정책, 전기, 도로, 항만 등과 같은 사회기반구조(infrastructure), 노동력의 질 등 다양한 기업외적 요인들에 대한 정보획득과 이에 대한 평가가 필요하며, 동시에 기업내적 요인들로서 기업의 목표와 전략, 가용한 경영자원 및 기타 경영자원의 크기 등도 동시에 고려되어야 한다.

이러한 진출방식의 선택은 앞선 진출시장의 선택 이후에 이루어지는 것이 일반적이기는 하지만 항상 그렇지는 않다. 왜냐하면 특정 기업이 현실적으로 선택할 수 있는 진출방식이 한정되어 있거나 최고 경영자의 의지 또는 기업의 전략상 특정 진출방식을 선호 또는 고집한다면 이러한 요인들에 의해 진출방식의 선택이 진출시장의 선택보다 먼저 결정될 수도 있기 때문이다. 예를 들어 특정 기업의 가장 중요한 경쟁우위 요인이 기술적 우위(차별화)인 경우 이러한 기술에 대한 유출 위험을 최소화하기 위하여 라이센싱 등 계약형태의 진출방식보다는 직접투자 방식을 더 선호하게 될 것이다. 이 경우 이미 진출하기로 결정된 목표 해외시장이 있다 하더라도 해당 국가에서 정부정책 상 직접투자를 허용하지 않거나 많은 제약을 가하고 있는 국가라면 해당 국가는 직접투자 진출대상에서 제외시켜야 하기 때문이다. 해외시장 진출방식의 선택과 관련된 보다 세부적인 사항은 이후의 제3절에서 살펴보도록 할 것이다.

5.2 해외진출 대상시장 선정과 결정

해외진출 시장지역을 선정하는 것은 적절한 선정기준에 따른 평가를 통하여 기업에게 가장 좋은 시장기회를 제공해 줄 것으로 기대되는 단일 혹은 다수의 국가(시장지역)를 결정하는 것이다. 해외시장 진출을 검토하는 기업은 자사의 제품이나 서비스의 매출 가능성이 높은 국가들에 우선적인 관심을 갖게 마련으로 매출목표를 단기적 관점에서 고려하느냐 아니면 장기적 관점에서 고려하느냐의 차이 정도는 있겠으나 자사의 제품이나 서비스의 판매 가능성이 가장 높은 해외시장을 일차적인 진출 목표 시장으로 선택하고자 하는 것이 일반적일 것이다.

특정 기업이 본국 이외에 다른 해외시장지역으로 진출할 것을 의사결정 하였다면 진출대상이 되는 표적시장은 기업이 보유하고 있는 경쟁역량 및 경영자원과 진출동기, 전략계획 등 제반 여건에 부합되어야 하며, 기업마다 이러한 제반 여건들은 모두 상이할 것이기 때문에 특정 산업의 특정 기업에게 매력적인 시장지역이라고 해서 해당 산업의 다른 기업들에게도 매력적인 시장지역이 될 수는 없음을 명심하여야 한다. 따라서 해외진출 대상시장 선정은 경제, 정치, 사회, 문화, 지리적 조건 등 기업외적 요인에 대한 고려와 더불어 기업의 경쟁역량 및 전략계획을 가장 잘 유지시키고 개선 및 확대시킬 수 있는 지역이 어디인지를 면밀히 비교 · 검토하여 신중히 결정되어져야 한다.

1. 해외진출 대상시장 선정 과정

(1) 1단계 : 예비선정

해외진출 대상시장 선정을 위해서는 먼저 진출대상 국가를 선정하기 위한 평가기준과 방법을 결정하는데 유의해야 한다. 즉 가능성 있는 시장임에도 불구하고 선정대상에서 제외시키거나 성공 가능성이 매우 낮은 국가임에도 너무 많은 관심을 기울이는 오류를 범하지 않도록 효과적이고 효율적인 기준과 평가방법을 선택해야 한다는 것이다.

따라서 진출대상 목표시장 선정 과정에서의 일차적인 과제는 진출해야 할 시장과 그렇지 않은 시장을 구별하여 실질적으로 심도 있는 비교 · 평가를 수행할 일차적인 국가군을 제대로 파악하는 것이어야 한다. 전 세계에는 200여 개가 넘는 다양한 국가들이 존재하기 때문에 이에 대한 심층조사를 모두 수행한다는 것은 불가능하며 의미가 없다. 따라서

비용이나 시간 측면에서 효율적이며 효과적인 방법을 선택하기 위해서는 다수의 국가들 중에서 실질적인 관심의 대상이 될 수 있는 몇 개의 국가를 일차적으로 선발하는 과정을 거치는 것이 필요하다.

이러한 예비 선정단계에서는 해외진출 수행 여부와 관련 있는 장기적인 기업 여건 및 환경요인이나 기업의 최고 경영층이 이번 해외진출로 이루고자 하는 가장 중요한 목적이 무엇인지 등과 같은 일반적인 기준에 근거하여 복잡한 검토과정 없이 일차적으로 고려대상이 될 수 없는 국가들을 제외시키는 것이 필요하다. 이러한 일반적인 기준을 바탕으로 진출시장을 결정하는 방법에는 다음과 같이 크게 2가지 유형이 있다. 첫째, 진출대상 제품/서비스와 관련하여 진출대상지역의 기후조건이나 종교 등 문화적 배경, 사회간접시설 수준, 정치 · 군사적인 이유 및 시장잠재력 등 객관적으로 볼 때 현재는 물론 향후 잠재적으로도 본 기업이 제공하는 제품이나 서비스에 대한 수요가 현지시장에 존재할지 여부를 판단해 보는 것이다. 예를 들어 종교상의 이유로 술(알코올)의 판매가 엄격히 통제되는 국가의 경우 진출 가능성을 검토하는 자체가 무의미할 것이며, 정치적인 이유로 특정 국가와의 교역이 금지되어 있다면 해당 국가는 당연히 검토대상에서 제외시켜야 할 것이다. 둘째, 기업 자체적으로 진출하지 않아야 할 국가를 선별하기 위한 간단한 지침을 설정하여 판단해 보는 것으로 이러한 지침들은 기업이념이나 설립목적 또는 본사국이 위치한 국가의 정책 등을 생각해 볼 수 있을 것이다. 이러한 지침들은 다분히 주관적일 수 있으며 이러한 지침을 설정하여 평가하는 것은 경영자의 판단에 맡기는 것이 일반적이다.

기업은 예비선정 단계에서 시간과 비용상의 이유 때문에 가능한 많은 국가를 심도 있는 비교 · 평가대상에서 제외시키려 할 것이다. 그러나 이러한 방법은 시장기회와 잠재력이 큰 시장을 섣불리 제외시키는 오류를 발생시킬 가능성도 높음을 인식해야 한다. 따라서 예비선정 단계에서는 기준이나 지침의 수를 가급적 적게 할 뿐만 아니라 매우 확실하며 기업에게 중요한 기준이나 지침으로 한정하는 것이 바람직하다.

(2) 2단계 : 중간평가

중간평가 단계에서는 예비선정에서 선택된 국가들을 대상으로 세부적인 기준과 평가방법을 이용하여 심도 있는 분석과 평가를 시행한다. 다양한 기준들이 제시될 수 있으며 적절한 평가기준을 선택하는 것은 개별 기업의 몫이라 할 수 있다. 일반적으로 시장 매력도 및 진출 장벽과 관련된 요인들이 평가대상으로 거론될 수 있으며 개별 기업 및 제품의 특성이나 추구하는 경쟁전략 및 목표, 그리고 선택 가능한 시장진출방식 등도 사용될 수 있다. 산업특성에 따라 혹은 기업특성이나 제반 환경여건에 따라 이러한 평가기준과 방법은 달라질 것이며, 특히 동일한 산업에 속한다고 해서 또는 특정 기업이 여러 번의 해외진출을 수행한다고 해서 이러한 평가기준과 방법이 동일하게 적용되는 것은 아니라는 점을 명심해야 한다.

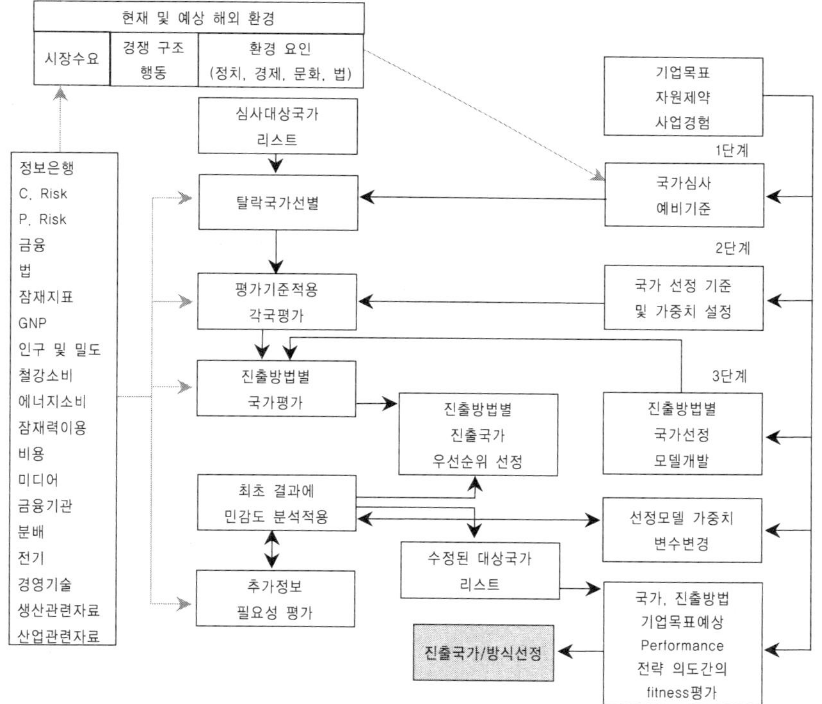

(자료원) Douglas, P. S. and C. S. Craig, Global Marketign Research, Prentice Hall, 1983.

〈그림 5-2〉 해외진출 대상시장과 진입방식 선택 분석 단계

앞서 살펴본 바와 같이 시장진출방식은 진출대상 시장의 선정 이후에 결정하는 것이 일반적이나 특정기업이 해외진출 경험이나 지식, 보유자원의 질과 양 등 여건에 따라 선택 가능한 방식이 제한되어질 경우, 이는 진출대상 시장선정에 중요한 평가기준이 될 수 있다. 해외시장 진출방식으로 수출방식 등 제한적인 방식만을 선택 가능한 기업의 경우와 계약방식과 직접투자 등 모든 진출방식의 선택이 가능한 기업과는 표적국가 선정기준이 결코 같을 수 없을 것이며, 같은 기준이라 하더라도 중요도에서 차이가 있을 수밖에 없다.

이상과 같은 중간평가 단계에서 유의해야 할 점은 본 단계에서 진출대상 국가를 결정하는 것이 아니라는 것이다. 본 단계의 주요 목적은 개략적이나마 일정 평가기준에 따라 대상국별 평가를 수행하여 최종적인 정밀분석을 수행할 대상국 수를 더욱 축소시키는 데 있다는 점을 명심해야 한다. 따라서 본 단계에서 특정국가 진출에 따른 예상 수익이나 경제적 효과 등을 세밀하게 비교·분석하는 것은 큰 의미가 없다.

(3) 3단계 : 최종평가와 선택

최종평가와 선택단계에서는 중간평가 단계에서 선정된 국가들을 대상으로 더욱 심층적인 평가를 수행하여 최종 진출대상 목표시장을 선택하게 된다. 따라서 본 단계에서는 대상 국가별로 진출에 따른 예상 수익이나 경제적 효과 등에 대한 예측도 포함시켜 수행해야 하며 필요한 경우 정밀시장조사 등 추가적인 분석 자료도 투입하게 된다. 따라서 본 단계는 시간과 비용이 가장 많이 소요되는 단계라 할 수 있다.

본 단계를 통하여 분석된 결과를 바탕으로 진출 대상국의 우선순위가 결정되게 되는데, 이러한 우선순위는 최고 경영층의 최종 의사결정에 중요한 판단자료로 사용되게 된다. 따라서 단순히 우선순위가 높다고 해서 최종적인 진출 대상국으로 결정되는 것은 아니다. 즉 최고 경영층의 최종 의사결정에 비합리적인 다른 동기가 작용될 가능성도 배제할 수 없다는 것이다. 그러나 이상에서 보여준 일련의 과정을 거침으로써 진출대상 국가를 선정하는 대단히 중요한 의사결정 과정이 보다 합리적이고 객관적으로 이루어질 수 있는 최소한의 근거는 마련되었다고 할 수 있다.

2. 해외진출 대상시장 선정방법

해외진출 대상시장 선정방법은 크게 ① 느낌이나 직관, 경험에 의한 방법, ② 계량적 방법, ③ 휴리스틱 접근방법 등으로 구분할 수 있다.

첫째, 느낌이나 직관, 경험에 의한 방법은 과학적인 방법이라기보다는 일종의 주먹구구식 방법이라 할 수 있으나 실질적으로 빈번히 사용되고 있는 방법으로 시간과 비용투입 측면에서 가장 저렴하며 의사결정 속도도 매우 빠르다는 장점이 있다. 그러나 의사결정과정에 대한 명쾌한 논리가 부족하고 결과에 대한 객관성이 대단히 떨어지며 최종 의사결정자 또는 주요 조언자 집단의 편향된 사고나 지식, 가치관 등에 따라 왜곡된 의사결정을 내릴 가능성이 높다는 단점이 있다.

둘째, 계량적 방법은 선택 가능한 대안과 제반 환경요인 및 분석 결과에 대해 계량화가 가능하다는 가정을 가지고 최적 대안을 수치화된 결과값으로 나타낼 수 있다는 장점이 있어 가장 과학적인 방법이라고 할 수 있다. 따라서 이 방법은 특정국가에 대한 정밀분석에 상대적으로 적합한 방법이라 할 수 있다. 그러나 이러한 방법은 필요자료를 계량적으로 처리할 수 있는 높은 수준의 능력을 보유하고 있어야 하고 필요정보의 대부분을 계량적으로 조사 · 산출해야 하는 등 시간과 노력, 비용측면에서 대단히 고비용 구조를 가지는 있으며 계량화할 수 없지만 특정 기업에게는 대단히 중요한 비합리적인 동기 등을 진출대상 평가에 투입할 수 없는 등 단점이 존재한다. 대표적인 방법으로 투지수익률 평가를 통한 투자회수기간법, 내부수익률법, 순현가법 등 대체 투자방안을 평가할 수 있는 방법이 있으며 의사결정나무(decision tree) 방법 등도 이용될 수 있다.

마지막으로 휴리스틱 방법은 계량적 방법에 비해 계량화된 정보에 대한 요구수준이 상대적으로 낮고 각 대안과 관련된 결과들을 계량화해야 할 필요성도 상대적으로 낮기 때문에 비교적 적은 노력과 비용으로 진출대상국을 선정할 수 있는 방법으로 알려져 널리 사용되고 있다. 이 중 대표적인 몇 가지 방법을 살펴보면 다음과 같다.

(1) 체크리스트 방법

체크리스트 방법은 진출대상국 의사결정에 필요하다고 판단되는 선정기준 목록을 작성하여 이에 따라 진출대상국을 분석해 보는 방법을 의미한다. 일반적으로 진출대상국과 관련되는 기업외부환경과 관련된 요인들 중 해당 기업에게 중요하다고 판단되는 요인들을 선정기준으로 선택하게 된다.

체크리스트 평가방법에는 2가지 입장이 있는데 하나는 모든 선정기준을 만족시키는 국가들을 선택하는 방법이며, 다른 하나는 복수의 선정기준들 중에서 하나라도 일정수준에 미달되는 진출대상 국가는 탈락시키는 방법이 있다.

이 방법의 장점은 비교적 단순하면서도 빠른 평가를 수행할 수 있다는 점과 비용이 상대적으로 매우 저렴하다는 것이다. 이러한 장점에 비해 진출대상 비교국가의 수가 많거나 평가기준인 체크리스트 항목이 너무 많을 경우, 그리고 비전문가가 평가기준을 선정할 때, 평가의 객관성이 떨어져 효율적인 평가를 얻기 어렵다는 단점이 있다. 따라서 이 방법은 보다 정밀하고 세부적인 비교·평가를 위해 진출대상국 수를 일정수준 이상으로 줄일 필요가 있을 때 주로 사용하는 등 보조수단으로 사용되는 것이 바람직하다.

(2) 가중평균 방법

가중평균 방법은 진출대상시장 선정을 위하여 기업이 검토해 보아야 할 평가 기준이 많고 비교해야 할 대상국가가 다수일 때 유용하게 사용될 수 있으며, 다양한 평가기준별로 상이한 가중치를 주어 개별 기업이 평가기준별로 다를 수 있는 중요도 차이를 고려할 수 있도록 하는 장점도 있다. 또한 시간과 비용이 상대적으로 적게 소요되며 손쉽게 활용할 수 있다는 장점이 있다. 그러나 단점으로는 평가에 필요한 모든 기준을 포함시킬 수 없으며 각 평가기준에 가중치를 적절하게 부여하기 어렵다는 단점이 존재한다. 왜냐하면 가중치 결정은 다분히 주관적으로 이루어질 가능성이 높으며, 모든 가중치의 합이 1(또는 100%)이 되어야 하기 때문에 평가기준이 많아질수록 개별 평가기준들에 대한 가중치 선정에 한계를 가지기 때문이다.

이러한 가중평균방법의 활용사례를 들어보면 다음과 같다. 다음의 표는 특정 기업이 3개의 진출대상 국가를 비교하기 위하여 A부터 F까지 총 6개의 평가항목을 대상으로 평가항목 별 가중치를 아래와 같이 각각 부여하고 3개의 진출대상 국가를 평가하는 방법을 보여준다. 이때 주의해야 할 것은 모든 가중치의 합 항상 1(100%)이 되도록 하여야 한다는 것이다. 또한 평가항목별 점수부여는 일반적으로 5점 척도(Likert 5 point style)로 평가하거나 0점에서 100점까지 평가점수를 부여하도록 하는 방법을 활용한다. 아래 사례가 만약 5점 척도로 평가하도록 한 경우라면 만점은 당연히 5점이 되며, 평가결과 국가1은 3.7점, 국가2는 2.2점, 국가3은 3.9점으로 나타난 것을 볼 수 있다. 이 평가결과에 따르면 국가3이 진출대상 시장으로 가장 적합하며 국가2가 가정 적합하지 않은 것으로 평가할 수 있다. 그러나 평가결과를 분석할 때 가장 염두에 두어야 할 것은 평가결과가 절대적으로 신뢰할 수 있는 수학적 정확성과 확실성을 보장하는 것이 아니라는 것이다. 따라서 본 평가결과를 의사결정과정에 활용할 수는 있으나 절대적으로 신뢰하여 의사결정을 수행할 수는 없다는 것이다.

<표 5-2> 가중평균법 활용사례

평가항목	가중치	국가1	국가2	국가3
A	0.2	4	2	3
B	0.1	5	3	3
C	0.2	3	3	4
D	0.3	4	2	5
E	0.1	3	2	4
F	0.1	3	1	3
총점	1	3.7	2.2	3.9

* 각 평가항목에 대한 척도 : 1(매우 낮음); 3(보통); 5(매우 높음)

(3) 포트폴리오(Portfolio) 방법

포트폴리오 방법은 2~3개의 평가기준(차원)을 몇 개의 집단(고-저 또는 고-중-저 등)으로 분류하고 이들을 매트릭스 형태로 조합하여 각 셀(cell) 단위로 진출대상 국가를 분류하여 평가하는 방법을 의미한다. 포트폴리오 방법은 다양한 평가기준을 종합적으로 고려하여 진출대상 국가를 평가할 수 있기 때문에 상당히 포괄적으로 대상국가의 환경을 종합평가할 수 있다는 장점이 있으나 기업 내외부 환경에 대한 방대한 자료를 수집해야 하는 단점이 있다.

일반적으로 포트폴리오 방법은 BCG(Boston Consulting Group) 매트릭스(성장률과 상대적 시장점유율)나 McKinsey의 GE 매트릭스(산업매력도-경쟁위치)의 개본 개념을 활용하여 구성되며, 이중 몇 가지를 살펴보면 다음과 같다.

하렐과 키퍼(Harrell and Kiefer)[4]는 국가 매력도(country attractiveness)와 기업 경쟁력(company strength)이라는 2가지 기준으로 진출대상 국가를 구분하고자 하였다. 국가매력도는 시장잠재력과 위험요인을 동시에 고려

4) Harrell G. D. and R. O. Kiefer(1993), "Multinational Market Portfolio in Global Strategy Development", International Marketing Review, Vol.10 No.1.

한 것으로 시장잠재력은 인구규모, 경제 성장률, 실질 GNP, 1인당 국민 소득, 인구분포, 생산 및 소비패턴 등으로 구성되며 위험은 정치적 위험, 재무적 위험, 사업 위험 등으로 구성된다. 또한 기업의 경쟁력은 해당 국가시장에서 기업의 상대적 시장점유율, 해당 국가에 대한 지식 및 경험 정도, 기업의 시장대응 능력, 경쟁기업의 경쟁력, 산업구조 등으로 구성된다.

기업 경쟁력

국가 매력도	고	중	저
고	투자/성장		철수 또는 합작투자
중		전략적 선택	
저			수확/철수 또는 Licensing

〈그림 5-3〉 국가 매력도-기업 경쟁력 매트릭스 예시

실질적인 평가에 있어서는 이상의 구성요인들을 보다 구체화시킨 평가기준들을 선정하여 활용하며 이들 각 평가기준에 대해 개별적으로 가중치를 부여하고 평가하여 점수화시킨 이후에 구성요인별로 가중평균하는 방법으로 국가 매력도와 기업 경쟁력을 각각 고-중-저의 3가지 집단으로 구분하여 매트릭스를 구성하고 있다.

이상과 유사하게 펠리츠(Perlitz)[5]는 이윤기회와 위험이라는 2가지 기준을 이용한 국가포트폴리오 매트릭스(country-portfolio matrix)로 진출대상

5) Perlitz, M.(1985), "Country-Portfolio Analysis : Assessing Country Risk and Opportunity", Long Range Planning, Vol.18 No.4.

국가를 평가하는 모형을 제시하였다. 이윤기회와 위험의 평가지표는 앞서 살펴본 시장 잠재력 및 위험과 유사하다. 개별 기업이 평가한 각 국가정보에 대한 분석결과를 본 매트릭스에 표시하면 진출대상으로 고려하고 있는 국가간 차이를 보여주게 된다. 여기서는 BCG 매트릭스의 설명 개념을 차용하여 진출대상 국가별 위치를 파악하고자 하였다. 여기서 Star 국가는 이윤기회지수(1, 2), 위험지수(1, 2)에 해당하는 국가이며, Cash Cow 국가는 이윤기회지수(1, 2), 위험지수(3, 4), Question Mark 국가는 이윤기회지수(3, 4), 위험지수(1, 2), Dog 국가는 이윤기회지수(3, 4), 위험지수(3, 4)에 해당되는 국가를 의미한다. 따라서 해외진출 의사결정자는 본 매트릭스에 표시된 국가들의 위치를 비교해 봄으로써 해외진출 대상 시장의 우선순위를 비교·분석할 수 있다.

위험 \ 이윤 기회	1	2	3	4
1	스위스 미국 일본 싱가포르			
2	독일 네덜란드 영국 캐나다 대만	벨기에 덴마크 스웨덴 호주 말레이시아 사우디 아라비아	남아프리카 공화국	
3		한국	프랑스 그리스 아일랜드 포르투갈 스페인 콜롬비아 태국	브라질 칠레 베네수엘라 홍콩 필리핀 이집트 인도
4				아르헨티나 볼리비아 멕시코 페루 이란 모로코 파키스탄 케냐

* 기준(이윤기회/위험) : 1(매우 유리/낮음)-2(유리/낮음)-3(불리/높음)-4(매우 불리/높음)
* 각 셀의 국가명은 1985년 기준임

〈그림 5-4〉 국가포트폴리오 매트릭스 예시

5.3 해외시장 진출방식의 선택과 결정

해외시장으로 진출하려는 기업에게 어떠한 형태로 해외진출을 수행할 것인지를 결정해야 하는 것은 대단히 중요한 문제라 할 수 있다. 해외시장 진출방식이 한번 결정되고 나면 단기간에 변경하는 것이 쉽지 않으며 대규모 경영자원이 투입될 가능성도 매우 높기 때문에 충분한 사전 검토와 신중한 전략적 선택을 수행하여야 한다. 전략적으로 잘못된 진출방식을 선택하게 되면 진출방식 선택의 잘못으로만 끝나는 것이 아니라 해외진출 자체가 실패로 끝날 수 있으며 이에 따라 해당 시장에서 기대할 수 있는 추가적인 이익 기회를 장기적으로 상실할 수 있고 향후 다른 진출방식으로 재진출을 시도한다 하더라도 해당 해외시장에 형성된 부정적인 이미지를 극복하기 힘들게 된다.

1. 해외시장 진출방식의 종류

기업이 해외진출을 수행하는데 있어 선택할 수 있는 가장 보편적인 형태는 기본적으로 수출(export), 계약형태(contractual mode), 직접투자(foreign direct investment) 등 3가지 형태라 할 수 있다.

수출방식에는 간접수출과 직접수출로 다시 구분할 수 있으며, 계약형태에는 라이센싱(licensing), 프랜차이징(franchising), 계약생산(OEM), 턴키(turn-key)계약 등 각종 계약방식 등이 포함된다. 마지막으로 직접투자는 현지시장에서 직접 생산 활동을 수행하는 것으로 소유권 방식에 따라 단독투자(wholly owned subsidiary)와 합작투자(joint venture)로 나눌 수 있으며, 설립방식에 따라 신규설립(green field), 인수 · 합병(M&A), 브라운필드(brown field) 방식으로 나눌 수 있다.

(1) 수출

수출방식은 기업의 해외진출 방법으로 가장 오래되고 기본적인 방법으로 국내수요의 한계(유효과잉생산), 상대적으로 우수한 해외시장 경쟁조건 등이 수행동기가 된다. 수출방식의 선택은 기업목표, 여유자원, 위험 정도, 해외시장규모, 제품특성 등 기업의 내외적 요인을 고려하여야 하며, 해외시장 탐색기회를 제공하여 해외시장정보 및 경험 축적에 유용한 전략적 중요성을 제공하여 준다.

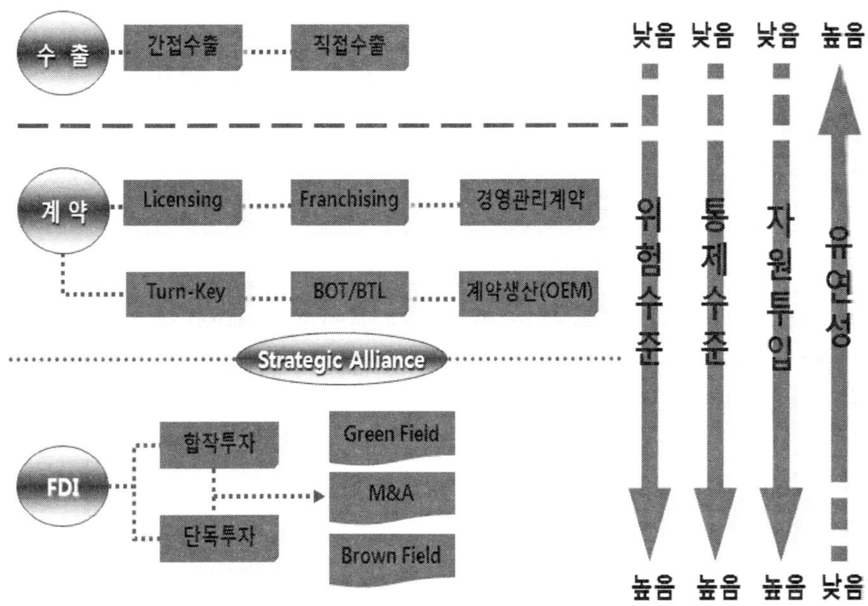

〈그림 5-5〉 해외시장 진출방식의 종류

간접수출방식은 수출업자, 수출대리상, 수출조합 등 제3자를 통해 수출하는 방식이며 해외진출 방식에서 가장 간편하고 기본적인 방식이라 할 수 있다. 장점으로는 수출에 대한 전문적 지식이나 경험이 부족하여도 무방하며, 수출시장 관리에 대한 부담이 없으며, 기업규모나 시장규모, 수출액, 수출횟수에 관계없이 선택이 가능하다. 반면에 단점으로는 수출활동에 대한 직접통제가 불가능하여 창의적, 능동적 수출행위에 제약이 있으며, 해외시장 기반구축과 정보습득 및 경험축적에 어려움이 있고 수출위탁업체와의 이해와 상충될 위험이 존재하며, 수출 이후 사후서비스와 해외활동에 필요한 인력개발에 어려움이 있다.

이에 반해 직접수출방식은 수출관련 업무(해외시장조사, 해외고객접촉, 가격, 유통경로, 촉진방법 등)를 기업 스스로 수행하는 방식으로 기업 자체적으로 수출전담부서 및 인원의 확충이 필요하다. 간접수출방식이 가질 수 없는 단점을 극복할 수 있다는 장점이 있으나, 간접수출방식에 비해 비용 및 자금 부담이 커진다는 단점이 있다.

(2) 계약형태

계약형태의 해외시장 진출방식은 해외시장에 기업의 기술이나 무형자산, 인력 등을 이전해 주는 계약 관계를 통하여 목표시장에 진출하는 방식이다. 기본적으로 기술이나 특허 등 기업의 노하우를 이전해주고 이에 따른 대가를 획득하는 거래이므로 부수적으로 수출활동 등이 포함될 수도 있다. 계약형태 진출방식의 대표적 유형에 대해 간단히 살펴보면 다음과 같다.

〈표 5-3〉 계약 형태의 해외 진출 방식

	정 의	내 용
Licensing	특정기업이 소유한 특허권, 상표권 등의 지적재산권/노하우를 타 기업이 특정지역 내에서 일정조건하에 활용할 수 있도록 권리를 부여하고 반대급부로 로열티 등 각종 대가지불을 약정	- Licensing을 이용하여 별도의 투자 없이 수익창출이 가능 - Licensee에 원료, 중간재 등의 확보로 추가이익 창출 가능 - Licensee가 사용 중 개발한 관련기술의 흡수도 가능 - FDI에 비해 적은 위험으로 빠른 해외진출 가능 - Licensee를 통한 해외시장지식 및 자사제품 잠재력 평가 가능 - 공여 기술 및 노하우 보호 어려움 / 잠재적 경쟁자 육성 가능성 - 현지시장규모가 적거나 FDI 여력이 부족한 소규모 기업에게 유리
Franchising	사업 가능한 상표/상호의 사용권을 타 기업에게 부여하고 반대급부로 원료, 부품, 서비스 등 최종제품의 중요성분을 지속적으로 일괄 공급하고 판매 권리를 인정해주는 계약방식	- Franchising은 기본적으로 마케팅 관련 계약 - 계약을 통해 수직결합조직과 유사한 형태 : 상호의존과 협력 - 성공을 위해 제품/서비스 표준화와 브랜드 인지도가 높아야 함
계약 생산 (OEM)	기존 제조업체에게 계약조건에 따라 제품을 생산하도록 허용하는 반면 현지의 마케팅 활동은 기업이 직접 수행	- 해외생산에 필요한 시설투자 없이 해외투자의 이점을 가짐 - 계약생산에 따른 적정 기업을 찾기 어려움 : 제조능력, 품질기준, 규모 등 - 생산보다는 마케팅에 강점을 두는 기업의 허외진출에 적합
BOT (Build-Operate -Transfer)	공장이나 설비를 건설하여 일정기간 동안 투자기업이 직접 운영함으로써 투자비 및 이익을 회수한 이후 현지정부나 기업에게 운영권 및 시설 전체를 이전하는 사업방식	- 개발도상국의 사회간접시설에 주로 적용됨 - 실제 운영기간 동안에 수요증가에 따라 추가적인 이익 기회 제공 - 투자회수 기간이 장기로 각종 사업위험에 노출될 가능성 높음
Turn-Key	특정기업이 외국고객으로부터 공장, 시설물에 대한 설계 및 건설을 발주 받아 시행하고 시운전이 성공리에 끝나 단계에서 운영권을 인계하는 방식	- Turn-Key 계약으로 추가 수출기회 가능 - 대규모 산업시설, 첨단산업시설 등의 수출

(3) 직접투자

직접투자방법은 해외진출방법으로 해외시장 개입 및 몰입 정도가 가장 높으며, 위험 정도도 가장 높은 방법이다. 직접투자의 동기로는 시장추구, 생산효율성추구, 자원추구, 지식추구, 선도기업/고객추종, 규제회피 등을 살펴볼 수 있으며, 소유방식에 따라 단독투자와 합작투자 분류할 수 있고 설립방식에 따라 신규설립(green field), 인수·합병(M&A), 브라운필드(brown field) 방식으로 나눌 수 있다.

합작투자방식은 각종 경영자원을 다른 국가기업(현지기업)과 공통 투자하는 방식을 의미하며 일반적으로 소유권 비율에 따라 소수 지분(Minority, 50% 이하), 동등 지분(Equal, 50% : 50%), 다수 지분(Majority, 50% 이상) 등으로 나눌 수 있다. 경영 통제권 행사는 자사가 제공하는 각종 역량 또는 소유권 비율에 의존하는 것이 일반적이나 다수 지분소유가 보다 많은 통제권 행사를 항상 보장하지는 못한다. 일본 기업들의 경우 합작투자 기업들에 비해 상대적으로 높은 기술력을 보유하고 이를 제공하는 조건으로 소수 지분 방식으로 합작투자를 수행하면서도 합작투자 기업에 상대적으로 높은 통제권을 발휘하는 경우를 살펴볼 수 있다.

합작투자방식의 장점으로는 합작 파트너와의 사업위험을 소유 지분율만큼 분담할 수 있으며, 부족한 기술이나 지식, 자원 등을 공유하여 시너지 효과를 창출할 수 있다는 것이다. 반면에 단점으로는 공동경영방식에 따른 경영 통제권의 혼란(책임과 권한)으로 신속한 의사결정이 필요할 때 어려움이 따를 수 있으며, 합작 파트너의 기회주의 위협에 노출될 수 있고 현지 자회사의 조직통합에 어려움이 있을 수 있다.

단독투자방식은 현지투자 및 생산을 진출기업 100% 스스로 수행하는 방식을 의미하며, 신규설립(green field)은 진출대상 국가에 완전히 새로운 기업을 신규로 설립하는 것이며, 인수·합병(M&A)은 진출대상 국가의 기존기업을 매입하여 진출하는 방식을 의미하고, 브라운필드(brown field) 방식은 신규설립과 인수·합병방식의 절충적인 방식을 의미한다. 즉 최초 인수합병 방식으로 진출대상 국가의 기존기업을 매입한 이후 해당 기업을 자신의 진출목표에 적합하도록 신규로 기업을 설립하듯이 변형시키는 과정을 거친다.

단독투자방식의 장점으로는 경영통제권 완전 확보로 해외활동의 이익 독점이 가능하며 신속한 의사결정과 광범위한 해외경험/지식 축적이 가능하다는 점을 들 수 있고, 단점으로는 단독투자에 따른 경제적, 환경적, 법적 등 제반 위험을 진출기업 단독으로 감당해야 한다는 점을 들 수 있다.

〈표 5-4〉 신규 설립과 인수·합병 방식의 장단점 비교

	신규 설립	M&A
장 점	- 모기업과의 융화 수월 - 투자금액결정 자유 - 기업통제의 용이	- 신속한 사업수행 - 인력, 기술, 노하우 흡수 - 유통망 및 현지신뢰 확보
단 점	- 브랜드, 영업기반 - 구축에 장시간소요 - 인재확보의 어려움 - 현지기업과의 마찰	- 거액의 인수자금 확보 - 기존의 문제점 해결필요 - 이질적 문화적응 - 매입가격 산정의 어려움

2. 해외시장 진출방식 결정요인

일반적으로 해외시장 진출 초기에 큰 위험부담 없이 선택할 수 있는 진입방식은 수출방식이라 할 수 있다. 처음부터 대규모 경영자원의 투입이 필요한 직접투자 방식을 무리하게 선택할 경우 예상보다 시장기회가 적거나 낯선 경영환경에 신속히 적응하지 못한다면 커다란 실패와 함께 엄청난 위험 부담을 가져야 한다. 그러나 경우에 따라 수출은 시장입지의 조기 구축이나 보다 큰 이익기회를 살리지 못하는 결과를 초래할 수 있다. 마찬가지로 라이센싱 역시 자본 투입이나 정치적 위험에 대한 노출이 적어 직접투자에 비해 선호할 수 있지만 기술유출문제나 직접 사

업경영에 따른 보다 큰 향후 이익기회의 상실이라는 기회비용을 고려한다면 현명한 선택이 아닐 수도 있다.

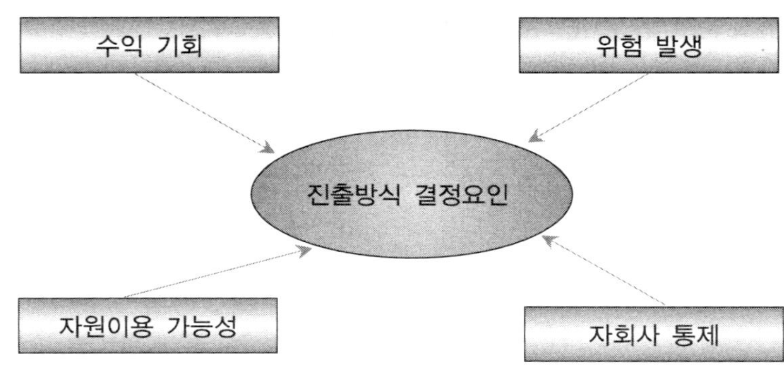

〈그림 5-6〉 진출방식 결정 요인

기업이 어떠한 형태로 해외진출을 수행할 것인가를 결정하기 위해서는 해외진출에 따르는 위험과 수익에 대한 상쇄관계(trade-off)를 먼저 따져보아야 할 것이다. 합리적 기업 가정에 따르면 기업의 목적은 일반적으로 일정한 수익이 주어질 때 위험을 최소화하여야 하며, 일정한 위험이 주어진다면 수익을 극대화하여야 한다고 설명하고 있다. 또한 기업의 해외진출에 있어 어떠한 진출방식을 선택하는가는 기업의 경영자원 이용 가능성과 해외경영활동에 따른 통제요구에 의해서도 영향을 받게 된다. 기업의 경영자원 이용 가능성이란 특정한 해외시장에 제품이나 서비스를 공급하는데 필요한 재무적 자원과 기술지식, 경영인력 등을 의미하며, 해외경영활동에 대한 통제는 기업이 특정 해외시장에 본사의 의사결정 영향력을 미치려고 하는 정도를 의미한다. 통제는 일반적으로 소유권 비율에 비례하는 경향이 있으며 소유권 비율이 높아지면 자원의 투입이 증가됨을 의미하므로 의사결정에 대한 책임이 커져 위험도 더 많이 부담하게 된다.

따라서 기업이 선택하는 해외시장 진출방식은 이상의 위험과 수익 및 경영자원의 이용 가능성과 통제라는 4가지 요소 간의 상쇄관계(trade-off)에서 결정된다고 볼 수 있다.

5.4 해외시장 진출의 4단계

국내경영에 머물고 있던 기업이 해외진출을 수행하는 것은 어떻게 보면 대단한 모험을 감행하는 것이라 할 수 있다. 그 이유는 해외진출에 나서는 기업은 소위 외국비용(costs of foreignness)을 부담해야 하기 때문이다. 외국비용이란 기업이 익숙한 국내시장환경이 아닌 전혀 새로운 해외시장환경에서 기업을 새롭게 경영하게 됨으로써 진출 현지국 기업은 부담하지 않아도 되지만 자신은 외국기업이기 때문에 부담해야 하는 추가적인 비용을 의미한다. 실제로 우리나라 기업이 인근의 중국에 새롭게 진출하여 경영활동을 수행하는 경우에 중국 현지기업과는 달리 중국시장의 수요패턴이나 법제도, 상거래 관행 등을 파악하기 위해서는 추가적인 비용을 지출해야 한다. 따라서 이러한 외국비용의 존재 때문에 기업의 해외진출에는 일반적으로 일정한 단계가 있는 것으로 인식되고 있으며, 본 절에서는 이러한 기업의 해외진출 단계들을 고도화시키는 자극요인들과 각 단계별로 중요한 중요 의사결정사항들이 무엇인지에 대해 살펴보고자 한다.

1. 해외시장 진출 1단계 : 기업 해외진출의 시작

(1) 자극요인

기업의 해외진출은 외국비용의 존재 때문에 이를 충분히 상쇄시킬 수 있을만한 자극요인이 존재할 때 해외진출 의사결정이 이루어지게 된다. 기업의 해외진출을 자극하는 이러한 요인들로는 국내시장에서의 공급과잉, 기업 내부자원의 과잉보유, 고객의 해외진출, 지역 다각화 전략을 통한 위험의 분산 필요, 보다 유리한 조건의 원재료 및 부품조달 기회 인식, 해외 경쟁기업의 국내시장 진출, 급격한 기술 변화, 정부의 지원 등을 들 수 있다.

그러나 이상과 같은 요인들에 의해 해외진출을 처음 시도하게 되는 기업들이라 할지라도 해외로 진출할 때에 부담해야 하는 외국비용을 조금이라도 줄이고자 하는 것에 관심이 많게 마련이다. 해외진출 경험이 많은 기업은 축적된 해외진출 경험을 이용하여 다른 새로운 국가에 진출할 때 외국비용을 줄일 수 있는 다양한 방법을 검토할 수 있겠지만 해외진출 경험이 전혀 없는 기업의 경우에는 고려할 수 있는 방법이 제한적이거나 전혀 없을 경우가 있다.

처음으로 해외시장에 진출하는 기업들은 외국비용을 줄이기 위하여 기존에 취급하던 제품이나 서비스에 큰 변화 없이 원형대로 판매할 수 있는 해외시장을 우선적으로 검토할 수 있다. 즉 기업은 해외시장들 중에서 현재 자신이 취급하고 있는 제품이나 서비스와 동일하거나 유사한 유형을 수요할 수 있는 시장을 선택하여 진출하는 것이 유리하며 시장의 특성도 가급적이면 국내시장과 유사한 시장을 선호하는 것이 좋다. 왜냐하면 추가적인 비용이나 노력 없이 진출할 수 있는 시장이 어쩔 수 없이 발생하게 되는 외국비용을 조금이라도 줄여줄 수 있기 때문에 최초의 해외진출 대상시장으로 적합하기 때문이다.

(2) 주요 의사결정 사항

해외진출 1단계에서 기업이 결정해야 할 중요 의사결정 사항들은 진출시장의 선택, 해외진출 타이밍과 속도, 그리고 진출방식의 결정 등이다. 이중 진출시장의 선택과 진출방식의 결정 등 2가지 문제에 대해서는 다음 절들에서 보다 상세히 다룰 것이므로 본 부분에서는 생략하고 여기서는 해외진출 타이밍과 속도에 대해 살펴보기로 한다.

기업은 단기간에 여러 나라의 시장으로 동시에 진출할 수도 있고 한 시장씩 시간 차이를 두고 점진적으로 진출할 수도 있다. 이러한 해외진출 타이밍과 속도에 영향을 미치는 요인들로는 기업이 공급하는 제품/서비스의 판매성장 형태, 각 시장에서의 수요성장률, 판매의 안정성, 경쟁기업의 반응, 파급효과, 제품 및 서비스의 변화가 필요한 정도, 해외경영활동에 대한 통제 욕구, 기타 제약조건들이라 할 수 있다.

기업에서 공급하는 제품 또는 서비스가 해외진출 초기에는 약간의 시장개척비용만 투입하여도 판매가 대폭적으로 신장하지만 일정기간이 경과하여 일정수준 이상의 판매가 이루어지고 나면 동일한 시장개척비의 투입으로는 판매 성장률이 현격히 떨어지는 경우에는 단기간에 여러 나라의 시장으로 동시에 진출하는 것이 유리할 수 있다. 이는 제한된 시장개척비용을 다양한 시장에 투입하여 보다 큰 효과를 볼 수 있기 때문이다. 반면에 기업이 공급하는 제품의 판매가 진출시장에서 일정 수준 이상으로 성장하기 위해서는 장기간에 걸쳐 많은 자원을 투입해야 하는 경우에는 제한된 자원을 소수의 시장에 집중해야 큰 효과를 볼 수 있을 것이므로 주요 목표시장에 대한 우선순위를 두고 한 시장씩 시간 차이를 두고 점진적으로 진출하는 것이 보다 유리할 수 있다.

또한 기업이 공급하는 제품/서비스에 대한 수요가 해외 각 시장에서 빠른 속도로 증가하고 있다면 해당 기업은 해외진출 속도를 조금 느리게 수행하여도 되나, 해외 각 시장에서의 수요성장률이 늦다면 해외진출 속도를 빠르게 하여 동시에 많은 시장지역에 진출하는 것이 유리할 것이다. 이는 개별 시장에서의 수요 성장률은 낮지만 동시에 진입한 시장지역에서의 전체 수요합계는 빠르게 증가할 수 있기 때문이다.

이밖에도 기업의 해외진출 속도에 영향을 미치는 요인들로 기업의 투입 가능한 국제 경영자의 수, 재무적 자원의 제약과 진출 대상국의 법/제도 등도 생각해 볼 수 있는데, 기업내부에 국제 경영자의 수가 적다면 해외진출속도를 늦추어야 할 것이며, 재무적 자원의 제약이 강할수록, 진출 대상국의 법/제도가 본국과 상이할수록 해외진출 속도를 늦추어야 할 것이다.

2. 해외시장 진출 2단계 : 현지 시장에의 적응

(1) 자극요인

기업의 첫 단계 해외진출이 완료되면 기업의 해외진출을 보다 가속화시키는 자극요인들이 발생하게 된다. 우선 새로운 시장에 보다 깊숙이 침투하기 위한 제품/서비스의 현지 적응과 현지시장에 적합한 신제품 개발 문제가 발생한다. 1단계에서는 외국비용의 최소화를 위하여 기존 제품/서비스를 큰 변화 없이 적용하려고 시도했지만 이 단계에서는 새로운 시장에서 기존의 현지 경쟁기업들과의 경쟁에 보다 효율적으로 대처하기 위하여 현지적응이 불가피해지기 때문이다.

또한 첫 단계 해외진출이 완료되면 현지 경영층의 동기부여를 위한 다양한 인센티브 제도를 고려해야 한다는 문제도 발생한다. 이 또한 현지 경쟁기업들과의 효율적인 경쟁을 위하여 현지 수요를 잘 이해하고 현지경영에서의 우수한 측면을 이끌어내기 위하여 현지 경영층을 보다 효과적으로 이용해야 하기 때문이다. 이때 주의해야 할 것은 본사에서 파견한 직원과 현지 경영층과의 조화 문제를 세밀히 고려해 보아야 한다는 것이다. 마지막으로 현지시장에 이미 투입한 제반 경영자원을 보다 효과적으로 이용하는 문제도 검토해 보아야 한다. 이는 현지시장에서의 효율적인 경쟁은 추가적인 경영자원의 투입 없이 기업이 이미 투자한 이러한 제반 경영자원들을 보다 효과적으로 활용하여 수행되어야 하기 때문이다.

(2) 주요 의사결정 사항

해외진출 2단계에서 기업이 수행해야 할 주요 의사결정 사항들로는 이미 진출한 시장에서 지속적인 성장을 모색하기 위하여 새로이 도입할 제품이나 제품라인을 결정하거나 이미 도입된 제품을 현지 수요에 적합하게 변경하는 문제들을 검토해 보아야 할 것이다.

먼저 해외직접투자를 통하여 현지에서 제품이나 서비스를 생산하는 경우에는 현지 시장에 적합한 새로운 제품이나 서비스를 완전히 새롭게 개발하는 것보다는 범위의 경제(economies of scope)를 이용하기 위하여 기존에 다른 해외시장에서 이미 생산 중에 있는 제품을 현지에서 생산하여 판매하는 문제를 우선적으로 검토해야 할 것이다. 예를 들어 현대자동차는 엑셀의 수출로 미국시장에 진출하였다. 엑셀의 미국시장 진출은 현대 자동차의 미국 시장 개척에 커다란 성공을 가져다주었으며 미국의 수입차 중에서 진출 첫 해에 가장 많이 팔린 수입차로 기록되기도 하였다. 이후 현대 자동차는 엑셀의 성공을 발판으로 소나타, 엘란트라 등을 순차적으로 미국시장에 수출하였다. 결론적으로 이러한 현대 자동차의 미국시장 진출 전략은 큰 성공을 거두었다고 볼 수는 없지만 제품라인의 확대를 통해 범위의 경제를 활용하려는 시도는 긍정적으로 평가할 수 있다. 만약 현대 자동차가 엑셀 다음에 소나타가 아니라 엘란트라급의 자동차로 미국시장을 공략하였다면 해외진출 2단계 전략이 성공하였을 가능성이 크다. 이렇듯 범위의 경제를 이용하기 위한 제품라인의 확대가 지나치게 비약되어 실패한 사례는 애플 컴퓨터에서도 살펴볼 수 있다. 애플 컴퓨터는 애플 PC의 도입 성공을 바탕으로 가격이 월등히 비싼 리사 기종을 시장에 출시하였다. 그러나 시장은 이러한 비약적인 제품라인 확대를 받아들일 준비가 되어 있지 않아 결과적으로 리사 기종은 시장에서 실패하게 되었다. 이후 애플 컴퓨터는 리사 기종보다 저렴한 매킨토시 기종을 시장에 내놓음으로써 실패를 만회할 수 있었다. 반면에 제품라인의 점진적인 확대를 통하여 시장에 안착한 경우로 혼다를 살펴볼 수 있다. 혼다는 미국시장에 오토바이로 진출한 이후 혼다 시빅이라는 소형 자동차를 도입했고, 이후 시빅의 성공을 바탕으로 한 단계 위인 혼다 어코드를 미국시장에 출시하여 성공한 경우를 살펴볼 수 있다.

또한 이미 도입된 제품을 현지 수요에 적합하게 변경하기 위한 방법으로 제품 자체는 그대로 두되 유통경로나 목표 소비층 등을 보다 현지 수요에 적합하게 변경하는 방법과 유통경로나 목표 소비층 등은 그대로 두되 제품을 현지수요에 보다 적합하게 적응하는 방안을 검토해 볼 수 있을 것이다. 그러나 이러한 2가지 방법이 모두 불가능하다면 현지 시장에 적합한 신제품 개발을 모색해 보아야 할 것이다.

3. 해외시장 진출 3단계 : 글로벌 네트워크의 조정과 통합

해외진출 3단계는 기업이 범세계적인 차원에서 경영활동을 통합 · 조정함으로써 시너지를 극대화하고 글로벌 시장차원에서 학습된 시장지식을 자신의 해외조직 전체에 확산시키는 것을 의미한다. 이는 해외진출 2단계에서 현지에 적응하고 경쟁을 효율적으로 수행하기 위해 각각의 해외시장에서 현지적응과 범위의 경제를 이용하려던 노력이 일정 기간 경과 이후에는 여러 가지 부작용을 발생시킬 수 있기 때문이다.

(1) 자극요인

기업이 범세계적 차원에서 시너지를 감안하지 않고 개별 해외시장에 적합하게 자회사를 배치하여 독립적으로 운영하다 보면 경영노력의 중복과 비용증가가 발생하게 된다. 예를 들어 멕시코에 투자하여 북미대륙 전체를 수용할 수 있음에도 불구하고 멕시코와 미국에 별도의 자회사를 설립 · 운영한다면 경영노력의 중복과 규모의 불경제(비경제적 규모) 때문에 경쟁자에 비해 원가 등 경쟁우위 측면에서 불리한 위치에 놓일 수밖에 없게 된다. 특히 WTO나 지역공동체, FTA 등 자유무역을 확대시키는 요인들의 영향으로 인해 글로벌 차원에서 경영전략을 추진하는 글로벌 기업들이 늘어남에 따라 글로벌 시장에서의 조정과 통합 노력은 해외진출을 수행하는 기업들에게 매우 중요한 사항이 되고 있다.

또한 범세계적으로 동일한 요구를 가진 소비자의 등장으로 인해 글로벌 차원에서 표준적인 가격, 품질, 규격을 갖춘 제품/서비스를 운영해야 할 필요성이 높아지는 것도 글로벌 시장 차원에서의 조정과 통합 노력에 주의를 기울여야 하는 하나의 요인이 되고 있다.

(2) 주요 의사결정 사항

생산을 비롯한 경영활동 전반의 글로벌 조정과 통합에 성공하려면 본사에 의한 중앙집권적 통제구조를 확립해야 한다. 본사는 자회사에 관한 정보와 환경변화에 관한 상세한 정보를 보유하고 있어야 하며 환경변화에 따라 본사, 자회사, 지사 등으로 구성된 자신의 글로벌 네트워크를 효율적으로 조정 · 통합해야 한다. 규모의 경제와 범위의 경제를 범세계적 차원에서 이용하기 위해서도 중앙집권적 통제가 불가피하다. 범세계적 차원에서 최적의 경영활동 시스템을 구축하기 위해서는 본사가 각 자회사들에게 수행할 임무를 부여해야 하며 각 자회사는 글로벌 네트워크 전체의 효율성 제고를 위하여 주어진 임무를 성실히 수행해야 한다.

이때 본사가 내려야 할 주요한 의사결정 사항으로는 조사개발, 생산, 마케팅 등 경영활동의 조정과 통합, 제품별 · 경영활동 단계별 통합, 제품 등 경영활동의 범세계적 표준화 등이다. 이러한 활동의 좋은 예로 미국 제록스사의 조사개발활동을 들 수 있다. 제록스사는 범세계적 차원에서 조사개발활동을 최적화하기 위하여 대형 복사기의 조사개발은 대형 복사기에 대한 수요가 많은 미국 본사가 담당하고 중형 복사기에 대한 조사개발은 중형 복사기에 대한 수요가 많은 유럽 자회사에게 맡겼으며 소형 복사기에 대한 조사개발은 소형 복사기에 대한 수요가 많은 일본

자회사에 일임하였다. 이와 같이 조사개발활동을 범세계적으로 조정·통합시킴으로써 제록스사는 범세계적 차원에서 규모의 경제와 범위의 경제를 이용할 수 있는 발판을 마련하였으며, 생산 역시도 소형 저가제품은 동남아 자회사에서, 대형 고가제품은 북미 본사에서 맡는 식으로 조정과 통합전략을 구사하고 있다.

4. 해외시장 진출 4단계 : 글로벌 네트워크 학습체제 구축

(1) 자극요인

해외진출 3단계에 성공한 기업들은 범세계적인 규모의 경제와 범위의 경제를 이용할 수 있다는 장점에도 불구하고 중앙집권적 통제에 따르는 글로벌 네트워크 자회사들의 사기 저하와 혁신의욕 상실이라는 문제에 직면하게 된다. 이러한 문제에 대한 해결을 위하여 3단계 해외진출에 성공한 기업들은 어떻게 하면 해외 자회사와 계열회사들(affiliate companies)로 이루어진 자신의 글로벌 네트워크 내에서 역량을 찾아내고 이를 활용할 수 있느냐에 관심을 집중시켜야 한다. 기업들이 글로벌 네트워크 내에 있는 일련의 역량을 찾아내고 활용하기 위한 방안으로서 본사의 글로벌 역량을 강화시키는데 필수적이며 전략적으로 중요한 역할을 수행할 수 있는 해외 자회사를 발굴하여 이를 핵심센터(Center of Excellence; CoE)라는 새로운 메커니즘으로 활용하도록 노력하여야 한다는 것이다.

핵심센터(Center of Excellence; CoE)란 기업의 글로벌 네트워크 내에서 폭넓게 사용되는 특별한 역량(특유우위)을 보유하면서 본사의 전략적 파트너 역할을 수행할 수 있는 해외자회사를 지칭한다. 이러한 핵심센터의 요건은 ① 해당 자회사가 특정사업 분야나 지역에서 독특한 경쟁우위(역량)를 갖추고 있고, ② 기업 내 타 조직들(본사, 사업부, 자매 자회사)이

자회사의 역량을 우월하다고 인정하며, ③ 다른 조직들이 해당 자회사 우월한 역량을 학습하여 활용해야 한다는 3가지라 할 수 있다. 여기서 우월한 역량과 본사의 인정은 필요조건이지 충분조건은 아니며, 글로벌 네트워크 내에서 다른 자회사들이 핵심센터 역할을 수행하는 자회사의 우월한 역량을 학습하여 실제로 활용할 수 있어야 한다는 것이 핵심센터의 결정적인 요건이다.

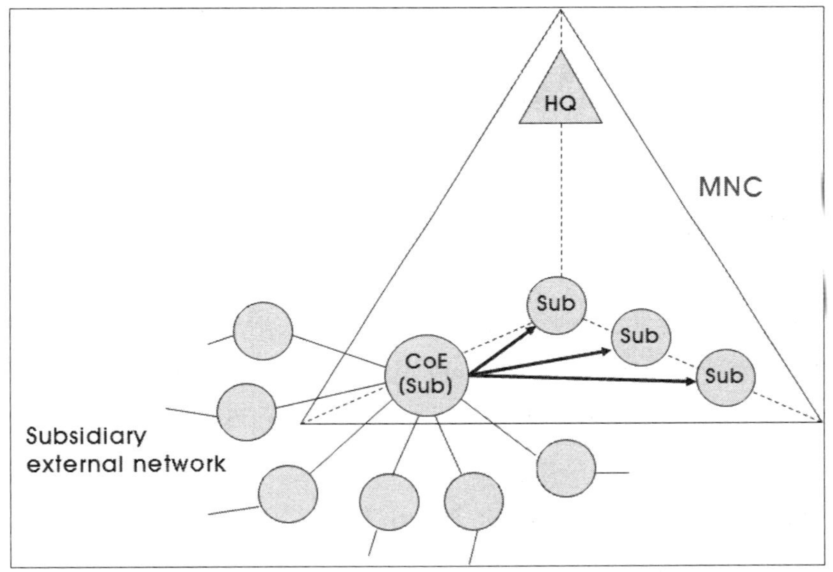

〈그림 5-7〉 글로벌 네트워크에서의 핵심센터 위치

이러한 핵심센터의 역할을 강조하는 관점은 기존의 다국적 기업 글로벌 네트워크를 설명하던 본사 중심의 글로벌 네트워크 관점과는 다른 이질적 위계조직의 글로벌 네트워크 관점이라 할 수 있다.

<표 5-5> 글로벌 네트워크 관리에 대한 2가지 관점

	본사 중심의 글로벌 네트워크 (Home-based Global Network)	이질적 위계조직의 글로벌 네트워크 (Heterarchical Global Network)
관점	'중심-주변부' 관점 (central-periphery' view)	'복수센터 구조' 관점 ('multi-center structure' view)
해외자회사에 대한 인식	❍ 본사가 가장 잘 안다는 본사 중심적 시각 ❍ 모든 해외자회사는 본사에 종속된 위계조직(hierarchy) ❍ 본사에 의사결정권한 집중 ❍ 해외 자회사는 본사의 대리인 ❍ 통제 관심은 본사가 해외자회사를 어떻게 관리하느냐에 집중	❍ 이질적 위계조직(heterarchy) 또는 차별화된 네트워크 조직 ❍ 여러 개의 본사가 존재 가능 ❍ 해외 자회사가 다양한 핵심적인 역할 수행 ❍ 해외 자회사는 글로벌 네트워크의 공헌자 역할 ❍ 해외 자회사 경영자의 적극적인 주도권 행사

(2) 주요 의사결정 사항

세계경제의 글로벌화가 진전되면서 다수의 기업들이 해외로 활발히 진출한 결과 해외자회사 수가 크게 증가하고 있다. 기업 글로벌 네트워크의 경쟁우위는 전 세계에 흩어져 있는 자산과 지식을 얼마나 잘 습득하고 활용할 수 있느냐 하는 능력에 좌우된다. 해외 자회사가 특유우위를 갖고 있지만 본사나 다른 조직들이 해외 자회사 역량을 활용하지 못하거나 그대로 방치할 경우 기업의 글로벌 네트워크는 외국비용을 상쇄할 수 있는 경쟁우위를 확보하기 어렵다. 이에 따라 해외진출을 활발히 수행하고 있는 기업들로서도 해외 자회사 수의 증가에 따라 해외 자회사 역할의 효율적인 활용의 중요성이 날로 증대되고 있다. 기업의 글로벌 네트워크에 핵심센터 역할을 하는 해외 기업사례들을 발견할 수 있는데, P&G(캐나다 온타리오), 에릭슨(캐나다), HP(싱가포르), 네슬레(영국), GE 조명기기(헝가리), GE 파워시스템(캐나다), 볼보자동차(벨기에), Merck(캐나다), 노키아(한국), 포드자동차(벨기에), 소니(영국) 등이며, 우리나라 기업들도 1990년대 이후 해외진출이 크게 증가하면서 태평양 프랑스 법인, 한라공조 캐나다 법인, 현대자동차 미주 법인, 삼성전자 유럽

법인 등이 핵심센터 역할을 수행하고 있다.

핵심센터는 기업의 글로벌 네트워크에서 지식흐름의 허브(hub) 역할을 하는데, 이는 외부네트워크를 통해 현지에서 획득하고 개발한 지식(역량)을 회사내부 네트워크를 통해 본사와 다른 조직들에게 전달하는 창구 역할을 한다는 뜻이다. 핵심센터 역할을 하는 자회사는 경영성과가 우수할 뿐만 아니라 기업의 글로벌 네트워크의 경영성과는 물론 역량 개발에도 직·간접적으로 기여하는 존재로 인식되고 있다.

그런데, 해외 자회사 중에는 핵심센터 역할을 하는 자회사도 있고 그렇지 못한 자회사도 있는데, 그 이유는 무엇인가? 해외 자회사는 어떤 여건에 따라 기업 전체를 위해 가치를 창조하는 중요한 원천으로 인정받을 수 있는가? 이러한 의문을 풀려면 기업의 글로벌 네트워크에서 핵심센터가 형성될 수 있는 요인을 파악할 필요가 있다. 이는 어떻게 하면 자회사가기업의 글로벌 네트워크 안에서 자신의 영역을 넘어 다른 조직에 가치를 제공하는 첨단역량을 개발하고 인정받을 수 있느냐를 파악하는 것을 의미한다. 핵심센터의 역할은 현지 사업 환경, 자회사, 본사라는 3가지 요인들이 자회사 특유우위와 자회사 역량 활용에 영향을 주어 만들어지는 복잡한 상호작용의 결과로 알려지고 있기 때문에 최고 경영자는 이러한 3가지 요인들의 상호작용에 대해 면밀히 검토해 볼 필요가 있다.

제6장 해외시장과 직접투자

6.1 해외직접투자의 목적

해외직접투자를 하는 이유로는 기업의 효율성 또는 이익극대화의 목적을 추구하는 내부적 동기와 해외의 시장 개척을 하기 위한 외부적 동기로 구분되어 설명된다. 기업의 내부적 요인에 의한 목적으로는 독점적 우위이론, 과점적 경쟁이론, 내부화 이론, 절충이론 등이 있다. 이러한 동기는 기업의 내부의 우위 요소의 존재, 과점적 균형유지를 위한 시장 점유율 유지, 시장의 불완전성의 내부 흡수 등에 의해 설명되고, 이러한 내용을 모두 포함하는 절충적 관점에서 설명된다.

이에 반해 외부적 요인에 의해 해외직접투자의 동기를 설명할 수 있다. 이러한 동기는 해외시장에 생산요소를 추구 및 활용하기 위해 해외에 직접투자를 한다. 이러한 해외직접투자의 동기로는 다음과 같이 정의되고 본고에서는 이러한 동기를 중심으로 설명한다.

- 자원추구형(resource-seeking)
- 시장추구형(market-seeking)
- 효율추구형(efficiency-seeking)
- 전략적 자산추구형(strategic asset or capability-seeking)

1. 자원추구형 투자

다국적 기업들이 해외에 투자하는 이유는 국내에서보다 더 싼 가격으로 특정자원을 확보하여 더 많은 이득을 내거나 아니면 그 시장에서 경쟁력을 선점 또는 확대하기 위한 것이다.

다국적 기업들이 자원을 추구하는 데는 3가지 이유는 다음과 같다.

① 기업 내부의 하류부문의 제련 및 제조에 필요한 수요의 충족
② 자원을 확보하여 자국 또는 해외에 판매
③ 자국의 에너지 및 다른 자원에 대한 전략적 요구에 대응

기업 자체 수요에 의해 자원을 추구하는 형태는 예전에는 중요했지만 최근에는 석유 및 가스 등이 국유화되면서 기업측면에서는 그 중요성이 점차 감소되고 있다. 이에 기업들은 기업 자체의 수요보다는 자원을 확보하여 다른 제품 또는 상품으로 교환하는 형태로 전환하고 있다. 그럼에도 불구하고 금속 및 철강부문에서 자원추구적 투자는 여전히 매우 중요한 기업활동으로 여겨지고 있다. 자원추구적 투자에 대한 좋은 예로써는 최근 러시아가 가스를 증산하면서 한국의 석유 및 가스공사가 러시아에 진출한 것을 들 수 있다.

2. 시장추구형 투자

시장추구형 투자는 기업이 해외에 투자하여 생산한 재화나 서비스를 그 시장 또는 인근 제3국으로 수출하기 위한 투자를 의미한다. 이에 시장추구적 투자는 생산활동의 상류부문보다는 하류부문에 집중적 투자가 이루어지는 것이 일반적이다. 이러한 투자를 선호하는 기업은 대부분 상류분야에서 경쟁력을 가진 기업들로, 해외투자에 의한 시장지배력을 확대해 나가는 데 목적을 두는 경우가 많다. 예를 들면, 러시아의 석유회사가 해외에 석유정유 및 가공회사를 설립하여 그 나라의 소비자들에게 판매하는 형태가 있다. 시장추구적 투자에 의한 생산 활동이 늘어나면 수직적 경영활동이 확대되고 이에 제품생산의 다각화 현상이 나타나게 된다.

대부분의 경우 시장추구적 해외투자는 다국적 기업들이 특정국가로 수출을 하다가 관세 또는 비관세 장벽이 너무 높아 수출을 직접투자로

대체하는 것을 의미하며, 실제로 1939년 영국의 다국적 기업의 94%가 수출을 하던 지역 또는 국가에 직접투자로 대체했다.

시장추구형 투자는 기존의 시장을 유지·보호하거나 새로운 시장을 개척하려는 유인이 강하다. 즉 시장추구적 투자를 하기 위해서는 우선 투자하려는 나라에 강한 소비수요가 있어야 한다. 가령 최근 러시아가 자원생산 판매가 증가함에 따라 내수소비가 급증하고, 내수소비의 급증은 많은 다국적 기업들로 하여금 러시아 시장으로 진출을 유인하였다.

시장추구적 투자를 할 경우 다국적기업은 그 지역 및 나라의 소비자 취향 및 필요 등에 부합하는 제품을 생산해야 한다. 이와 더불어 언어, 상관습 등 모든 부문의 경영현지화를 해야 한다. 무엇보다도 시장추구적 투자를 하기 위해서는 모국에서 생산하여 목적지 국가에 수출하는 것보다는 현지에 직접 투자하는 것이 비용 면에서 유리해야 한다.

마지막으로 시장추구적 투자를 하기 위해서는 해당분야에서 글로벌 생산네트워크를 갖고 있어야 하며, 또한 마케팅전략이 필요하며, 이러한 것을 통해 주요 경쟁자들보다 시장에서 선도적 역할을 할 수 있어야 한다.

3. 효율성 추구 투자

효율성 추구 투자는 제조업의 초기단계에서 많이 나타나는 투자형태로, 기업이 모국에서 생산하는 것보다는 현지에서 생산하는 것이 비용면에서 더 절감될 경우에 발생한다. 즉 모국과 현지의 생산비용 격차가 발생해야만 다국적 기업들은 모국에서 생산·수출하기보다 현지에서 생산하여 현지, 제3세계, 또는 모국으로 역수출하게 하여 비용대비 이윤을 극대화한다. 이러한 경우 대부분 특정분야에서 특화되어 있을 때 가능하다. 또한 생산제품의 교통비용이 너무 다르거나 비용격차가 심한 경우도 효율성 추구투자가 일어나다.

효율추구 투자는 다른 생산요소부존(production factor endowment), 문

화, 제도, 경제제도 및 정책, 시장구조 등을 적극 이용하여 현지생산에 집중함으로써 특정 국가나 다양한 시장에 공급하기 위한 것이라고 볼 수 있다.

따라서 이러한 다국적 기업이 생산하는 제품을 매우 표준화하고 국제적으로도 공용화되어 있는 제품을 생산하는 것이 일반적이다. 또한 현지에서 생산한 제품을 다양한 국가에 판매하기 위해서는 그 제품에 대한 시장이 잘 발달·형성되어 있어야 하고 국외에도 개방되어 있어야 한다.

그러므로 효율추구 투자가 발생하기 위해서는 우선적으로 다른 국가에서 노동과 같은 전통적인 요소부존(factor endowment)의 이용가능성이 크고 비용면에서 유리해야 한다. 또한 유사한 경제 구조, 소비수준, 규모 및 범위의 경제 등이 존재할 때 더욱 효율추구 투자가 이루어지기 쉽다고 할 수 있다.

4. 전략적 자산추구형 투자

전략적 자산추구형 투자는 주로 다국적 기업의 국경간 M&A와 많은 연관이 있다. 전략적 자산추구형 투자는 다국적기업들이 해외자산 구입을 통하여 국제적인 경쟁력을 확보하는 데 목적을 두는 투자를 말한다. 따라서 노하우, 기술, 기업내 역량(resource), 시장지배력 등을 보유하고 있는 좋은 기업을 구매하거나 획득함으로써 일순간에 기업의 규모를 확대하여 경쟁력을 확보하는 방법이다. 경쟁업체를 통합 또는 제거하거나, 아니면 오히려 다른 기업들에 대하여 시장장벽을 더욱 높여 결과적으로는 전반적인 경쟁력을 확보하는 방법이 전략적 자산추구형 투자라 할 수 있다.

이러한 방법으로 해외투자를 할 경우 상대적으로 잘 알려지지 않거나 전혀 진출하지 않았던 시장에 진출하는 것도 가능하다는 장점이 있다. 또한 특정분야에 생산 및 경영활동이 집중되지 않고 다각화할 수 있다.

이러한 투자는 상대적으로 불완전한 시장에 진출하는 데 용이하다.

6.2 해외직접투자의 유형

1. 합작투자(Joint Venture)

합작투자는 기업들이 새로운 시장에 진입할 때, 시장에 대한 정보가 상대적으로 적고, 위험 부담이 높을 때 많이 활용하는 방법이다. 합작투자에 의해 해외시장에 진출할 경우 장점으로는 첫째 새로운 투자에 대한 자금을 합작투자기업으로부터 일정부분 조달할 수 있다. 합작기업으로부터 투자자금을 공급받게 되면, 그 만큼 재정적 위험으로부터 노출가능성이 낮아지게 된다.

둘째, 현지 시장에 대한 정보를 합작기업으로부터 제공받을 수 있다. 새로운 시장에 진입할 때, 상당한 정보가 필요하다. 진입단계에서부터 공장입지, 인허가, 소비자 성향 등의 다양한 정보를 현지 합작투자 기업들로부터 제공받을 수 있기 때문에 상대적으로 정보획득에 대한 비용을 절감할 수 있다.

셋째, 현지시장에서 네트워크 형성에 유리하다. 새로운 시장에서 판매망 등 다양한 네트워크가 필요한데, 기존의 기업이 갖고 있는 네트워크를 활용할 수 있다는 점에서 현지에서 네트워크 형성을 쉽게 할 수 있다.

넷째, 현지에서 기업의 평판 또는 명성 형성에 유리하다. 현지 기업과 합작 투자함으로서 지역사회에 대한 접근성이 유리하고, 이로부터 현지에 적응 및 협력 관계가 쉽게 형성되어 지역사회에 기여한다는 평가를 받을 수 있다.

다섯째, 현지의 정치적 위험을 감소시킬 수 있다. 현지 기업이 이미 정치적 위험에 대해서 안정적 위치를 갖고 있기 때문에 합작투자에 의한 현지 시장 진출은 상대적으로 정치적 위험에 적게 노출하게 된다.

이러한 장점에도 불구하고, 합작투자는 경영방식 및 전략 수립에서 상당한 차이를 보여, 협의 및 조정과정에 많은 시간과 비용이 소요될 수 있다. 특히 새로운 사업에 대한 양자 간의 협의가 안 될 경우 사업자체가 진행될 수 없는 경우도 발생할 수 있다. 또한 합작투자를 하게 되는 경우, 대부분 기술이 자연스럽게 이전될 수 있다. 기술의 이전은 장기적으로 합작기업을 경쟁기업으로 만들 수 있다는 위험이 있다.

2. 신설투자(Greenfield Investment)

현지기업과의 합작투자가 경영방식의 차이, 기술이전의 문제 등이 상당한 비용이 될 경우, 기업들은 자신이 직접 생산설비를 짓는 방식으로 투자하게 된다. 이러한 투자를 신설투자 또는 단독투자 방식이라고 한다. 특히 생산방식이 현지와는 전혀 다르게 이루어질 경우 새로운 생산방식을 선택하는 것보다는 오래 전부터 노하우가 쌓인 방식으로 생산하는 것이 더 유리하다고 판단될 경우 단독투자를 추진하게 된다. 이러한 투자는 우선 투자규모에 따라 설비규모를 조정할 수 있고, 현지 인력을 유연하게 고용이 가능하며, 생산라인을 배치할 때 생산 품목에 따라 유연하게 선택할 수 있다는 장점이 있다.

하지만 새로운 신설투자는 공장부지 확보, 각 종 인허가, 건설 등 투자기간이 상당하게 소요된다는 단점이 있다. 더욱이 현지의 독특한 다양한 위험에 바로 노출될 수 있으며, 투자자금의 단독 지출이라는 어려움도 존재할 수 있다.

3. 인수합병(Acquisition)

새로운 시장에 짧은 시간내에 진입하고, 기존의 판매망은 물론 기술을 그대로 활용하기 위해 많이 사용하는 방법이 인수합병이다. 인수합병의 경우 기존의 설비, 인력, 판매망 등을 그대로 사용하여 생산하고 판매하기 때문에 진입하는데 크게 어려움이 없다. 더욱이 기존의 기술을 그대로 활용할 수 있기 때문에 기술이전에도 유리하다. 또한 현지 자산의 습득이라는 점에서 장기적으로 자산이득도 발생할 수 있다.

그러나 현지 기업 인수는 직접 생산설비를 설립하는 것보다 더 많은 자금이 필요하기 때문에 투자 자금이 기대보다 더 많이 소요된다. 그리고 기업의 인수시 핵심인력들이 사퇴할 경우 기대보다 기술이전을 받지 못할 경우가 발생할 수 있다. 핵심인력들은 기술부문만이 아닌 경영노하우 등의 분야에도 중요하기 때문에 기업 인수에서 가장 중요한 것은 기존의 핵심인력을 어떻게 유지하느냐가 투자의 성패를 좌우할 수 있다. 더욱이 피인수기업의 경영성과가 나쁠 때 인수할 경우, 인수 후 회생시킬 수 있는지에 대한 위험도 감수해야 한다. 이에 인수기업을 통합하는 과정에서 상당한 수준의 경영관리 기술이 요구된다.

6.3 해외직접투자의 결정요인

기업들이 해외에 투자를 결정하는 요인들은 매우 많다. 이러한 요인들을 보면, 높은 무역비용, 강한 규모의 경제, 거래비용과 소유권·지역·국제적 이득, 자본의 공급 등을 말한다. 이러한 것들을 크게 구분하면 거시경제적 기반, 인프라, 생산요소의 부존 및 가치, 경제정책 등이다.

1. 시장규모

기업들이 해외시장에 진출하는 가장 중요한 동기가 내수시장 공략이라면, 현지의 시장 규모가 해외시장 진출을 결정하는데 매우 중요한 역할을 한다. 여기에서 시장규모라는 것은 경제전체의 크기를 의미한다. 경제전체의 크기는 대개 GDP, 인구, 1인당 소득, 중산층의 규모 등으로 측정할 수 있다. 시장규모가 클수록 판매 및 수익성에 대한 잠재성이 더 크기 때문에 다국적 기업들은 더 큰 시장으로 진입할 유인이 커지게 된다.

2. 경제성장 전망

경제성장에 대한 긍정적인 전망이 예상되는 경우 기업들은 보다 적극적으로 그 시장에 진출하게 된다. 특히 다국적 기업의 경우 리스크가 많은 시장보다는 상대적으로 성장률이 높고, 경제변동이 크게 없는 안정적인 시장에 진출하는 경향이 있다.

3. 노동비용 및 인적 자원

기업들이 새로운 시장에 진출하여 투자를 할 경우 상대적으로 낮은 비용으로 이윤을 극대화하기를 원한다. 비용에서 가장 중요한 것은 인건비이다. 이에 기업들은 값싼 노동이 풍부한 곳에 진출하기를 원한다. 특히 기업들이 현지시장에서 생산하고 이를 다시 자국 또는 제3국으로 수출을 하는 경우 효율성이 매우 중요하다. 즉 기업들은 임금대비 노동생산성이 높은 지역을 투자지역으로 선호하게 된다. 따라서 기업들은 상대적으로 저렴하면서도 숙련인력이 풍부한 지역에 투자를 더 많이 하게 된다. 노동가능인구, 인건비 등이 주요 변수가 된다.

4. 인프라 시설

양질의 인프라, 특히 전력, 용수, 교통, 통신 등이 잘 갖추어진 지역에 기업들은 투자지역으로 더 선호하게 된다. 양질의 인프라는 기업들의 물류비용을 줄일 수 있으며, 판매를 용이하게 해준다. 따라서 다른 조건이 다 같다면 인프라 및 제반시설이 양호한 지역을 선택하게 된다. 인프라에 대한 변수로는 전력, 용수, 통신, 도로 및 철도의 연장 길이 등이 있다.

5. 개방정책

기업들은 현지시장에 진출하기 위해서는 외국기업들에 대해서 친화적이고, 규제가 적은 지역을 선호하게 된다. 더욱이 현지 생산 후 수출까지 고려한다면 개방이 잘 된 지역에 진출하려는 경향이 있다. 또한 수출에 대한 지원정책이 잘 된 지역으로 진출이 집중된다. 전반적으로 무역정책 개혁이 잘 되어 있는 지역으로 외국인 투자가 많이 이루어지는 것으로 많은 연구에서도 잘 나타나고 있다. 또한 노무 정책 및 규제가 낮은 지역이 상대적으로 외국인 기업들을 더 많이 유인하게 된다. 개방환경의 변수로는 외국인직접투자와 대외 무역, 그리고 노무정책 및 규제 등이 있다.

제7장 해외 정부조달시장의 이해와 진출전략

7.1 정부조달시장의 정의와 구매제도의 이해

1. 정부조달시장의 정의와 주요가치

(1) 정부조달시장의 정의

조달(procurement)은 구매(purchasing)의 정의와 비교하여 볼 때 개념파악이 용이하다 할 수 있다. 우선 구매는 재화나 서비스를 구입하는 과정(the process of buying)을 의미하며, 이 과정에 수요(need)의 인식, 설계 및 시방서의 작성, 공급자 또는 시공자의 발견 및 선정, 가격과 조건의 합의, 합의의 이행 등이 포함된다.

한편, 조달은 구매보다 더 광범위한 개념으로써 여기에는 구매에서 행하여지는 행위 이외에 저장, 재고관리, 운송, 감리, 인수, 검사, 분배, 공공재의 관리, 사후보증, 처분 등의 관리 기능까지 포함하는 일련의 활동을 말한다. 이와 같은 조달행위가 정부 또는 공공기관에 의해 이루어지는 경우를 정부조달(Government Procurement 또는 Public Aquisition)이라고 한다. 즉, 정부조달은 정부(국제기구) 또는 공공기관이 공공활동의 수행을 위하여 필요로 하는 물품이나 건설공사 및 설계, 컨설팅 업무 등 다양한 유무형의 자원을 민간으로부터 구매하는 행위를 의미하며, 국민이 납부하는 세금을 기본재원으로 운영되기 때문에 효율성과 경제성을 중시하는 성과중심의 민간조달부문과 많은 부분에서 차이를 보이고 있다.

〈표 7-1〉 민간조달과 정부조달의 비교

구분	민간조달	정부조달
조달원칙	효율성, 경제성	합법성, 공정성, 투명성, 책임성, 정책지원, 효율성, 경제성
자금원천	사적자금의 집행으로 자율성이 높고 신축적인 집행 및 운영이 가능	세금 및 공적자금 등 국민 부담금을 재원으로 하기 때문에 철저한 법규정 준수가 필수적
민간시장 영향	미미하거나 미치지 않음	신규수용창출, 다수 기업의 영업활동에 영향
위험부담	개별주체	불특정 다수

(2) 정부조달시장의 주요가치

정부조달은 행정의 비대화와 함께 고도로 발달된 행정의 수행을 효율적으로 지원하기 위해 그 수요도 다양화, 전문화되고 있다. 그 때문에 일상적, 반복적인 수요에 의한 단순물품의 조달에서부터 전문적인 기술이 요구되는 특수한 분야의 조달에 이르기까지 그 수요는 헤아릴 수 없을 정도로 광범위하게 미치고 있다.

정부조달이 추구하는 최종적인 가치는 경제적 합리성과 효율성 및 공정성과 투명성 등의 측면에 기초하고 있다. 경제적 합리성은 민간에서도 상거래시 우선적으로 추구하는 가치로 최소의 비용으로 양질의 조달품질을 얻고자 함을 의미하며, 정부조달에서는 여기에 공정성 및 투명성도 동시에 고려하여야 하는데, 이는 정부조달행위가 단순한 제품이나 서비스의 구매행위가 아니라 국가경제 및 산업에 상당한 영향을 미칠 수 있는 정책집행 활동에 포함되기 때문에 국가 자신의 이익을 극대화시키는 방향으로만 의사결정을 내릴 수 없기 때문이다. 즉 정부조달행위는 민간기업의 구매행위와는 달리 자금의 원천이 국민이 납부한 공적세금에 있고 자금의 집행도 예산회계법이나 국가를 당사자로 하는 계약에 관한 법률 등 합법적인 절차가 필수적으로 요구되기 때문에 자금집행의 결과적 측면을 강조하는 합리적 가치인 경제적 합리성 및 효율성과 자금집행과정의 정당성을 강조하는 도덕적 가치인 공정성과 투명성도 동시에 추구하고 있다. 이를 '정부조달에서의 구매효율성'이라 표현하고 있는데, 각국 정부는 자국 정부조달의 구매효율성을 구성하는 다양한 가치 중 어느 가치에 우선적인 비중을 두고 자국의 조달행정을 운영하느냐에 따라 조달제도와 정책이 국가별로 차별화하게 된다.

2. 정부조달시장 구매제도의 이해

(1) 정부조달시장 구매제도의 종류

일반적으로 정부조달은 크게 중앙조달방식과 분산조달방식으로 구분할 수 있다. 중앙조달방식은 정부기관이 업무수행에 필요한 재화 및 서비스를 중앙조달기구가 일괄적으로 구매하여 실제 공공수요기관에 공급하는 제도를 의미하며 분산조달방식은 각 공공기관들이 개별적으로 직접 구매하는 제도이다(조달청, 2009).

중앙집권적인 정치구조를 갖고 있거나 구매예산의 효율적 집행을 강조하고 있는 나라에서는 대체로 중앙조달방식을 채택하고 있다. 한편 분권화의 기조가 강한 나라나 일찍부터 지방자치제도가 확고하게 자리 잡은 나라에서는 독자적 구매결정을 하는 분산조달방식을 채택하고 있다. 중앙조달방식을 채택하고 있는 국가로는 미국, 캐나다, 한국, 영국, 호주, 벨기에, 필리핀, 대만 등을 들 수 있으며, 그밖에 대부분의 나라는 분산조달방식을 채택하고 있다. 분산조달방식을 채택하고 있는 대표적인 나라로는 일본, 뉴질랜드, 독일, 노르웨이가 이에 해당된다.

<표 7-2> 주요국 정부조달제도의 비교

구분	우리나라	미국	EU	일본	중국
조달구매제도	집중구매	집중구매	회원국별 차이 (독일 : 분산구매, 영국 : 집중구매, 프랑스 : 집중구매 등)	분산구매	집중/분산
조달기관	조달청	GSA	영국 : OGC 등	-	-
자국제품 우선구매제도	있음	있음	대체로 있음	없음	있음

한편 중앙조달방식을 선택하고 있는 나라 가운데 우리나라와 같이 정부수립 당시부터 중앙조달을 택하고 있는 나라가 있는가 하면, 캐나다의 경우는 종래 분산조달방식을 택하였으나 1993년 6월 정부조직개편을 통해 정부 내에서 조달을 담당하는 4개 기관을 통합하여 중앙조달기관인 PWGSC(Public Works and Government Service)를 설치하고 중앙조달방식을 채택하는 국가로 전환한 경우도 있다.

그러나 중앙조달방식을 채택하고 있는 국가라고 하여 모든 조달을 중앙조달기관에 집중시켜 조달하는 형식을 취하지 않는 경우가 대부분이며, 분산조달방식을 채택하고 있는 국가의 경우도 특정자금을 사용하여 집행하는 특정조달에 대하여는 사업단을 공동으로 구성하거나 관련성이 큰 기관이 이를 통합하여 조달하는 경우가 있고, 또는 조달정책을 관장하는 부처가 별도로 있어 통일적인 조달기준을 정하고 중요한 조달에 대하여 승인을 거치도록 하여 조달을 통제하는 형식을 취하는 경우도 있다.

(2) 정부조달시장 구매제도의 장단점 비교

집중구매방식과 분산구매방식은 서로 상대적인 장단점을 지니고 있으며 어느 것이 가장 좋은 방식이라고 판단하기 어렵다. 다만 집중구매방식은 중앙조달기구를 통해 대량 구매하는 방식으로 중앙조달기관의 축적된 조달노하우 등 전문성을 갖추고 사전에 구매계획을 수립함으로써 적기에 최소의 비용으로 필요한 재화나 서비스를 공급받을 수 있고 구매 프로세스가 정형화되어 있어 구매에 필요한 기간을 단축할 수 있으며 조달행정의 책임이 명확하다는 장점을 가지고 있다. 반면에 중앙구매기관의 관료화로 인한 폐해나 수요기관의 수요목적에 맞지 않는 물품의 확도 등의 문제가 발생할 소지가 있다.

〈표 7-3〉 중앙조달방식과 분산조달방식의 장단점 비교

	장 점	단 점
중앙조달	- 대량구매로 가격과 거래조건 유리 - 지속적인 노하우 축적으로 업무전문성 제고가 용이 - 행정통제가 용이하여 투명성제고에 유리 - 중앙구매력을 거시경제정책에 효과적으로 활용	- 수요목적에 맞는 특정물품의 조달에 부적합 - 조달프로세스가 복잡 - 긴급조달이 어려움
분산조달	- 수요목적에 맞는 자율적 구매가 가능 - 긴급수요의 경우 유리 - 구매수속을 신속히 처리	- 일괄구매에 비하여 구입경비가 많이 들며 구입단가도 비쌈 - 규격의 표준화와 품질확보가 곤란 - 정치적 선호주의에 따라 조달계약 배분이 이루어질 가능성 - 도덕적 해이에 대한 행정통제가 용이치 않음

이에 비해 분산구매방식은 개별 공공기관의 수요에 맞게 자율구매가 가능하여 재고물품 활용 및 실정에 맞는 구매량 및 조건을 조절하여 비용을 절감할 수 있고 긴급한 수요가 발생할 때 탄력적인 조달이 가능하여 지역기업 육성이라는 파생효과를 얻을 수 있다. 그러나 단점으로는 소량으로 자주 구매함에 따라 일괄집중구매방식에 비해 구매비용이 상대적으로 많이 들고 가격검증 및 물품규격의 표준화 기능 취약 등 조달

전문성이 상대적으로 부족할 수 있으며 정치적 선호에 따라 조달계약의 배분이 이루어질 가능성이 높을 수 있다. 이렇듯 집중구매방식과 분산구매방식은 서로 장단점이 맞물려 있어 어느 하나만을 좋은 구매방식이라 판단하기 어려우며 각 국가에서는 자신의 사회, 정치, 경제적 여건에 따라 적합한 구매방식을 채택하고 있다.

3. 정부조달시장의 변화 동향 : 시장원리 추구 및 전략적 관리로의 전환

근래 들어서는 정부조달제도도 점차 시장원리에 입각한 형태로 변화하고 있다. 민간부문에 있어 조달기능은 종래에는 생산의 보조수단으로 간주되었으나, 1970년대와 1980년대를 거치면서 자원의 안정적인 확보 및 조달부문 효율화가 기업 경쟁력이 핵심요인으로 등장하면서 점차 변화하게 되었다. 세계적인 경영 컨설팅 기업인 맥킨지(McKinsey)의 발표에 따르면 기업은 구매(조달)부문의 효율화를 통하여 평균 20%이상의 비용절감 효과를 확보할 수 있어 구매(조달)비용 절감이 곧바로 기업 경쟁력과 직결된다는 연구결과를 발표하였다. 즉, 특정기업의 매출액이 100원이고 매출 이익률이 5%인 경우에 1원의 이익을 더 얻으려면 20원의 추가매출이 필요하게 되며 이를 위해서는 엄청난 기업자원이 투입되어야 하나 구매(조달)부분에서는 구매원가를 1원만 줄이게 되면 이것이 곧바로 수익 1원으로 직결되게 되기 때문에 엄청난 비용효율성을 가지고 있다고 할 수 있다. 전통적으로 정부조달행정은 국가일반 행정활동의 보조기능 정도로 간주되어 각국 정부가 필요로 하는 물자 및 서비스의 합리적인 구매와 효율적인 관리에만 초점이 맞추어져 있었다. 그러나 오늘날에는 조달행정에서 건설공사 및 용역 등 서비스의 구매비중이 점차 높아지고 이러한 부분에 대한 아웃소싱(outsourcing) 또한 확대되는 경향이 나타나고 있는데, 이러한 변화는 각 정부고객(수요기관)의 수요패턴이 변화하는데 따른 자연스러운 결과이며, 정보통신기술의 발전과 민간시장에서의 고객지향 패러다임(customer oriented paradigm) 전환과 함께 맥락을 같이 한다고 볼 수 있다.

이러한 현상을 반영하여 근래 들어 민간 및 정부부문을 불문하고 구매의 전략적 역할은 기업 및 정부의 경쟁력을 강화하는 주요기능으로서 지속적으로 강조되고 있다. 민간부분의 경우 공급자와의 협력관계가 중시되고 구매의 방향이 과거 수동적인 의미(purchasing)에서 능동적인 의미(supply)로 전환되고 있으며, 기업핵심역량 강화 및 통합구매를 위하여 B2B e-Marketplace 설립이 증가하고 있다. 민간부문과 마찬가지로 정부부문에 있어서도 정부가 필요로 하는 물자 및 서비스에 대한 효율적 조달은 정부 전체의 경쟁력과 직결되기 때문에 우리나라를 비롯하여 미국, 영국 등 주요 선진국들의 경우 자국 사정에 적합한 합리적인 공공조달제도를 개발하고 있으며 구매에 따른 최고가치(Best Value 또는 Value For Money)의 실현을 통해 최종 고객인 국민의 권익을 보호하는데 주력하고 있다. 일례로 1980년대 미국과 우리나라의 전체 정부조달에서 건설부문과 서비스(용역)부문이 차지하는 비중이 전체의 20% 정도 수준이었으나 근래 50%를 넘어서고 있으며, 다양한 조달수요를 충족시키기 위하여 민간의 인터넷 쇼핑몰 형태와 유사한 전자조달시스템을 도입하여 운영 중에 있는 것을 살펴볼 수 있다. 또한 조달목표도 최저가 낙찰에서 최고가치(Best Value, Value For Money)를 달성하는 방향으로 전환되고 있는 것이 좋은 예라 할 수 있다.

7.2 주요 정부조달시장의 특성과 규모

각국의 정부조달시장 규모와 특성은 정부 서비스의 공급체계가 상이하기 때문에 국가별로 많은 차이를 보이고 있으며, 자국의 경제적 이해관계 및 중소기업 보호와 국방산업 등 특정전략산업 보호정책 등의 정부정책의 원활한 시행과 자국 이익보호를 위하여 정확한 통계를 대내외적으로 발표하지 않고 있는 실정이다. 또한 전 세계적으로도 해외정부조달시장의 규모를 집계하여 산출하는 공식적인 기관이 존재하지 않기 때문에 정확한 통계를 산출하기 어렵다. 일반적으로 전 세계 정부조달규모는 대체로 해당 국가 GDP의 약 10~20% 수준에 이르는 것으로 추산되고 있으며, OECD가 2008년 각국 정부의 순 지출 통계를 기준으로 발표한 전 세계 정부조달시장의 총규모는 약 9조 달러로 이는 GDP 대비 약 15% 수준에 이르는 것을 알 수 있다. 다음에서는 주요국의 정부조달시장 특성과 규모에 대해 살펴보기로 한다.

1. 미국 정부조달시장

(1) 미국 정부조달 시장의 특성과 규모

미국은 세계 최대의 정부조달시장이라 할 수 있는데, 2009년 기준으로 약 1조 5천억 달러를 훨씬 상회하는 규모를 가지고 있는 것으로 알려져 있다. 미국의 정부조달시장은 중앙정부인 연방정부가 관장하는 연방정부 조달시장과 개별 주정부가 독자적으로 관장하는 주정부 조달시장으로 크게 구분할 수 있다. 이중 연방정부는 2009년 기준으로 약 6,200억 달러를 구매하며, 개별 주정부는 연방정부의 1.5~2배 수준인 약 1조 달러 정도를 구매하고 있는 것으로 추산되고 있다.

이렇듯 주정부 조달시장의 규모가 연방정부에 비해 정확하게 집계되지 못하고 있는 가장 큰 이유는 주정부는 연방정부와 관계없이 독립적인 주 예산 및 조달 정책을 바탕으로 개별적인 정부조달을 시행하고 있기 때문으로 연방정부는 주정부의 조달정책에 대해 직접 개입하여 통제할 권한이 거의 없다. 이러한 특성으로 인하여 개별 주정부는 각종 국제조달협약에서도 상대적으로 자유로운데 연방정부가 FTA 등 국제조달협정을 체결하였다 하더라도 개별 주정부는 이러한 조달협정을 강제적으로 이행할 책임은 없기 때문에 미국 주정부 조달시장에 참여하고자 하는 해외기업들은 목표로 하고 있는 주정부가 연방정부가 체결한 각종 국제협정에 동의하였는지 여부를 진출 가능성 검토 단계에서 먼저 살펴보아야 한다.

연방정부 조달금액 중 국방부문이 전체 조달의 70%를 상회하는 것으로 알려져 있으며 근래에는 물품 조달에서 각종 서비스 부문으로의 조달금액이 지속적으로 늘어나고 있는 추세(서비스 부문 조달비중이 1985년 23% ➡ 2005년 47%로 증가)이다. 국외조달 규모는 2005년 348억불 수준이며, 이 중 우리나라 기업들은 약 9억불로 전체의 2.7%를 차지하고 있는 것으로 발표되고 있다.

〈표 7-4〉 미국 연방정부 조달시장 규모

구분	미국 연방정부 조달시장 규모(단위 : 억 달러)							
연도	2002	2003	2004	2005	2006	2007	2008	2009
총액	2,349	2,903	3,467	3,784	4,150	4,600	6,048	6,201

(자료원) 미국 Federal Procurement Data System(FPDS)

다음은 미국 연방정부의 조달정책 및 집행을 담당하는 GSA(General Service Administration)를 중심으로 미국 연방정부 조달시장의 주요 입찰방식을 살펴보기로 한다.

(2) 미국 연방정부 조달시장의 주요 계약방식과 정책

미국 연방정부 조달의 핵심기관인 GSA는 1949년 투르먼 대통령이 81회 국회에서 통과된 “Federal Property and Administrative Service Act”에 서명함으로서 창설되었다. 이 법률은 앞서 후버위원회가 추천한 것과 같이 여러 기관에 나누어져 있는 물품과 사무실 관장업무를 한 기관에서 관장하는 것이 경제적으로나 효율적인 면에서 더 유리할 것이라는 결론에서 제정된 것이다. 창설 초기(1950년대) GSA는 전쟁관련 잉여물자의 처분, 전쟁 등 국가유사시에 부족한 전략물품을 비축하는 임무 및 정부의 기록을 보존하고 관장하는 업무를 맡아 처리했다. 그러나 1970~80년대에 들어와서 이러한 업무는 다른 정부기관으로 이전되든지 또는 기능 자체가 폐기되었다. 최근 들어 GSA가 가지고 있던 독점적 구매공급 체제는 1993년 이후 각 연방구매기관에게 사실상 자체 구매권을 인정하는 경쟁적 구매체제로 전환되었다. 더욱이 미국 의회는 종전 예산에서 보전하였던 GSA의 사업비 대부분(99%)을 1995년 자체 수입으로 충당토록 조치함으로서 GSA는 사실상 상업적 기관으로 변모하게 되었다. 이에 따라 1995년 이후부터 사업예산의 전부를 자체 수익으로 충당토록 입법화하였으며, 2002년 현재 국가로부터 지원을 받는 예산은 총사업비의 1%에 불과하다. 1996년 전자상거래 도입 이후에는 조직운영 및 관리측면에서도 획기적인 전기를 맞고 있는바, 2009년 현재의 정원은 14,000명으로 1995년에 비해 인원의 30%를 감축하는 등 조직의 슬림화가 가속화되고 있다.

GSA가 연방정부 조달 물품 및 서비스를 구매하기 위해 사용하는 주요 입찰방식을 살펴보면 다음과 같다.

① 봉합입찰계약(Contract by Sealed Bidding) 방식 : 일반 경쟁입찰 방식

봉합입찰계약 방식은 경쟁을 통하여 낮은 가격으로 계약을 체결할 수 있는 장점이 있으나, 절차의 지나친 엄격성으로 말미암아 큰 제약이 있는 방법이다. 미국 연방구매의 경우 4가지 조건을 모두 갖춘 때에 이 방법을 사용토록 하고 있다. 첫째, 구매 물품 및 서비스에 대하여 완벽하고 상세한 규격 설정 및 기술이 가능할 것, 둘째, 2개 이상의 적격업체의 경쟁참여가 예상될 것, 셋째, 입찰내용에 대하여 입찰자와 토론을 할 필요가 없고, 가격 또는 가격관련 요소만으로 낙찰자의 선정이 가능할 것, 마지막으로 입찰 전 과정에 필요한 충분한 시간적 여유가 있을 것 등이다.

미국 연방정부의 경우 종전에는 이 방법이 많이 사용되었으나, 1970년대부터 제품의 종합적 성능이 중요시됨에 따라 현재는 가격만을 우선시하는 봉합입찰의 방법은 많이 사용되지 않고 있다. 봉합입찰 계약방식의 절차는 입찰초청(Invitation for Bids : IFB) ➡ 입찰서 제출 및 개찰 ➡ 낙찰자 선정 ➡ 통보(Notification) 및 공표(Announcement) 등으로 구성된다.

② 협상에 의한 계약(Contract by Negotiation) 방식

미국 연방정부 계약방식은 봉합입찰계약 이외에는 원칙적으로 모두 협상에 의한 계약이라고 할 수 있다. 계약절차로서의 협상(Negotiaticn)이란 경쟁적 제안 또는 비경쟁적 제안에 대하여 계약관과 제안자 간에 토론을 하고 흥정을 하는 과정을 말하며 민간 기업 또는 개인의 구매행위와 유사하다. 협상에 의한 계약에서는 최종제안(Best and Final Offers)을 제출하기 전까지는 가격을 포함한 모든 제안 내용을 수정 보완하는 것이 허용된다.

미국 연방구매규정에서는 협상절차를 다음과 같이 규정하고 있다. 권유전 회의(Pre-solicitation Conferences) ➡ 제안서 제출 요청(Request for Proposals; RFP) ➡ 협상 대상자 선정(Competitive Range) ➡ 토론(Discussion) 및 최종 제안(Final Proposal) 제출 ➡ 계약대상자 선정(Source Selection) ➡ 제안자들에게 결과 통보 및 계약대상자 선정 결과 공포 등이다. 유의해야 할 점은 협상에 의한 계약에서는 제안내용을 평가하여 어느 제안이 정부에 가장 가치가 있는 제안인가를 결정하게 되는 교환(trade-off) 개념에 의한 최고가치(Best Value) 선정방식을 선택하고 있다는 것이다. 구매제품 및 서비스의 내용이 명백하고 제안 경쟁기업 간에 품질의 차이가 별로 없으며 계약불이행의 위험이 적은 경우에는 가격이 가장 낮은 제안이 최고가치(Best Value) 제안이 될 것이나, 경쟁기업 간에 제안내용이 질적으로 차이가 크고 계약이행에 대한 위험이 큰 경우에는 기술적 사항 및 과거 계약의 이행 성실도 등이 최고 가치 제안을 결정하는데 더

큰 고려사항이 된다. 가격과 가격 이외의 요소(품질, 과거 이행경험 등) 들 간에는 대부분 교환관계(trade-off)가 있다. 즉 고품질 제품은 높은 가격을 요구한다. 협상에 의한 계약의 경우에는 원칙적으로 가격과 가격 이외의 요소 간에 교환관계가 있는 것으로 파악하여 이들을 종합 평가하여 정부에 가장 유리한, 즉 Best Value 제안을 계약대상자로 선정한다.

③ 다수공급자물품계약(이하 MAS) 방식

FSS(Federal Supply Schedule) 프로그램이란 GSA가 미국 연방정부기관의 대량 공통수요물자나 용역을 일정한 조건과 가격으로 계약을 체결해 놓고 수요기관이 필요로 할 때 직접 계약자에게 납품을 요구하는 방식의 구매 프로그램을 말한다. FSS 프로그램에는 단일 계약자에게 납품을 요청하는 SAA(Single Award Schedules)방식과 다수의 계약자에게 납품을 요청하는 MAS(Multiple Award Schedules)방식이 존재하는데, 현재 대부분의 연방조달구매가 MAS 방식에 의하여 공급되며, 특히 다른 입찰방식에 비해 해외기업이 미국 정부조달 시장에 접근하는데도 가장 유용한 방법으로도 알려져 있어 이러한 MAS 방식을 중점적으로 살펴보기로 한다. 2009년 현재 MAS 방식은 50개 이상의 Schedule과 400만개 이상의 품목/서비스를 포함하고 있다.

MAS 방식은 "각 공공기관의 다양한 수요를 충족하기 위하여 품질·성능·효율 등에서 동등하거나 유사한 종류의 물품을 수요기관이 직접 선택할 수 있도록 납품실적, 경영상태 등이 일정한 기준에 충족되는 업체를 대상으로 가격협상을 통하여 최소 2인 이상을 계약상대자로 하여 다수공급자물품계약을 체결하고 이러한 계약을 통하여 이후 수요고객이 자유롭게 직접 물품을 선택하여 사용하는 계약제도로 일반경쟁계약방식과 제3자를 위한 단가계약의 개념이 동시에 내포되어 있는 계약방식"이라 정의내릴 수 있다. MAS 방식은 기존의 일반 경쟁입찰 방식이나 협상계약 방식 등 다른 계약방식과는 다른 다수의 특징을 가지고 있는데, 이를 정리해 보면 다음과 같다.

첫째, 기존의 경쟁입찰 방식과 비교하였을 때, MAS 방식의 궁극적인 차이점은 여러 업체 중 1개 업체의 1개 물품을 선정하는 것이 아니라 적격한 자격을 갖춘 복수의 업체를 선정하고 이들 업체가 가지고 있는 물품/서비스 목록 중에서 수요기관이 자신에게 최대의 가치를 제공할 것으로 기대하는 물품/서비스를 수요기관이 직접적으로 선택하여 구매하는 형식을 가진다는 점이다.

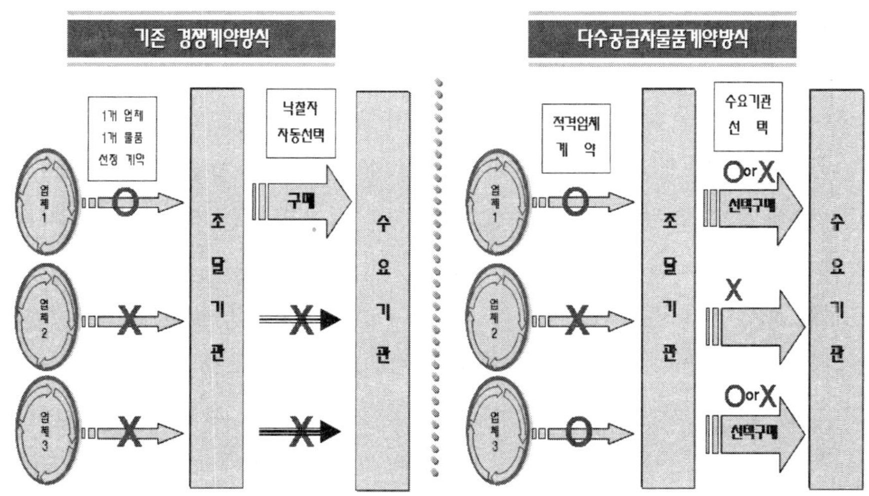

〈그림 7-1〉 기존계약방식과 다수공급자물품계약방식의 차이 비교

둘째, MAS 방식의 계약을 체결한 공급자들은 정부고객들에게 물품을 계약된 가격에 공급할 기회를 갖게 되는 것이지 일반계약 당사자들이 전형적으로 갖고 있는 일정 물량의 판매보장을 받는 것은 아니라는 것이다. 즉, 어업 면허(fishing license)나 사냥 면허(hunting license)와 같이 물품의 판매자격이 부여되는 것으로, 다수공급자물품계약등록을 완료하게 되면 계약이 체결되었다는 표현을 사용하는데 이는 주문이 전제되지 않은 일종의 가계약상태를 말하는 것으로 이후 주문활동에는 이러한 계약과정이 포함되지 않는다. 따라서 각 수요기관은 조달기관이 다수공급

자물품계약자들과 체결한 계약에 따라 필요한 물품을 선택하여 공급을 받고 대금을 지불하는데, 이는 계약이 아닌 단순 주문(ordering)을 의미하는 것으로 1차 계약체결 이후에도 개별 공급업체들은 소비자가 자신을 선택할 수 있도록 하기 위하여 지속적인 품질향상노력, 적절한 신제품 도입추진, 추가적인 가격인하, 배송 및 A/S 등 판매 이후 활동노력 강화 등 다양한 마케팅 노력을 지속적으로 기울여야 할 필요가 있다.

셋째, MAS 방식에서는 특정수량의 물량을 특정가격으로 특정기간 이내에 특정 수요기관에 공급하도록 계약되지 않고 수요기관이 해당 물품을 필요로 할 때 필요로 하는 만큼 공급받을 수 있도록 하는 불특정 공급 및 불특정 물량계약(IDIQ : Indefinite Delivery and Indefinite Quantity)을 주요 특성으로 한다. 기존의 조달방식이 특정 물품에 대해 일정기간 동안 1개 업체가 계약대상 수요기관에 일괄적으로 물품을 공급하도록 하였던 방식에서 탈피하여 각 수요기관들이 각자의 필요와 요구 가격수준에 맞게 요구물량을 공급받도록 하는 것이다.

넷째, MAS 방식은 Evergreen Contracts라는 특징을 가지는데, 이는 다수 공급자물품계약자로 등록을 한번 하게 되면 기본적으로 일정기간(일반적으로 1년 또는 그 이상)을 계약자로 보장하며, 이후 계약자가 건실한 사업운영으로 일정 수익을 유지하게 되면 이후 조건에 따라 해당 계약자 조건을 연장해주는 조건부 장기계약의 형태를 지니고 있다. 따라서 기존 계약방식처럼 매 계약건마다 입찰 및 낙찰과정을 수행하지 않아도 되기 때문에 조달기관 측면에서는 이러한 입찰 및 낙찰과정에 소요되는 시간 비용과 제반 행정비용을 상당 부분 절감할 수 있으며, 조달참여업체 입장에서도 매번의 입찰과정에 소요되는 시간 및 행정비용을 대폭 절감할 수 있게 된다.

다섯째, MAS 방식에서는 계속적으로 입찰권유가 개방(standing solicitation)되어 있기 때문에 공급을 희망하는 모든 조달업체는 입찰권유서의 규정에 맞추어 적격성(responsibility)평가를 받은 이후 조달기관으로부터 적격업체 인증을 받으면 모두 공급업체로 등록되며, 이때 일정수준의 업체가 공급업체로 등록되었다고 해서 조달기관의 입찰권유가 폐쇄되는 것은 아니라는 것이다. 따라서 정부조달 참여업체로 등록을 희망하는 모든 조달업체는 언제든지 일정수준의 자격요건만 갖춘다면 정부조달에 참여할 수 있는 균등한 기회를 보장받게 되는 것이다.

〈표 7-5〉 일반 경쟁입찰 방식과 MAS 방식의 비교

구분	일반 경쟁입찰 방식	MAS 방식
입찰공고	- 구매규격 검토/공통규격 작성 - 구매 예정수량 결정	- 구매규격 검토/최소규격 작성 - 구매 예정수량 결정(계약업체가 수량 제시)
적격성 평가		- 입찰에 참여하는 모든 업체를 대상으로 평가 - 납품실적과 경영상태 등 항목을 평가
시장조사	- 2개 공급업체 이상 가격조사	- 모든 적격업체로부터 가격자료 제출받아 조사 - 제출된 가격자료의 진위여부 조사 - 필요시 업체 현장방문 등 조사 실시
예정(협상)기준 가격	- 공통규격 물품에 대한 단일 예정가격 작성	- 업체별 규격별로 가격협상 기준가격 작성
입찰(가격협상)	- 최저가를 제출한 1인 낙찰자 선정	- 모든 적격업체와 각각의 가격협상을 통한 다수의 공급자 선정
계약체결	- 낙찰자로 선정된 1개 업체(낙찰자)와 계약	- 계약 대상자로 선정된 다수 공급자와 계약체결
계약사후관리	- 계약 이행 후 계약종료로 특별한 사후관리 없음	- 지속적인 가격조사로 최혜고객가격 확보 감시 - 이행실적, 만족도, A/S 등 계약이행능력 평가

마지막으로 MAS 방식 공급자들은 계약협상에서 다른 사업자들과 경쟁을 하는 것이 아니라 조달기관의 협상목표인 최혜고객가격(Most favored customers ; 가장 유리한 혜택을 제공받는 고객에게 제시된 가격)에 더하여 협상해야 하며, 협상의 보장수단으로서 할인율(discount)이 요구된다. 여기서 최혜고객가격이란 공급업체가 가장 많은 특권을 부여한 최혜고

객(Most favored customer)에게 허용하는 가격할인율에 비교하여 동등하든지 더 높은 비율의 가격할인을 적용하는 것을 의미하며, 이때 계약과정에서 합의된 가격(최혜고객가격 또는 다수공급자물품계약가격)은 조달기관의 계약관이 시장조사와 가격분석을 통해 공정/합리적인 가격이라고 인증한 이후에 유효하다.

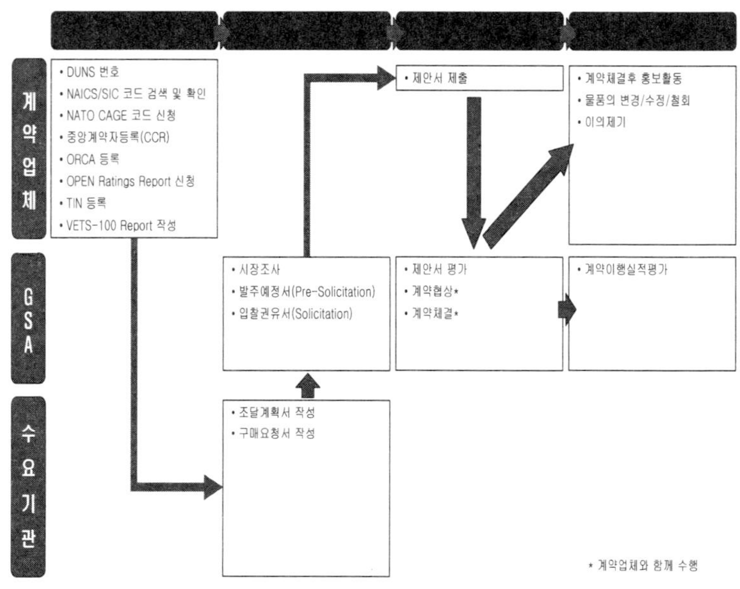

〈그림 7-2〉 미국 MAS 방식의 주요 수행절차

④ 우대구매제도

연방정부의 각 부서는 구매계약을 체결할 때, 중소기업을 포함한 특정 집단의 기업들에게 우선권을 주어야 하는 법적 제약을 받는다. 따라서 GSA는 매년 중소기업, 불리한 입장의 중소기업, 여성소유의 중소기업 등으로부터 구매된 액수를 중소기업청에게 통보하여야 하며, 해당 결과는 대통령에게 직접 보고된다. 미국 연방정부가 조달시장에 적용하고 있는 주요 우대구매제도를 살펴보면 다음과 같다.

첫째, 중소기업 유보제도로 정부구매의 일부를 오직 중소기업과 계약을 체결하도록 유보해 놓은 제도이다. 건축에 관한 계약을 제외하고 어느 구매부분 전부를 유보하든지 또는 어느 부분의 일부분만을 유보할 수 있다. 동 제도에 의한 참가자격 여부는 중소기업법에 의거하여 미국 중소기업청(Small Business Administration: SBA)이 결정한다. 그러나 모든 정부계약은 경쟁적 절차에 따라서 체결되도록 되어 있으므로 이 유보제도는 일정 수 이상의 중소기업들이 입찰에 응할 때만 적용된다.

둘째, 사회경제적으로 불리한 위치에 있는 기업(8A, Socially and Economically disadvantaged business)에게도 우대구매제도를 시행하고 있다. 사회경제적으로 불리한 위치에 있는 중소기업이란 미국 중소기업청으로부터 중소기업으로서 자격이 있다는 인증을 받은 기업 중에서 다음과 같은 다른 추가기준을 충족시킬 수 있는 기업을 말한다. 중소기업청은 아래에 언급된 각종의 중소기업을 대신하여 연방정부 부서들과 구매계약을 체결할 수 있다. 이렇게 체결된 계약의 실제 이행은 중소기업청이 인증한 각종의 특수 중소기업들에게 의뢰된다. 이러한 제도하에서 정부의 계약을 하청 받는 중소기업을 가리켜 8(A)공급자라고 부른다.

- Small Disadvantaged Business(SDB) : 미국 중소기업청이 인증한 중소기업으로서 사회경제적으로 불리한 입장에 처한 신망이 있는 시민권자가 소유(최소한 51%)하고 운영하는 장래가 촉망되는 기업을 말한다. 이러한 소유주의 순 재산은 $750,000을 초과할 수 없다.

- HUBzone program : HUBzone program은 인디언 보호구역 등 역사적으로 산업이 저개발 된 지역(Historically Under-utilized Business Zone)을 말하며, 센서스 조사결과로 정해진다. 8(a) program과는 달리 각 연방기관이 직접 HUBzone program의 대상 기업과 계약을 체결한다.

- 원계약자를 통한 중소기업 하청기회 : 미국 연방정부는 년 $500,000이상의 정부계약을 받는 공급자 또는 원계약자(prime contractor)에게 자

격이 있는 중소기업이나 사회경제적으로 불리한 중소기업에게 부여할 하청액수의 목표와 수행계획을 제출하도록 하여야 한다. 따라서 계약체결 시 원계약자는 이 하청목표와 수행계획안을 GSA에 제출하여야 한다. 일반적으로 하청액은 전체 계약액수의 몇%로 정해진다.

- 베트남 전쟁 참여 재향군인: 베트남 전쟁에 참가했던 재향군인이 소유한 기업에 우선으로 계약을 주어야 한다는 법적 근거는 없다. 그러나 "베트남 재향군인의 정상적인 사회 환원을 위한 법(Veterans Readjustment Assistance Act)"에 의거 정부 각 부서들이 이들 재향군인이 소유한 기업을 중소기업 우대제도에 포함시키는 것을 권장하고 있다.

- 여성소유 기업에 대한 조치: 1979년 행정명령(Executive Order)으로 연방 각 기관은 여성소유 기업을 조장하고 강화하기 위한 적절한 조치를 취할 것을 지시하였으며, 연방정부 조달규정인 FAR는 "단순 구매절차 한도 금액"을 초과하는 계약 건의 계약자는 하청계약을 할 때에 여성소유 기업이 최대한 참가할 수 있도록 노력한다는 조항이 계약서에 들어가게 되었다. 또한 1994년 의회가 매 회계 연도의 원계약(Prime Contract) 및 하청계약(Subcontract)의 5%를 여성소유 기업으로부터 수주토록 목표를 설정하였다. 여기서 여성소유 기업이란 미국 시민인 여성에 의하여 지분의 51% 이상이 소유되고 또한 운영되는 기업을 말한다. 이와 같이 여성소유 기업에 대한 구매 유보제도를 두고 있지는 않지만, 다른 조건에 큰 차이가 없는 경우 여성기업 또는 여성기업을 하청업체로 하는 기업을 우선하여 계약대상자로 선정하는 방법으로 여성 소유기업을 우대하고 있다. 계약관의 계약자 선정에 대한 재량권이 크므로 협상계약의 경우 이와 같은 여성기업 우대방법으로도 큰 효과를 거두고 있다.

2. EU 정부조달시장

(1) EU 정부조달 시장의 특성과 규모

유럽연합(EU; European Union)의 정부조달시장 규모는 2008년 기준으로 EU 전체 GDP의 16%인 2조 유로 정도 되는 것으로 알려져 있다. 그러나 EU는 역내 개별국가별로 서로 다른 조달제도(중앙조달 및 분산조달, 입찰계약방식의 차이점 등)를 채택하고 있어 EU는 공공조달시장 단일화(Single Market)와 경쟁성 제고를 위해 역내에서 적용하는 단일 조달관련 법령인 유럽연합지침(EU Directive)을 운영하고 있다.

EU 회원국들은 이상과 같은 유럽연합지침(EU Directives)에 따라 공공조달을 수행하기 위해 노력하고 있는데, 유럽연합지침의 개략적인 내용을 살펴보면 다음과 같다. 유럽연합지침은 공공부문의 해외 개방을 전제로 각국 공공부문의 조달계약절차를 규율하고 있는 국제규범 가운데 가장 대표적인 것으로 유럽연합에 속한 각국 법령과 제도를 조화시키기 위한 법률적 수단의 기본적인 틀로서 서로 다른 유럽연합 가입국들의 법률을 일치시키고, 최소한의 공통분모에 기초한 법률체계를 형성하도록 하기 위한 기본적인 성격을 갖고 있다. 유럽연합집행위원회(European Commission)는 1993년 기존 지침들을 종합하여 다음과 같이 공공조달과 관련된 5가지의 새로운 지침을 제시하였다.

① 공공공사 조달지침(Public Works Directive) 93/97/EEC
② 물품 조달지침(Public Supplies Directive) 93/36/EEC
③ 서비스 조달지침(Services Directive) 92/50/EEC
④ 구제 지침(Remedies Directive) 89/665/EEC
⑤ 공익사업 지침(Utilities Directive) 90/531/EEC, 93/38/EEC

〈표 7-6〉 EU 회원국별/연도별 조달시장 규모(단위 : Billion)

구 분	2001년	2002년	2003년	2004년	2005년
벨기에	38.26	40.59	42.56	45.68	48.97
덴마크	31.43	33.29	34.52	32.38	29.66
독일	357.52	366.04	371.47	347.91	362.80
스페인	84.66	93.56	100.54	116.17	125.72
프랑스	224.46	235.76	247.89	283.04	301.39
이탈리아	150.30	147.79	162.75	209.44	202.59
사이프러스	-	-	-	1.54	1.53
말타	-	-	-	0.52	0.77
네덜란드	90.51	98.94	104.41	115.66	122.22
스웨덴	46.56	50.24	51.65	50.61	52.87
총계	1,392	1,462	1,621	1,734	1,817

(자료) 조달청, 런던구매관, 2010.

(2) EU 정부조달 시장의 주요 계약방식과 정책

유럽연합지침(EU Directives) 제53조에 따르면 낙찰자 결정방식으로 최적가치 낙찰제와 최저가 낙찰제도를 기본적으로 제안하고 있다. 최저가 낙찰제도는 최저가를 주요 낙찰기준으로 삼고 있으며, 단순성과 신속성의 장점이 있기 때문에 입찰자 평가 시 품질에 대한 고려가 별로 없을 때 적합하다고 제시하고 있다. 최적가치낙찰제로 대표되는 '경제적으로 가장 유리한 낙찰자 선정(the most economically advantageous offer)' 기준은 가격요소와 더불어 품질, 기술성 및 기능성, 환경적 특성, 운영비, 비용효과, 사후서비스(AS)와 기술적 지원, 인도일자, 공사기간 등 다양한 평가요소를 고려하여 프로젝트에 경제적으로 가장 유리한 입찰조건을 제시한 업체와 계약을 체결하는 제도이다.

1996년 제정된 신유럽연합지침(new EU Directives)에서는 새로운 조항으로 경쟁적 교섭방식(Competitive Dialogue procedure)과 기본협약방식(Framework Agreement)을 제안하고 있다.

가. 경쟁적 교섭방식(Competitive Dialogue procedure)

경쟁적 교섭방식은 조달당국의 요청을 충족시키기 위한 선택을 위해 입찰에 참가한 자들 중 선임된 자와 조달당국이 협상과정 중 다방면의 토론을 행하여 교섭을 한 후보자의 최종제안을 토대로 낙찰자를 결정하는 방식으로, 일반경쟁 또는 지명경쟁 절차와는 달리 복잡한 계약조건이 사용된다. 이러한 교섭에는 최저 3인 이상의 입찰참여자가 필요하고, 계약 공고에 교섭방식과 관련된 요구사항 및 평가기준을 공표해야 한다. 교섭과정 중 평가기준에 필요조건을 충족시키지 못한 업체는 배제하고, 필요조건을 충족시키는 해결책이 제안되면 그 단계에서 교섭이 종료되며, 그 시점에서 남아 있는 입찰 참여자들 간의 최종입찰이 실시된다.

나. 기본협약방식(Framework Agreement)

신유럽연합지침 제32조에 따르면, 기본협약방식(Framework Agreement)은 일정기간에 대해 특정 물품, 서비스, 공사를 일정한 조건으로 조달할 것을 1개 이상의 업체와 발주자가 사전에 합의하고, 합의된 조건에 따라 일정 기간 이내에 필요에 적합한 구체적인 계약을 각각 체결하는 조달방식으로 본 협정의 최대유효기간은 4년이다.

프랑스의 전력, 철도 등과 관련된 대규모 국영기업들이 이와 유사한 절차를 사용하고 있으며, 영국의 도로성에서 500만 파운드 이상의 유지보수업무에 활용해 왔던 제도이나 본 협약방식은 권리의무를 발생시키는 계약이 아니기 때문에 지금까지 유럽연합지침상의 계약으로 취급되지 않고 있었다.

3. 영국 정부조달시장

(1) 영국 정부조달 시장의 특성과 규모

영국 정부의 2006년 공공조달 규모는 1,500억 파운드(약 300조원)로 독일, 프랑스, 이탈리아 등과 함께 EU 회원국 중 상대적으로 매우 큰 정부조달시장을 형성하고 있다. 영국 정부조달의 가장 큰 특징은 2000년대 들어 최저가 낙찰제도를 전면 폐지하는 대신 최고가치(Best Value) 낙찰방식이 주로 활용되고 있다는 것이며 유럽연합지침에 따른 경쟁적 교섭방식이 다수 활용된다는 점이다.

〈표 7-7〉 영국 정부조달시장규모(2006년)

품목	금액(파운드)	비중(%)	품목	금액(파운드)	비중(%)
사무기기, 컴퓨터	6.5	22	백색제품	0.1	1
교통(차량 포함)	5.4	5	건설	22.3	13
IT서비스	4.2	4	의료/사회보장	21.3	16
우편,통신,TV	3.6	7.5	의약품	8.9	32
에너지	3.5	4	폐기처리서비스	4.5	30
Food	3.2	1.5	의복	0.9	1.6
인쇄, 펄프제품	1.7	7	화학제품	0.5	1.9
가구류	1.2	6	기타	62.1	41.4

(자료원) U.K. Sustainable Procurement Task Force, 2006

공개경쟁입찰과 최저가 낙찰방식을 핵심으로 하는 강제경쟁입찰제도(CCT)가 2000년 이후 폐지되었는데, 이러한 이유는 공공부문의 계약에서 '공정성'과 '투명성'이 중요하기는 하지만, 가장 핵심적인 것은 성과(performance), 투자효율성(value for money), 품질 서비스 확보(quality service) 등이므로, 이전의 강제경쟁입찰제도는 최저가 낙찰제도를 기반으로 하여 예산절감에만 치중함으로써 오히려 비효율적이었다는 지적에 따른 결정이었다. 그러나 최저가 낙찰제도를 기반으로 하는 강제경쟁입찰제도도 그 나름대로 성과가 있었는데, 특히 정부의 생산성과 관리능력의 향상에 기여하였으며 재정 압박 속에서 투자효율성을 제고시키기 위한 적절한 방안으로 인식되었다.

최고가치의 기본 개념은 납세자가 수용할 만한 가격(a price acceptable)으로 사업목적에 적합한 품질의 서비스를 경제적, 효율적, 효과적으로 제공하는 것을 의미한다. 이러한 최고가치 낙찰제도는 다음과 같은 점을 시사해준다.

첫째, 비용 개념의 전환이 전제되어 있다고 볼 수 있는데, 초기 투입비용의 최소화를 추구하는 것이 아니라 유지관리비용을 포함한 총 생애주기 비용(whole life cycle cost)의 최소화를 목표로 한다는 것이다. 이는 기초 사업비만 저렴하면 되는 것이 아니라 계약목적물의 내구연한, 유지관리비용까지도 모두 비용으로 포함하여 전체적인 투자 효율성을 얻고자 하는 것인데, 이런 관점에서 본다면 최고가치 낙찰제도는 총 생애주기 비용의 최저가 낙찰을 추구한다고 볼 수 있다.

둘째, 최고가치 낙찰제도 역시 입찰가격에 대한 평가는 최저가격으로 하는 업체를 우대하고 있기 때문에 입찰가격에 대한 평가 없이 비가격요소만으로 낙찰자를 선정하는 것은 결코 아니다.

셋째, 최고가치 낙찰제도가 제대로 작동되기 위해서는 비가격요소에 대한 평가변별력이 존재하여야 하는데, 이를 위해서는 발주자가 기술적 전문성에 입각하여 입찰자의 기술력이나 서비스 제공능력에 대한 철저한 평가를 할 수 있어야 한다는 것이다.

마지막으로 기술력을 포함한 비가격 요소의 정확한 평가를 위해 입찰참가자 수를 제한하고 있기 때문에 보다 많은 업체참가는 합리적이지 못한 것으로 평가된다.

(2) 영국 정부조달 시장의 주요 계약방식과 정책

영국의 중앙조달기관인 OGC(Office of Government Commerce)가 2006년 규정한 공공계약규정(Public Contracts Regulations)을 살펴보면 영국정부는

조달 물품 및 서비스를 구매하기 위해 다음과 같은 주요입찰방식을 활용하고 있는 것으로 나타나고 있다.

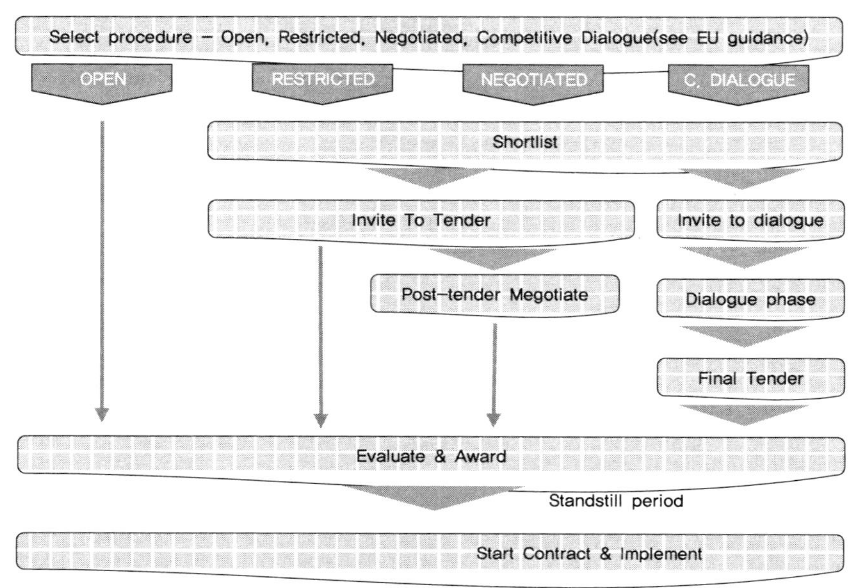

〈그림 7-3〉 영국 정부조달시장의 주요 계약방식

가. 공개경쟁 입찰(Open Procedure)

입찰계약 이전에 입찰참가 자격 심사를 하지 않아 관심 있는 공급 기업들이 모두 입찰에 참여 가능하며, 적용에 대한 제한은 없으나 많은 입찰자 평가에 따른 어려움으로 인해 입찰자가 많지 않은 경우에 제한적으로 사용된다.

나. 제한 입찰(Restricted Procedure)

제한 입찰도 관심 있는 모든 공급 기업들이 입찰참가 의사를 표명할 수 있으나 공개경쟁 입찰과는 달리 PQQ(Pre-Qualification Questionnaire, 선택기준)를 통과한 최소 3개 이상의 기업에게만 입찰 초청서(ITT : Invitation to Tender)를 발송하고 입찰참여를 허용한다. 공개경쟁 입찰과는 달리 사전심사단계가 있어 많은 입찰참여가 예상되는 경우에 주로 사용된다.

다. 경쟁적 대화(Competitive dialogue)

경쟁적 대화방식은 입찰공고 이전에 기술적·법적 또는 재정적 측면에서 자신의 요구사항을 만족하는 방안을 정부가 찾지 못 찾는 경우 입찰참가자들과 대화를 통해 계약내용 등을 규정하는 방식으로 발주기관은 입찰참여 기업과의 대화를 통해 대안 개발 ➡ 대화 종료 ➡ 최종 입찰 참여업체 선정 ➡ 가격 및 계약이행방안을 포함한 최종입찰서류 제출 ➡ 반드시 경제적으로 가장 유리한 입찰자(the most economically advantageous tender : MEAT)를 낙찰자로 선정(최저가격 낙찰기준 사용 불가)하는 방식으로 진행된다.

라. 기본협약(Framework Agreement)

기본협약 방식은 앞서 미국 정부조달시장 제도에서 살펴본 MAS 방식과 유사한 형태로 발주기관과 공급기업간에 미래에 이행될 계약내용을 사전에 정하고 이를 토대로 향후에 구체적 계약을 체결하는 계약방식을 의미한다. 따라서 MAS 방식과 같이 기본협약을 체결했다고 해서 정부기관이 반드시 구매해야 하는 것은 아니며, 최고가치(Value for Money) 관점에서 보다 더 유리한 조건이 있으면 따를 수 있다. 이러한 기본협약 방식은 물품, 공사, 용역 모두에 적용 가능하며, 1회의 공개경쟁을 통해 요구사항을 만족하는 여러 공급기업과 기본협약을 체결한 이후 납품계약은 협약된 공급기업 중 MEAT를 만족하는 업체와 체결하게 된다. 2009년 현재 기본협약 방식을 통하여 약 50만 개 이상의 제품과 서비스 등을 공급하고 있다.

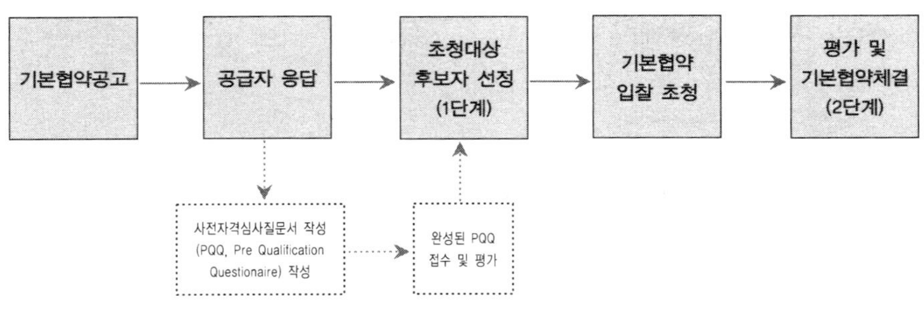

〈그림 7-4〉 기본협약 체결 절차

마. 프라임 계약(Prime contracting)

2000년 이후 도입된 영국의 새로운 계약방식으로 기본적으로 공급사슬 관리 원칙과 절차를 공공조달에 적용한 것이라 할 수 있다. 따라서 계약 이행을 위해 전후방에 걸쳐 이해관계에 있는 개별 계약자들을 신뢰와 협력을 바탕으로 장기간 협력관계를 구축하게 하여 발주자와 이들 공급사슬 구성원 간에 장기적인 일대 다수의 파트너링 방식으로 계약을 체결하는 것이다. 프라임 계약방식에서 가장 주도적인 역할을 하는 주체를 프라임 계약자라 하며, 공급사슬 내부에 속한 기타 공급자들을 통합·조정하는 역할을 담당하고, 정해진 예산과 기간 이내에 사업수행이 이행될 수 있도록 하는 총체적인 책임을 지게 된다.

〈표 7-8〉 영국 정부조달 입찰정보 제고 사이트

구분	사이트
중소규모 입찰정보 제공 (EU에 공개하지 않아도 되는 소형입찰 대상)	- www.bassetlaw.gov.uk - www.sourcenottinghamshire.co.uk - www. nottinghamshire.gov.uk - www.supply2.gov.uk - www.london2012.com/business - www.publicprocurement.co.uk - www.LocalGov.co.uk. (the Municipal Year Book) - www.Constructionline.co.uk (시설공사만 취급) - www.contraxonline.com
대규모 입찰정보 제공 (EU에 공개해야 하는 대형입찰 대상)	- www.ted.publications.eu.int - www.BiPcontracts.com - www.tenders.com - www.tendersdirect.co.uk

4. 중국 정부조달시장

과거 중국의 계획경제시기 정부조달은 통일 분배로 이루어졌고 정부조달시장 자체가 존재하지 않았지만, 개혁개방 이후 국유자산의 불필요한 낭비와 부패 방지를 위해 중앙정부와 지방정부에서 필요로 하는 물자를 자체적으로 조달할 필요성이 대두되면서 1998년 정부조달 시스템이 도입되었고, 2003년 1월 '정부조달법'이 제정되어 현재 이르고 있다. 그러나 이러한 '정부조달법'도 WTO의 GPA 규정과 비교해 볼 때 투명성과 규범성 등에서 매우 미흡한 것으로 평가받고 있다.

중국의 정부조달시장 규모는 세계 각국의 일반적인 규모보다도 적은 GDP 대비 1.3~1.8% 규모로 나타나고 있다. 이러한 이유 중 하나는 중국정부가 정부조달 관련 통계수치를 발표함에 있어 각급 산하기관과 국유기업 및 공공사업 부문을 포함하지 않고 발표하기 때문으로 추정된다. 만약 이들 기관들이 모두 포함된다면 중국 정부조달시장 규모는 더욱 커질 것이다. 중국 정부는 '정부조달법'에 따른 입찰방식을 통한 정부 물품 구매가 예산절약에 큰 효과를 보고 있는 것으로 판단하고 있기 때문에 향후 급속도로 성장할 것으로 예상되고 있다.

정부조달 시스템이 도입된 1998년 이후 중국 정부조달시장의 규모를 살펴보면 1998년 31억 위안에 불과했던 정부조달 시장규모는 2006년 3,682억 위안, 2007년에는 4,000억 위안을 넘어서는 등 연평균 68% 이상 성장하고 있는 것으로 나타나고 있다.

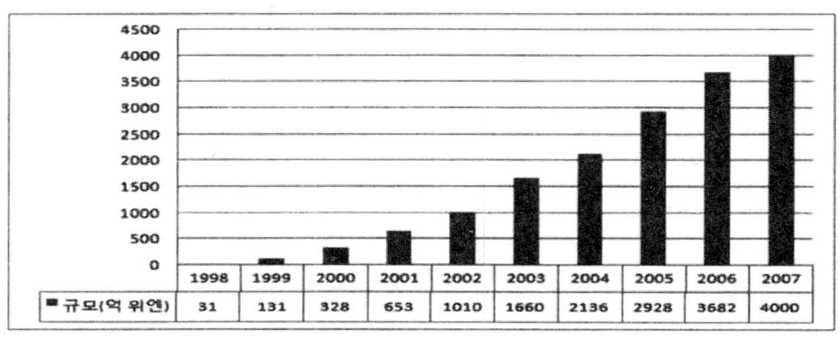

	1998	1999	2000	2001	2002	2003	2004	2005	2006	2007
■ 규모(억 위엔)	31	131	328	653	1010	1660	2136	2928	3682	4000

주: 2007년은 추정치임
자료: 중국 재정부(http://www.mof.gov.cn/index.htm)

〈그림 7-5〉 중국 정부조달시장 규모

7.3 정부조달시장의 국제화 동향

1. 보호주의에서 개방주의로의 이행

전통적으로 정부조달분야는 유무형의 차별과 장벽을 통하여 외국기업의 진출을 막는 대상이 되어왔다. 이는 각국 정부가 정부조달을 통하여 국내기업, 특히 중소기업을 보호·육성하거나 일자리 창출, 특정산업의 육성, 고용확보, 국제수지의 개선 등 경제정책의 주요수단으로 활용하여 왔으며 방위산업육성 등 특정한 국가정책의 달성 수단으로 활용하여 왔기 때문이다. GATT(General Agreement on Tariffs and Trade)협정에서도 정부조달분야는 상업적인 일반거래와는 달리 비상업적인 특수구매로 인정하여 내국민 대우원칙을 적용하지 않고 있다.

미국, 일본, EU 등 선진국을 비롯하여 대다수 국가들은 자국의 산업보호를 위하여 정부조달시장에서 외국기업에 대해 여러 가지 차별적인 조치를 취하고 있다. 대표적인 예로 조달과정에서 소요자재의 국산화 비율(Local Contents)을 제시하거나 오프셋(Offset)조항[6]을 입찰공고조건에 설정하거나, 입찰가격 평가 시 자국제품이나 서비스를 우대하는 기준을 적용하는 등 외국기업에 대한 불리한 차별정책을[7] 운영하는 것 등을 들 수 있다.

이러한 추세에 따라 각국의 과도한 정부조달시장 보호주의 정책전개로 무역마찰이 발생하였으며 특정 기술 분야에 대한 국제적 기술공조개발의 실패, 과도한 보호에 따른 자국 중소기업의 경쟁력 저하 등 문제점이 유발되기도 하였다. 이상과 같은 차별적인 조치와 관행이 지속될 경우 약 9조 달러에 이르는 방대한 세계 정부조달시장은 국제교역의 대상

6) 낙찰자를 선정할 때, 낙찰기준의 일환으로 공급자에게 경상수지 전환이나 경제개발을 위한 특별한 조건들을 요구하는 행위를 말한다. 여기에는 국산부품 사용의무, 기술이전이나 라이센싱 조건, 투자의무, 역수출 조건 등이 해당된다.

7) 미국의 경우 「미국산품 우선구매제도」의 운영을 들 수 있다. 이 제도가 반영된 대표적인 법률은 「1933년 Buy American Act」이다. 동 법 제2조는 "미국산품을 조달하는 것이 공공이익에 반한다고 인정된 경우, 불합리하게 가격이 높다고 판단한 경우, 미국산품으로는 수량 또는 품질이 부족한 경우, 또는 당해 제품을 미국 이외의 지역에서 사용하는 경우를 제외하고는 반드시 미국 내에서 생산, 제조한 제품만을 사용하여야 한다"고 규정하고 있다. 이 법률의 적용은 정부조달협정 가입국가와 상호주의 원칙에 따라 미국기업에 대하여 조달시장의 개방을 허용한 국가 및 미국과 FTA를 맺고 있는 국가를 제외한 모든 국가에 적용토록 하고 있다. EU의 경우는 개별 국가별로 「국산품 우선 구매제도」와 공동체 수준의 「역내생산품 우선구매제도」가 있다. 「수도·에너지, 운송 및 통신부문의 조달에 관한 Utilities 지침(이사회 지침90/531 및 93/38)」에서는 "역내 입찰자의 제시가격이 역외 입찰자의 가격보다 3%범위 내에서 고가일 경우라도 역내 입찰자를 낙찰자로 정한다"고 규정하고 있다.

에서 제외될 수도 있을 것이다. 특히 정부조달분야는 각국의 경제에서 차지하는 비중이 결코 적지 않기 때문에 정부조달시장을 개방하여 전 세계 무역을 증진시킬 경우 교역 참여국의 후생이 크게 개선될 가능성이 높다. 또한 정부조달분야가 국제화 될 경우 투명성 증진과 경쟁촉진을 통하여 조달 시스템을 효율화할 수 있고 조달가격 인하를 통한 정부 예산절감이 가능한 내부적인 이점도 작용할 수 있다.

그 동안 국제사회는 이러한 국제조달시장 개방의 이점을 활용하기 위하여 지난 1979년 GATT의 동경라운드에서 최초로 GATT 정부조달협정(GATT GPA : Government Procurement Agreement)이 복수국간 협정으로 성립되었고, 우루과이 협상결과에 따라 보다 상세하게 규정된 WTO 정부조달협정(WTO GPA : Government Procurement Agreement)이 마련되어 1996년 1월 1일부터 발효되었다. 그러나 규범제정 이후 현재에 이르기까지 상당기간이 경과하였음에도 불구하고 조달분야의 무역자유화가 큰 진전을 보지 못하고 있는 점이 문제점으로 지적되어 현재 WTO 정부조달위원회가 중심이 되어 WTO GPA의 개정을 본격적으로 검토하고 있다. 아울러 조달과정에서의 투명성 증대가 무역자유화를 위해 필요하다는 인식 하에 OECD가 국제상거래에서의 해외공무원에 대한 뇌물방지협약을 제정하였고, 동 협약은 1999. 2. 15일부터 발효되었다. 또한 미국은 정부조달의 부패행위로 인한 무역왜곡을 방지하기 위해서 WTO에 대하여 투명성(transparency), 공개성(openness), 적법절차(due process)에 관한 잠정협정 체결을 제안함으로써 WTO 정부조달 투명성 협정에 대한 논의가 본격적으로 진행되고 있다. 이와 같이 정부조달시장의 무역자유화와 투명성 증진 문제가 국제사회에서 중요한 이슈로 부상하고 있다.

현재 정부조달에 대하여 무역자유화를 목적으로 제정된 국제적 통일규범은 WTO GPA가 유일하다. 그러나 이는 WTO내의 각종 다자간 무역협정(Multilateral Trade Agreement)과는 달리 WTO 협정의 부속협정이 되며, 동 협정에 가입한 28개 국가에게만 적용되는 복수국간 무역협정(Plurilateral Trade Agreement)의 수준에 머무르고 있다. 협정 가입국을 보면 일부 중진국을 포함하여 대부분 선진국 중심으로 가입하고 있어 정부조달시장의 획기적인 개방이나 무역자유화를 기대하기가 매우 어려운 실정에 있다고 할 수 있다. 더구나 현재 진행 중인 WTO GPA의 개정추진 방향[8]이 다자간 협정으로 확대, 발전시키는 것은 불가능한 것으로 전제하고, 현재의 복수국간 협정의 형식을 유지하면서 단지 일부라도 가입국수를 늘리는 것을 염두에 두어 상세 절차규정을 단순화시키는 쪽으로 개정작업이 진행 중에 있다. 한편 정부조달에 대한 투명성 협정을 다자간 협정으로 새롭게 제정하여 WTO 회원국에 일률적으로 적용하는 논의가 진행되어 왔으나 2001년 11월에 개최되었던 WTO 도하 각료회의에서 개발도상국들의 반대에 부딪쳐 향후 협상과제로의 채택을 일단 보류하기로 결정한바 있다. 그밖에도 전자상거래 및 전자조달 문제가 새로운 환경변화에 따라 규범화할 필요성이 제기되고 있으며 이들 분야가 신통상의제[9]로 채택될 가능성이 매우 큰 것으로 전망되어진다. 이와 같이 정부조달과 관련한 제반 문제가 WTO GPA를 보완하여 통합시키는 방향으로 검토되지 않고 여러 협정으로 분산하는 것을 전제로 하고 있어, 향후 정부조달과 관련한 국제질서가 매우 복잡한 양상으로 전개될 것이 예상된다.

2. 정부조달시장 해외진출에 대한 장애요인

1994년 WTO GPA(Government Procurement Agreement, 정부조달협정)의 발효로 주요 선진국의 해외조달시장이 외국기업에게 제도적으로 개방되고는 있지만 대부분의 국가에서는 여전히 정부조달분야의 해외수입 비

---

8) WTO GPA의 개정 추진방향은 "인터넷과 정보통신기술의 활용, 조달형태의 재분류 및 조달절차의 간소화, 공기업이 민영화되는 경우의 대응방안, 개발도상국 특혜조항 개선 및 수익운영권의 포함 여부" 등이 주로 논의되고 있다.

9) 이는 UR협상의 미해결 과제와 새로운 통상 이슈들로써 무역과 관련된 경쟁정책, 투자, 환경, 정부조달 투명성, 전자상거래 등이 해당된다.

중이 다른 민간제품이나 서비스 분야에 비해 매우 낮은 것이 현실이다. 이는 기업선정방법이나 계약이행 등과 관련된 조달계약절차 및 관행이 국가 간에 많은 차이를 보일 뿐만 아니라 자국 내 기존 판매경험이나 자국산 부품의 일정비율 사용 등과 같은 눈에 보이지 않는 높은 시장진출 장벽들이 여전히 존재하고 있기 때문이라 할 수 있다.

또한 정부조달시장은 일반 제품이나 서비스 시장과 비교할 때 마케팅이나 거래계약, 대금지급, 사후관리 등에 따른 절차나 과정에 분명한 차이가 있으며 해외진출기업이 해당 계약에 대해서 책임을 지는 범위나 시점도 다르고 외국산 제품 또는 서비스에 대한 국가간 조달정책상의 차이 또는 구매결정을 담당하는 조달 공무원의 문화나 태도, 가치관 등에서도 차이가 발생하기 때문에 일반 제품·서비스 시장과는 다른 측면을 가지고 있음을 인식하여야 한다.

WTO GPA 발효 이후에도 여전히 정부조달시장에 대한 해외기업의 진출에 어려움을 주는 장애요인[10]을 구체적으로 살펴보면 다음과 같다.

첫째, 실질적인 차별제도가 여전히 존재하고 있다는 점이다. 정부조달시장이 WTO와 같은 국제협정에 의해 개방되더라도 공식적인 차별만 제거되었을 뿐이지 거래관행이나 문화, 상이한 기술규정, 산업정책, 시장개방 의지 등이 국가마다 다르기 때문에 실질적으로 차별이 완전히 제거되었다고 볼 수 없다. 2004년 영국정부가 자국의 정부조달시장에 납품하는 해외기업을 대상으로 정부조달시장 해외기업실태에 대한 조사를 실시한 결과, 상당히 다양한 형태의 실질적인 차별이 상당수 존재하고 있음을 밝히고 있다. 한편 미국 무역대표부(USTR)가 해외조달시장에 진출하고 있는 미국기업을 대상으로 매년 실시하는 조사결과를 살펴보면, 미국기업들은 정부조달협정 가입국의 경우에도 여전히 자국 제품이나 서비스를 편향적으로 구매하는 경향이 있으며, 국방 등 시장개방에서 제외되는 분야에서는 광범위하게 절충구매를 활용하고 있는 것으로 응답하

10) 최장우(2010), 「한국기업의 해외정부조달분야 수출증대방안에 관한 연구」, 통상정보연구, 제12권 2호.

고 있다.

〈표 7-9〉 미국 무역대표부의 정부조달협정 가입국의 조달장벽 조사결과

국가	조달장벽
캐나다	지방자치단체의 국내기업 가격 우대조치
일본	시설공사시 일본기업 위주의 자격기준과 평가기준, JVC 구성의 제한, 담합입찰
한국	공사 및 물품에서 소액규모의 입찰참여 금지
스위스	지방정부 입찰 시 지역기업 선호, 외국기업에게는 기술보장 및 사후 A/S 요구
이스라엘	4백만 세겔까지 공개경쟁 유예, 외국기업 낙찰 시 국내산업 투자
영국	국방물자의 경우 영국 국방부와 계약된 기업과 파트너십 형태로 계약
프랑스	국방물자의 경우 비유럽권 기업의 참여 실질적 제한
스페인	고액의 입찰비용 요구, 인프라 건설사업 참여에 대한 폐쇄적 정책
포르투칼	사실상 유럽 및 포르투칼 기업의 선호
이탈리아	조달업무가 22,000기관에 걸쳐 분산되어 투명성 부족과 부패가 단연
오스트리아	국방물자의 경우 200%까지 절충구매 요구, EU 및 자국기업 선호 경향
그리스	복잡한 입찰참가자격(세금완납, 파산경험 無, 고용인 사회보장, 이사진의 범법사실 증명)
루마니아	국방물자 절충구매 요구
슬로베니아	통신, 의료장비, 국방물자에서 투명성 부족
아일랜드	예산결정 시스템 지연 및 낙찰기준 비공개, 계약이행조건 불투명

(자료원) 최장우(2010), 「한국기업의 해외정부조달분야 수출증대방안에 관한 연구」, 통상정보연구, 제12권 2호.

둘째, 소액조달 등 특정조달분야는 시장개방범위에서 여전히 제외되고 있다는 점이다. WTO 정부조달협정에 의해 조달시장이 개방되더라도 개방하한선 이하의 소액조달은 개방에서 제외된다. 국가기관의 경우 물품 및 서비스는 13만 DSR, 건설공사의 경우 500만 DSR 이하의 정부조달은 해외기업에게 개방하지 않아도 된다. 또한 정부조달협정은 무기, 탄약 등 국방물자의 조달이나 국가안보 또는 국방목적 수행을 위한 조달도 개방의무에서 제외하고 있으며 자국의 공중도덕 및 질서와 안녕, 동식물의 생명과 건강, 지적 소유권 등을 보호하기 위한 각종 조치에도 적용되

지 않는다.

셋째, 정부조달협정에 의한 시장개방 성과의 미흡을 들 수 있다. 정부조달협정의 성과를 국제교역의 증가 측면에서만 살펴보면 협정 가입국의 해외조달실적이 약간 증가하긴 했지만 전반적으로는 기대한 만큼의 효과가 나타나지 않았다. 특히 협정 가입국간에는 제도적인 장벽이 제거되었기 때문에 일반 민간시장에서와 같은 수준의 국제교역이 발생해야 하지만 정부조달시장의 해외조달비율은 민간시장에 훨씬 못 미치는 것으로 나타나고 있다. 이는 WTO 정부조달협정 자체의 한계에 기인하고 있다고 볼 수 있다. 양허하한선으로 인한 시장개방 폭의 협소, 엄격한 부문별 상호주의 적용으로 인한 핵심품목의 시장개방 유보, 불확실한 기술규격 관련 규정, 소극적인 협정이행과 감시활동, 공기업의 포함 여부와 민영화에 대한 규정의 미비, 자국 응찰기업간 담합 가능성에 대한 제재수단의 미비, 다수의 개도국 및 후진국의 가입 확대를 위한 유인책 부족 등이 지적되고 있다. 또한 정부조달 특유의 속성으로 인한 통계적 부정확성이나 분석방식의 비현실성에 기인하고 있다고 볼 수 있다. 실제로 해외기업이 특정 국가의 공공조달시장에 진출하였더라도 직접 참가하기보다는 현지 기업이나 현지 자회사를 통해 진입하는 것이 유리하기 때문에 이러한 경우는 대부분 특정 국가의 자국산 제품으로 통계 처리되는 경향이 높다. 또한 자국산 부품비율이 일정수준 이상인 경우에도 해외조달물품으로 취급하지 않고 국내제품으로 통계 처리하는 경향이 있다.

7.4 우리나라 기업의 해외조달시장 진출전략

2008년 기준으로 전 세계 조달시장 규모는 총 GDP의 15% 수준인 9조 달러로 추정되며 미국, EU, UN 등 주요 조달시장은 매년 확대되는 추세이나, 우리기업의 진출은 아직 초기 단계라 할 수 있다. 특히 진출품목도 다양하지 못하며 일부 품목에 한정되어 있는 것을 알 수 있다. 다음에서는 우리나라 기업의 주요국 조달시장 진출에 따른 장애요인과 성공을 위한 진출 전략을 세부적으로 살펴본다.

〈표 7-10〉 우리나라 기업의 해외 정부조달시장 주요 진출 품목

구분	진출 품목
일반물품	철도차량, 문서 세단기, 이동식 과속단속 시스템, 조립식 텐트, 1회용 주사기, 이동식 화장실, 광케이블, 콘돔
IT 관련 물품	외장형 스토리지, 견고화 노트북, 영상감시 및 저장 시스템, 서버 및 워크스테이션, 위성단말 송수신기, 정보보안 시스템, 무인 외곽경비 시스템, 스마트카드 리더기, 무전기, 영상감시기, 인체공학 마우스, 모니터, 보안 카메라, 태블릿 PC, 이동통신 단말기
SW 및 솔루션	아시안게임 종합정보 시스템, 범죄정보 시스템, 지능형 교통정보 시스템(ITS), 금융보안 시스템, 도시정보화 시스템, 승차권 발매 자동화 시스템, 내비게이션, LBS 솔루션, BPM 솔루션, 컴퓨터 바이러스 백신 및 복구 시스템, 전자금융 자동인식 시스템, 문서보안 시스템
식품 및 생필품	포도, 김치, 만두, 닭고기, 비누

(자료원) 조달청, KOTRA, 중소기업진흥공단 자료를 참고로 재정리

1. 우리나라 기업의 미국 정부조달 시장 진출 전략

2008년 우리나라 기업의 미국 연방조달시장 진출실적은 총 27억 8천만 달러로 연방정부 전체 납품의 약 0.44%를 차지하고 있는 것으로 나타나고 있다. 그러나 이러한 수치는 순수하게 우리나라 기업 단독으로 GSA에 납품한 비율을 의미하며, 미국 Prime Contractor(주계약자 제도)를 통해 납품된 실적은 개별 기업의 영업기밀에 속하는 사항으로 파악이 불가능하다.

1백만 달러 이상을 납품하는 상위 46개 기업이 전체 진출실적의 98%인 27억 5천만 달러(약 3조 3,487억 원)를 차지하며, 특히 주한 미군에 납

품하는 연료 및 건설공사 유지 보수 관련 상위 5개 업체의 실적이 21억 8천만 달러에 달하는 것으로 나타나고 있다. SK Energy(7억 6천만 달러), S-Oil(4억 8천만 달러), SK Chemical(4억 8천만 달러), GS Caltex(3억 5천만 달러), Jier shin Korea(1억 1천만 달러) 등의 대기업이 상위 5개사를 형성하고 있으며, 중소기업의 경우 대진코스탈(문서세단기)이 연간 70~80만 달러씩 미국 GSA에 Agent를 통해 납품하고 있고, 코아스웰(사무용 가구)이 연간 300만 달러 이상의 제품을 납품하고 있는 것으로 나타나고 있다. 2010년 현재 약 70~80개 내외의 우리나라 기업이 GSA Schedule 등록 업체로 추정(대기업 40여개, 중소기업 40여개)되고 있다.

미국 연방정부조달시장은 미국기업과 비슷한 수준의 경쟁력만으로는 진출이 어렵고 월등한 경쟁력을 갖춘 상태라야 유리하다. 또한 연방정부 조달제도를 심도 있게 분석하면서 까다로운 보안 및 규격인증 요구, 높은 품질수준 요구, 자사법인 현지화의 어려움, 현지 문화에 대한 이해부족 등을 극복해야 한다.

많은 우리나라 기업들이 연방조달시장이 추구하는 가치인 최적가치를 잘 이해하지 못하고 있으며, 보다 높은 부가가치가 서비스 분야에서 발생한다는 점을 이해하지 못한다. 복잡한 제도 때문에 조달과정이 다층적이라는 점을 간과하는 것도 제약요인이 된다. 미연방조달청의 스케줄 계약의 경우 단순히 계약을 체결한 것으로 물건이 판매되는 것이 아니라 많은 마케팅 활동이 따라야 하는데, 그러려면 현지 판매망과 사후관리의 적절한 확보가 요구된다. 더욱이 미국의 경우 우리나라와 상호 국방조달 MOU가 체결되어 있지 않아 선박, 섬유, 전기·전자, 철강 등 경쟁력 높은 우리제품의 진출이 사실상 제약된다. 미국의 자국산 구매규정(Buy American Act)나 소기업 내지 소수기업 특혜 조항도 우리기업의 진출 장애요인이 되고 있다.

사무용 가구를 생산하는 코아스웰의 경우 미국 현지 제품과 대비하여 확실한 비교우위를 갖추고 주한 미군의 중소 규모 입찰 건을 적극 공략함으로써 미국 조달시장에 성공적으로 진출한 사례이다.

미국 조달시장에 대한 진출 전략은 미국의 조달제도를 이해하는 것에서 시작한다. 미국 연방구매의 주요구성이 인력, 솔루션, 하드웨어, 유지보수 등으로 순으로, 단품이 아니라 기술 내지 서비스가 주를 이루며 부가가치를 창출하는 구조이기 때문에 기술 및 서비스에 집중할 필요가 있다. 또한 미연방조달청의 스케줄 계약의 예에서 보듯 장기적 관점에서 접근해야 하며 한 차례 입찰을 통해서가 아니라 무한 경쟁을 통해 계약을 수주해야 한다. 이런 특성 때문에 미국 조달시장을 염두에 둔 우리나라 기업은 미국형 서비스로의 변환과 함께 스케줄 계약과 같은 장기 거래에 주안을 두고 초기 투자에 신경을 써야 한다. 미국 중소기업과의 파트너십 형성이나 주한미군 납품을 미국 시장 진출 계기로 활용하는 전략이 바람직하다. 현지 전문가를 활용하거나 전시회 등을 활용하는 전략도 효과적이다.

2. 우리나라 기업의 EU 정부조달 시장 진출 전략

EU 회원국 중 하나인 영국기업들이 역내 다른 조달시장으로 진출하면서 겪은 어려움을 보면 외국기업의 시장진입을 어렵게 하는 법규의 존재, 자국기업에 대한 우대 경향 내지 현지구매 선호, 발주기관의 전문성 부족 등을 살펴볼 수 있다. EU의 공공조달시장 규모는 약 2조원에 이르며 이중 해외기업의 참여가 가능한 규모는 약 16%이나 진입이 쉬운 시장은 아니다.

대부분의 유럽 국가들은 낙찰자 선정 시 단순히 가격만을 보는 것이 아니라 대부분 품질, 기술적 장점, 미적·기능적 특징, 환경적 특징, 운영비용, 비용-효과성, 사후서비스와 기술 지원, 인도일 혹은 완성기간 등을 종합적으로 고려한다. 특히 EU의 경우 안전, 건강, 환경, 소비자보호 관련 제품에 대하여는 CE 마크가 의무적이어서 EU로 수출하는 상품들은 반드시 CE 마크를 획득하여야 한다. CE 마크란 상품의 여권으로 불리며

품질 마크의 일종이 아니라 주로 안전성에 관련되는 것이다. 장난감, 기계류, 전기제품, 가스이용제품 등 22개 종류로 구분되며 대부분 수입제품에 적용된다.

EU 조달시장에서 성공하기 위해서는 다양한 현지화 전략을 추구할 필요가 있다. 이는 EU 지역이 다른 지역에 비해 높은 문화적 자부심을 가지고 있는데 기인한다. 현지화에는 다양한 형식이 가능하나 "현지 자회사"방식이 가장 효과적이며, 현지기업 또는 에이전트와 합작투자를 수행하거나 유통협약을 체결하는 방법 등도 검토해 볼 수 있다. 또한, 현지시장에서 영향력 있는 기업과 하청계약(주계약자 방식; prime contractor)을 체결하는 방법도 검토해 볼 수 있을 것이다. 또한 현지 발주기관과 장기적이고 지속적인 유대관계를 형성하는 것도 중요하다. EU 조달시장에 진출한 경험이 있는 제조기업 관계자는 "우리는 단순히 서류를 가지고 입찰에 성공해 본 기억이 없다. 서류만 가지고 성공할 수 있는 기회는 매우 매우 적다"라고 조언하고 있다. 마지막으로 EU 지역에서 개최되는 정부조달 전시회(Public Procurement Show, Procurex Exhibition)에 참가하여 자사의 제품 홍보 및 현지기업과의 사업 협력 등을 추진하는 방안도 검토해 보아야 할 것이다.

3. 우리나라 기업의 중국 정부조달 시장 진출 전략

해외기업이 중국에서 사업을 하려면 최근의 자국산 구매 풍조, 현지 민영기업도 마찬가지로 겪는 국영기업의 독점, 지방보호주의, 법규 위에 군림하는 행정, 지방과 중앙의 소통부재로 일어나는 행정 무질서, 언어소통 관리 등 무수한 어려움에 부딪히게 된다. 제품의 안전과 신뢰도를 높이기 위해 실시하는 기술 규제 또한 점점 자국산 보호수단으로 변질되어 가고 있다. 입찰과 관련한 불공정하거나 불명확한 평가기준이 문제를 일으키기도 한다. 한편으로는 정부조달 관련 법규 자체가 매우 혼란

스러운 것도 한 몫하고 있는데 중국 정부도 각 주무부서로 흩어져 있는 입찰절차를 규범하고 법령을 정비하기 위해 노력하고 있으나 아직까지 자본주의식 경쟁체제인 국제적인 조달법률을 도입하는 데 상당한 진통을 겪고 있다.

중국의 정부조달 규모는 2009년 7천억 위안을 넘어섰는데 정부의 경제조정 및 사회발전 촉진을 위해 중요 정책수단으로 그 중요성이 커지고 있으나 아직까지 우리나라 기업의 독자적인 정부입찰 참여비율은 높지 않다. 언어소통이 원활하지 않아 별다른 고려 없이 재중동포(조선족)를 활용하는 경우가 있으나 믿고 쓸 수 있는 전문인력을 확보하는 것이 바람직하다. 실제로 제품 홍보자료에 오역이 많아 상담이 불가한 사례가 많았다는 사례는 우리에게 시사해 주는 바가 크다.

우리나라 기업이 직접 입찰에 참여하는 경우에는 기 진출한 동종의 대기업과 공동진출하거나 신뢰할 만한 중국 파트너와 함께 하는 것이 좋은 방법이다. 중국 정부조달시장진출에 성공한 우리나라 기업들은 경쟁사 제품과 차별화된 고품질 제품인 것은 물론이고 인내를 가지고 노력과 시간을 투자하였으며 장기간 홍보비용을 지불하고 현지법인에 자율성을 부여하는 등 현지화 전략을 적극 구사했다는 공통점이 있다.

마지막으로 중국정부에서 장려하고 있는 물품과 제한 및 금지하고 있는 물품을 업종별로 구분하여 구체적으로 안내하고 있으므로 이에 대한 필수적인 검토가 필요하다.

4. 우리나라 기업의 UN 조달 시장 진출 전략

UN 시장은 여러 단계에 걸친 서류 작업, 까다로운 업체 등록, 실제 계약까지의 과정에 오랜 시간이 걸린다는 점 등이 진입 장애요인이 된다. 의향서를 제출한 기업에게만 상세규격을 공개하는 정책 또한 신규 진입업체로서는 규격정보를 얻기 어려운 요인이 되고 있다. 한번 진입하면 5

년 이상 장기간 계약관계를 유지할 수 있는 이점이 있지만, 반대로 신규 업체는 기존 시장 진입자를 극복하기 위해 계약담당자와 우호적인 관계를 형성하기 위해 더욱 노력해야 하는 시장이기도 하다.

콘돔을 생산하는 U사의 경우 엄격한 품질 관리를 통해 UN의 까다로운 요구를 만족시키면서 세계시장 1위를 지켜나가고 있다. 조립식 텐트를 생산하는 K사는 구매선례가 없던 약점을 CEO의 끈질긴 노력으로 극복한 사례이며, UN과 미니버스 납품계약을 체결한 H사의 경우 조달청 등 정부기관들의 적극적인 지원과 기업의 적극적인 입찰 참여가 빛을 발한 좋은 사례이다.

일반적인 정부조달시장에 비해 UN 조달시장은 초기 진입이 까다로운 편이다. 따라서 UN 시장에 진출하려면 제도에 대한 이해와 함께 UN이 원하는 품목이 자기 기업이 경쟁력을 갖고 있는 품목인지를 확인하여야 한다. 여기서 무엇보다 중요한 것이 UN이 원하는 A/S를 포함한 까다로운 품질요건을 갖추고 원가절감을 통해 가격경쟁력을 확보하는 것이다. 진출 준비가 되었다면 UN 조달시장 진출을 위한 필수요건이라고 할 수 있는 UNGM(UN Global Market)에 업체등록을 한 후, 관심품목에 의향서(EOI)를 제출하여야 한다. 의향서를 제출한 기업에게만 입찰참여 기회가 제공되기 때문에 이 과정이 매우 중요하다.

제8장 해외시장조사의 통계분석

8.1 자료의 수집 : 설문지 조사방법

앞선 2장에서 살펴보았듯이 해외시장조사는 자료의 성격에 따라 2차 자료조사와 1차 자료조사로 구분해 볼 수 있으며, 이중 조사결과의 통계분석을 필요로 하는 것은 거의 대부분 1차 자료조사를 수행할 때라고 할 수 있다.

1차 자료조사의 가장 대표적인 방법 중 하나는 설문지(Questionnaire) 조사로 설문지는 다수의 응답자들로부터 정량적 자료를 수집하기 위하여 작성되는 질문지이자 응답지로 쌍방의 대화가 불가능한 일방적인 물음의 형식을 띄고 있으므로 의사전달 방법을 선택하는데 매우 신중해야 한다. 일반적으로 설문지 조사방법은 회수율이 대단히 낮은 조사방법(평균적으로 40% 미만)으로 알려져 있으므로 비응답률 또는 응답되었지만 잘못 이해되어 작성된 설문응답의 회수 비율을 최대한 낮추기 위한 매우 세심한 노력이 필요하다. 특히 설문지의 발송 이후와 응답 회신 이후에는 어떠한 오류에 대한 수정도 불가능하며, 설령 설문지 발송 이후에 곧바로 별도의 필요조치가 담긴 내용(서류)이나 수정된 설문지를 재발송하였다 하더라도 당초에 기대했던 설문응답 효과를 거두기는 어렵다.

또한 설문조사에서는 조사 실무자들의 다양한 상황에서의 경험이 매우 중요하다 할 수 있는데, 이는 조사의 성격이나 응답자들의 특성, 조사지역에 따른 차별성, 조사기간이나 조사시기 등 수많은 변수들의 조합과 경우의 수만큼 해당 용도에 적합한 설문지와 설문방법 등이 계획되어야 하기 때문이다. 이렇듯 조사상황별로 적절한 설문지 작성을 기획하는 것을 설문지 디자인(design)이라고 한다.

설문지 작성에서 고려해야 할 주요사항을 살펴보면 ① 정보의 종류: 조사문제와 관련된 정보가 무엇인가 ② 측정방법: 척도의 형태를 어떻게 할 것인가 ③ 분석방법: 구체적인 통계분석기법으로 어떤 것을 사용할 것인가 등 3가지라 할 수 있으며, 설문지 작성의 주요 절차는 다음과 같다.

① 필요한 정보의 결정: 조사내용 및 목적에 따른 이해가 중요
② 자료수집방법의 결정: 대인면접, 전화면접, 우편조사, 인터넷 조사 등
③ 개별항목의 내용결정
- 응답자의 정보제공 가능성(응답자는 필요한 정보를 알고 있는가?)
- 응답자의 정보제공 용의성
- 질문의 필요성 정도(꼭 필요한 질문인가?)
- 질문의 횟수(한 번의 질문으로 충분한가?)
④ 응답형태의 결정: 양자택일형, 다지선다형, 자유응답형 등
⑤ 개별항목의 완성
- 쉽고 명료한 단어의 사용
- 다지선다형의 경우 가능한 모든 응답유형을 모두 제시
- 응답내용의 중복 회피
- 응답자에 대한 가정 회피
- 단어 등 조작적 정의에 대한 명확한 설명
- 민감한 항목에 대한 직접적인 질문 회피
- 대답을 유도하는 질문의 회피
- 응답자의 중간대답 선택성향
- 광범위한 질문에서 구체적인 질문으로
- 흥미를 유발하는 질문을 앞쪽으로 하고 민감하고 복잡한 문제는 뒤로
- 인적사항에 대한 질문은 가급적 맨 뒤로
- 가장 중요한 것은 질문항목 간에 관계를 충분히 고려
⑥ 설문지에 대한 사전조사 : 신뢰성과 타당성을 평가
⑦ 설문지의 완성 및 코딩 지침 준비

8.2 측정방식 및 통계방법의 선택

조사대상이 갖고 있는 속성을 통계분석 등의 작업에 활용하기 위해서는 조사내용을 수량화하는 작업이 필요하다. 조사대상의 속성을 수량화하기 위해 체계적인 단위를 가지고 해당 속성에 특정 숫자를 부여하는 것을 척도(scale)라고 하며, 측정의 수준에 따라 척도는 다음과 같은 4가지 유형으로 구분할 수 있다. 척도를 선택할 때 유의해야 할 것은 4가지 개별 척도마다 활용할 수 있는 통계방법에 제한이 있을 수 있으므로, 조사목적을 충실히 구현할 수 있는 통계방법의 선택을 위하여 적합한 척도를 선택하는 것은 매우 중요한 문제라는 점을 인식해야 한다는 것이다.

1. 명목척도

명목척도(nominal scale)란 단순히 특정한 속성의 내용을 갖고 있는 대상(들)을 확인하고 나머지 대상들과 구분하기 위하여 각 대상에 단순히 구분되는 숫자를 부여하는 방법이다. 예를 들어 프로야구 선수의 등번호가 명목척도이며 주민등록번호에서 남성은 '1', 여성은 '2'로 나타낸 숫자부여 방법도 명목척도이다.

대상이 갖고 있는 속성의 내용에 숫자를 부여하기 위하여 명목척도를 사용하려는 조사자는 반드시 전체 대상을 상호배타적이면서 전체를 포괄하는 범주(mutually exclusive & collectively exhaustive categories)로 나타내야 한다. 예를 들어 남성은 '1', 여성은 '2'로 나타내는 명목척도는 모든 사람이 남성 아니면 여성이므로 전체를 포괄하는 것이며, 한 사람이 남성이면서 여성일 수 없기 때문에 상호배타적인 것이다.

그러나 하나의 범주를 추가하여 학생은 '3'이라고 한다면 이러한 세 범주가 모든 사람을 포괄할 수는 있지만, 남학생과 여학생이 상호배타적인 범주로 다루어지지 않기 때문에 적절한 측정이라고 할 수 없다. 따라서 이러한 경우에는 남학생, 여학생, 학생 이외의 남성, 학생 이외의 여성 등의 네 범주로 나타내야 한다.

〈표 8-1〉 척도의 유형

척도	기능적 기능	예시	대표적인 통계분석 기법	
			집중경향치	유의성 검증
명목척도	대상이나 범주의 확인	성별, 직업, 주거형태	최빈수	chi-square, McNemar, Cochran Q 등
서열척도	속성 내용의 크기/순서	석차, 선호순위, 사회계층, 등급	중위수	Mann-Whitney U, Kruskal-Wallis H, Rank order correlation 등
등간척도	속성 내용의 크기 차이를 비교	온도, 시험성적	평균 및 표준편차	z-test, t-test, ANOVA, Pearson's correlation, Regression
비율척도	속성 내용의 크기 비율을 비교	매출액, 무게, 구매확률	평균 및 표준편차	동일

이러한 명목척도는 단순히 속성을 구분지어 주는 역할만 수행하기 때문에 특별한 연산작업을 수행하는 것은 무의미하다. 예를 들어 여성과 남성에게 부여된 수치를 가지고 연산작업을 수행하는 것은 전혀 의미가 없으며, 프로야구 선수들의 등번호를 평균하여 얻은 숫자도 어떠한 의미도 갖지 못한다. 또한 명목척도에 의해 각 대상에 부여된 숫자는 대상들을 상호배타적이며 포괄적인 범주로 구분해 주는 이외에 어떠한 의미를 갖지 않기 때문에 동일하지 않은 어떠한 다른 숫자로 변환시켜도 문제가 되지 않는다. 즉 앞선 예시에서 남성을 '111', 여성을 '101'로 나타내어도 의미상에는 어떠한 차이도 발생하지 않는다는 것이다.

명목척도에 따른 분석작업은 명목척도가 단지 빈도(frequency)만을 보여줄 수 있으므로 집중화 경향치로서 최빈수를 구할 수 있으며, 비율의 도출(상대빈도), 2항 분포 검증이나 χ2-검증 등 제한적인 통계작업을 적용할 수 있다.

2. 서열척도

서열척도(ordinal scale)란 조사대상이 특정 속성의 내용을 상대적으로 많이 또는 적게 갖고 있음을 수치화 시키는 것을 의미한다. 예를 들어 학생들을 시험성적 순에 따라 1등, 2등, 3등으로 숫자를 부여하면 각 숫자를 부여받은 학생의 성적이 상대적으로 많고 적음을 쉽게 구별할 수 있게 된다. 그러나 서열척도로 부여된 숫자 간에 동등한 차이가 있다고는 볼 수 없다. 즉 3등보다 2등이, 4등보다 3등의 성적이 상대적으로 높다는 사실은 알 수 있지만, 3등과 2등 사이의 속성내용(점수)의 차이가 4등과 3등 사이의 속성내용(점수)의 차이와 같다고는 말할 수 없다는 것이다.

이와 같이 서열척도에 의해 각 대상에 부여된 숫자는 대상속성 간에 서열만을 나타낼 뿐이며 숫자 간의 동등한 차이를 규정할 수 없기 때문에, 크기의 순서를 유지하는 한 어떠한 다른 숫자로 변환시켜도 문제가 되지 않는다. 즉 1등을 17등으로, 2등을 37등으로, 3등을 38등으로, 4등을 98등으로 변환시켜도 의미상에는 어떠한 차이도 발생하지 않는다는 것이다..

서열척도로 측정된 자료는 숫자 간의 차이를 비교할 수 없으므로 이 역시 연산조작이 불가능하며, 집중화 경향치로서 최빈수와 중위수를 구할 수 있다. 또한 서열자료에 적합한 통계적 분석은 Mann-Whitney U test, Kruskal-Wallis test, 스피어만의 서열 상관분석 등이 있다.

3. 등간척도

등간척도(interval scale)란 조사대상의 특정 속성에 대한 구분 및 순서

뿐만이 아니라 속성간 순서가 등간격으로 구성되어 있는 척도로 해당 숫자 자체로는 절대적인 의미를 가지지 못하지만 숫자 간의 차이는 절대적 의미를 갖게 된다. 이 척도는 임의 영점과 가상 단위를 지니고 있으며, 대표적인 등간척도로 온도와 연도 등을 들 수 있다.

등간척도는 속성의 순서와 등간격을 가정하고 있으므로 가감(+, -) 등의 연산조작이 가능하다. 즉, 20℃는 10℃보다 따뜻하며, 15℃와 20℃ 사이의 기온차이는 10℃와 15℃ 사이의 기온차이와 같고, 10℃와 20℃사이의 기온차이는 10℃와 15℃ 사이의 기온차이의 두 배라는 점을 알 수 있다.

이와 같이 등간척도에 의해 각 대상에 부여된 숫자는 속성내용의 상대적 크기는 물론 동등한 차이를 규정할 수 있기 때문에 조사자는 1, 2, 5, 6의 숫자를 3, 5, 11, 13으로 변환시킬 수 있는 등 측정의 단위(간격)와 원점을 임의로 규정할 수 있다. 그러나 명목척도에서 사용한 숫자처럼 임의로 서로 다른 숫자인 7, 5, 19, 13으로 변환시킬 수 없으며, 서열척도에서 사용한 숫자처럼 서열만을 유지하여 17, 25, 26, 46으로 변환시킬 수 없음에 유의해야 한다.

한편 온도에서와 같이 등간척도에 있어서의 기준점은 인위적인 것으로서 절대적인 의미를 가지지는 않는다. 예를 들어 섭씨와 화씨는 인위적인 0을 가지는 등간척도이나 섭씨 0℃와 화씨 0°F는 동일하다고 말할 수 없다.

등간척도로 측정된 자료는 숫자들 사이의 차이를 비교할 수 있으므로 집중화 경향치로서 중위수, 최빈수, 평균을 사용할 수 있으며 Z-test 또는 T-test, 분산분석, 피어슨의 상관계수, 회귀분석 등 다양한 통계적 분석을 적용할 수 있다.

4. 비율척도

비율척도(ratio scale)에 사용된 숫자들은 등간척도의 속성에 더하여 누구나가 절대적으로 동의할 수 있는 기준점을 가지고 있으므로 숫자 간의 동등한 차이는 물론, 동등한 비율도 추가적으로 측정할 수 있다. 예를 들어 2kg은 1kg보다 2배 무거우며 6kg보다는 3배 가볍다고 말할 수 있으며 절대적인 기준점은 0kg으로 -2kg 등의 측정치는 현실적으로 존재하지 않는다.

비율척도에 의해 각 대상에 부여된 숫자는 속성내용의 상대적 차이를 나타낼 수 있을 뿐 아니라 동등한 비율을 규정하고 있기 때문에 1, 2, 5, 6의 숫자를 등간척도에서 사용한 숫자처럼 동등한 차이만을 유지하여 3, 5, 11, 13으로 변환시킬 수 없음에 유의해야 한다.

한편 비율척도로 측정된 자료는 허용할 수 있는 모든 연산조작이 가능하므로 조사자는 비율자료를 근거로 하여 대상 사이의 차이를 비교할 수 있으며 대상의 서열을 부여하고 대상물을 확인할 수도 있다. 즉 비율자료에 대하여는 집중화 경향치로서 기하평균과 조화평균도 구할 수 있으며 여타의 척도로 측정된 자료에 대하여 허용되는 모든 통계적 분석이 허용된다.

8.3 측정오차에 대한 이해

측정이란 대상이 갖고 있는 속성의 내용과 추상적인 숫자 체계 사이에 일정한 의미를 부여하는 작업으로 만일 조사자가 속성의 내용에 정확한 숫자를 부여하지 못한다면 측정오차가 발생하게 된다.

이러한 측정오차는 크게 체계적인 오차와 무작위 오차로 구분할 수 있는데, 체계적 오차(systematic error)란 측정에 있어서 나타나는 상항적 편의(常項的 偏倚, constant bias)로서, 예를 들면 정상치보다 항상 무겁게 체중을 측정해 주는 저울은 모든 측정대상을 항상 정상보다 무겁게 측정해 주므로 상항편의를 야기 시킨다고 할 수 있다. 또한 무작위 오차

(random error)란 변항적 편의(變項的 偏倚, nonconstant bias)로서 동일한 대상이 갖고 있는 속성의 내용을 반복하여 측정할 때 측정치가 항상 일치하지 않는 것을 의미한다. 예를 들어 동일한 사람의 체중을 체계적 오차가 없는 여러 가지 저울로 반복하여 측정할 때 각각 측정된 체중들은 그 사람의 진정한 체중에 근접하여 나타나지만 모두 정확히 일치하는 체중을 보이지는 않을 것이다. 이러한 무작위 오차(또는 우연오차)는 주로 표본조사과정에서 나타난다.

현실적으로 측정오차는 완전히 없앨 수 없으며, 특히 사회과학분야의 측정에서는 어느 정도의 측정오차가 나타나기 마련으로 조사자는 이러한 측정오차의 잠재적 원인을 인식함으로써 이를 제거하기 위한 적절한 노력을 기울여야 한다.

① 응답자에 의한 측정오차

응답자는 조사자의 측정에 대하여 몇 가지 이유에서 오차를 발생시킬 수 있다. 즉 응답자의 관련 지식이 부족하여 응답할 능력이 없거나 단순히 추측을 근거로 하여 응답할 수 있으며, 간혹 극단적인 의견이나 감정표시는 회피할 수도 있다. 또한 조사받기를 귀찮아하거나 측정에 무관심함으로써 측정오차를 발생시킬 수도 있다.

② 자료수집방법에 의한 측정오차

질문의 성격이 민감한 내용을 다루고 있거나, 자료수집방법에서 익명이 보장되지 않을 경우와 같은 자료수집방법도 측정에 오차를 발생시킬 수 있다.

③ 상황적 요인에 의한 측정오차

조사과정 중에 다른 사람이 갑자기 참여하거나 조사에 집중하는 것을 방해할 수 있는 요인 등 주위환경은 측정에 오차를 발생시킬 수 있다.

④ 조사자 및 조사방법에 의한 측정오차

조사자의 조사태도나 말투 등은 측정상의 오차를 발생시킬 수 있으며 조사내용 기록과정에서의 오류와 응답자의 반응에 대한 잘못된 해석 등에서도 오차가 발생할 수 있다. 또한 조사방법에서 오차가 발생할 수 있는데 설문지 구조의 복잡성, 어려운 어휘로 질문, 선택 대안의 누락 등도 측정오차를 발생시킬 수 있다.

8.4 신뢰성 및 타당성의 확보

1. 신뢰성

신뢰성(reliability)은 넓은 의미에서 측정오류의 발생이 없는 정도를 의미하며, 조사대상에 대해 반복 측정했을 때 결과가 얼마나 일관성 있게 나타나는지를 판단하는 개념이다.

일반적으로 2개 이상의 항목으로 측정된 변수들의 신뢰성 검증에는 변수들의 내적 일관성 분석을 많이 사용한다. 내적 일관성을 측정하는 방법으로 Cronbach's α 계수를 보편적으로 이용하는데, Cronbach's α 계수가 0.7 이상이면 충분한 수준으로 신뢰성이 있다고 판단되고 있다. 신뢰성을 높일 수 있는 방안으로 다음을 검토할 수 있다.

① 측정도구의 모호성 제거 : 모든 조사 대상자가 동일한 의미로 해석할 수 있도록 측정항목의 내용을 명확히 한다.

② 측정항목 수의 증가 : 보다 많은 항목을 측정하면 측정값들이 평균에 근사해지므로 가급적이면 하나 이상의 측정항목을 이용하도록 한다. 그러나 측정항목이 지나치게 많아지면 또 다른 문제가 발생할 수 있으므로 유의해야 한다.

③ 측정방식의 일관성 유지 : 조사자와 조사환경을 통제하여 가급적

동일한 상황이 유지되도록 노력하여야 한다.

④ 응답자가 이해하지 못하는 항목의 삭제

⑤ 유사항목에 대한 반복 측정 : 응답의 신뢰성을 평가하기 위하여 동일한 속성에 대한 유사한 항목들을 반복하여 측정하여 일관성 있는 응답을 유도하도록 한다. 그러나 응답자가 짜증을 낼 수도 있으므로 이에 유의해야 한다.

⑥ 신뢰성이 입증된 측정항목의 활용 : 선행연구나 조사에서 사용되어 신뢰성이 이미 확보된 측정항목이나 측정방법을 활용하도록 한다.

2. 타당성

타당성(validity)이란 측정도구가 측정하고자 하는 개념을 정확하게 반영하고 있는지를 평가하는 것으로 측정도구의 정확성 정도를 나타낸다. 따라서 신뢰성이 아무리 높다 하여도 타당성이 낮다면 측정결과를 사용할 수 없다.

타당성에는 내용 타당성과 기준 타당성 및 개념 타당성 등이 있는데 ① 내용 타당성(content validity)이란 측정도구의 내용이 얼마나 타당한지를 평가하는 것으로 예를 들어 초등학교 수학시험에 미분 방정식 문제를 출제하거나 국어시험 문제를 영어로 출제한다면 내용 타당성이 낮다고 할 수 있다. ② 기준 타당성(criterion-related validity)이란 하나의 측정도구를 사용하여 측정한 결과를 다른 기준을 적용하여 측정한 결과와 비교했을 때 나타나는 관련성의 정도를 말하는 것으로 예를 들어 특정 학생의 대학 수학능력 정도를 대입고사 성적으로 측정하여 평가한 경우 실제로 해당 학생의 입학 이후 학점과 비교하여 보았을 때 대입고사 성적과 입학 이후의 학점이 서로 상관관계가 낮다면 대학 수학능력 정도를 측정하는 방법으로 대입고사 성적은 기준 타당성이 낮은 것으로 이해할 수 있다. ③ 개념 타당성(trait validity)은 조사자가 측정하고자 하는 추상적 개념이 실제로 측정도구에 의하여 제대로 측정되었는지의 정도를 의미한다. 개념 타당성은 다시 집중 타당성(convergent validity)과 판별 타당성(discriminant validity)으로 나누어진다. 집중 타당성은 동일한 개념을 서로 다른 방법으로 측정했을 때 해당 측정값 사이의 상관관계의 정도를 나타내는 것으로 동일한 개념을 측정하는 경우에는 서로 다른 측정방법을 사용하였다 하더라도 두 가지 측정값이 동일하다면 집중 타당성이 높다고 할 수 있다. 이는 주로 상관관계 분석을 이용하여 평가된다. 마지막으로 판별 타당성은 서로 다른 이론적 구성개념을 나타내는 측정항목 간의 차별화 정도를 나타내는 개념으로 동일한 방법으로 서로 다른 개념들을 측정하여 이들 개념 간에 상관관계 분석을 수행하였을 때 두 가지 측정값들 간에 상관관계가 낮을 경우 판별 타당성이 높다고 할 수 있다.

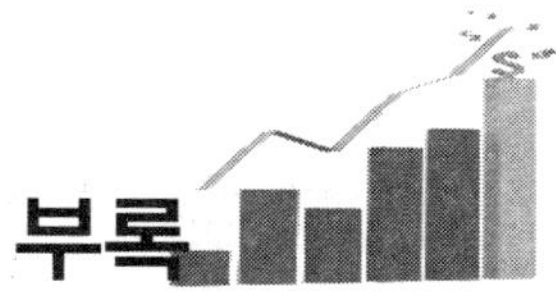

KOTRA 해외시장조사보고서 샘플

kotra

❐ 맞춤형 시장조사 보고서(샘플-평균보고서)

보고일자 : 2009. 7. 10

한국기업(주)

<table>
<tr><td>항목</td><td colspan="3">기타 : 중국백화점 입점 한국의류브랜드 조사</td></tr>
<tr><td rowspan="5">KBC</td><td colspan="3">베이징 비즈니스 센타
Tel: (971-2) 333-3333 / Fax: (971-2) 333-3333
Add: P.O. Box 1234, Sheikh Zaid Road, Beijing, China
www.kotra.or.kr/beijing</td></tr>
<tr><td>구분</td><td>조사책임</td><td>조사담당</td></tr>
<tr><td>성명</td><td>김길동 차장</td><td>Mr. Terry John</td></tr>
<tr><td>이메일</td><td>gildong@kotra.or.kr</td><td>terry@kotra.or.kr</td></tr>
<tr><td>전화</td><td>(971-2)333-6666</td><td>(971-2)333-6666</td></tr>
<tr><td rowspan="2">상담원</td><td>성명</td><td colspan="2">강전문(bcs99@kotra.or.kr)</td></tr>
<tr><td>연락처</td><td colspan="2">전화: (02)3497-3333 / 팩스: (02)3497-5555
주소: 서울시 서초구 헌릉로 7, IKP 지하 1층</td></tr>
<tr><td>안내
말씀</td><td colspan="3">1. KOTRA 맞춤형시장조사 서비스를 이용해 주신 고객님께 감사드립니다.
2. 동 보고서는 고객님의 요청에 맞는 자료 수집 결과 작성된 자료이나 부족한 부분이 있을 수 있습니다. 이 경우 우리 KBC로 연락을 주시면 최대한 보완토록 하겠습니다. 다만 조사의 특성상 기초자료가 부족한 경우가 있을 수 있사오니 참고하시기 바랍니다.
3. 참고로 연락처나 통계는 조사시점과 시간경과에 따라 변경될 수 있사오니 자료이용에 참고하시기 바랍니다.</td></tr>
</table>

[조사내용 : 중국 백화점 입점 한국 의류 브랜드 현황 조사]

○ 북경 지역 주요 백화점에 대한 현장조사 결과에 따르면 현재 북경 시장에 진출한 한국 의류는 주로 여성의류 및 캐주얼 의류 위주이며, 남성 및 아동 의류 브랜드는 상대적으로 적은 편이다.

○ 한편 당 센터는 동 조사대행 수행을 위해 롯데백화점 관계자에 업무협조를 요청하였으나 브랜드 담당자 현황에 대해서는 관련 자료를 제공받지 못하여 동 조사결과보고서에 포함하지 못하였다.

〈여성복 의류브랜드 진출 현황〉

연번	기업명	브랜드명	입점 백화점 현황
1	Beaucre Merchandising	Olive des Olive	中友, 新光, 乐天银泰, 太平洋
		On&On	乐天银泰, 世贸天阶, 新世界
		W.	乐天银泰, 大悦城,
2	MG Global	LANCY	中友, 君太, 乐天银泰, 大悦城
3	JHcos	Minimum	新光, 燕莎
4	YK038	ILC in satin	乐天银泰, 国贸晨曦, 中友
		HUM	晨曦百货, 乐天银泰, 太平洋
5	SG Wicus	ab.f.z.	太平洋
6	Lynn	Line	SOGO, 金源燕莎
7	노아종합상사	Korean	中友, 君太, SOGO, 新世界 등
		Klova	中友, 君太, SOGO, 新世界 등
8	Handsome	Time	乐天银泰
		Qua	乐天银泰
9	KARRA	Cara	乐天银泰, 中友, 金源燕莎, 燕莎, 赛特, 大悦城
10	WOOLIM.TFC	Temme	乐天银泰, 大悦城
11	Y & KEI	Kang jin young	新光, 国贸, 乐天银泰
12	Indong FN	She's Miss	乐天银泰
13	LG 패션	Daks	国贸, 新光
14	ELAND	Roem	太平洋, SOGO, 大悦城
15		Teresia	大悦城
16	Plastic Island	Plastic Island	乐天银泰

(자료원) 북경 의류센타

<남성복 의류브랜드 진출 현황>

연번	기업명	브랜드명	입점 현황
1	제일모직	GALAXY	乐天银泰
2	민영물산	REDOX	乐天银泰, 燕莎
3	신성통상	Ziozia	乐天银泰
4	우성 I&C	Yezac	乐天银泰
		BON	乐天银泰
5	Kolon Fashion	MANSTAR	乐天银泰
6	LG 패션	Daks	国贸, 新光
7	Handsome	Time	乐天银泰

(자료원) 북경 의류센타

<아동복 의류브랜드 진출 현황>

연번	회사명	브랜드명	입점 현황
1	Tomboy	Tomkid	乐天银泰, 燕莎, 赛特
2	ELAND	Eland Kids	乐天银泰, 枫蓝国际, 太平洋
3		Been	乐天银泰

(자료원) 북경 아동복 제조협회

<캐주얼 의류브랜드 진출 현황>

연번	회사명	브랜드명	입점 현황
1	제일모직	Fubu	世贸天阶
2	ELAND	Scofield	中友, 君太, 新世界, 大悦城, SOGO 등
		ELAND	거의 모든 백화점에 입점
		Teenie Weenie	거의 모든 백화점에 입점
		So Basic	大悦城
		Plory	大悦城, 中友, 新世界
		Prich	大悦城, 君太, 新世界, 金源燕莎, 华联 등
		Scat	大悦城, SOGO, 中友, 新世界 등
3	BANGBANG	UGIZ	乐天银泰
		Bangbang	蓝岛大厦
4	The Basichouse	Basic house	乐天银泰, 新世界, 大悦城, SOGO, 晨曦百货(東方店) 등
		Mind bridge	SOGO, 中友, 晨曦百货(双子座店)
5	Gnco	Thursday island	太平洋, 乐天银泰
6	Tomboy Corp	Tomboy	燕莎, 晨曦百货(國貿), 太平洋
7	Real COMPANY	ASK	乐天银泰, 新世界, 新光, 太平洋, 大悦城 등

(자료원) 의류 브랜드 협회

〈스포츠 · 골프 의류브랜드 진출 현황〉

연번	회사명	브랜드명	입점 현황
1	제일모직	Rapido	SOGO, 金源燕莎, 乐天银泰, 燕莎
		Astra	燕莎, 赛特
2	동진레저	Black yak	尼奥户外广场, 赛特, 燕莎
3	EXR	EXR	乐天银泰, SOGO, 金源燕莎, 燕莎, 百盛, 双安
4	BM Global	Wolsey	乐天银泰, SOGO, 燕莎, 赛特 등
5	ELAND	New Balance	거의 모든 백화점에 입점
6	Fnc kolon	Elord	乐天银泰, 新光
		Kolon Sports	乐天银泰, SOGO, 燕莎
		Jack Nicklaus	赛特
7	(주)트렉스타	Treksta	金源燕莎, 乐天银泰

(자료원) 중국 스포츠용품 협회

□ 북경시 주요 백화점 참고사이트

- 乐天银泰: www.intimelotte.com
- 中友百货: www.zhongyou.cn
- SOGO: http://sogo.junefield.com/
- 世贸天阶: www.theplace.cn
- 新光天地: www.shinkong-place.com
- 国贸商城: www.chinaworldmall.com
- 君太百货: www.grandpacific-mall.com.cn
- 燕莎友谊商城/金源燕莎: www.yansha.com.cn
- 大悦城: www.xidanjoycity.com
- 赛特购物中心: www.stplaza.com.cn
- 太平洋百货: www.bjpacific.com.cn
- 新世界百货: www.nwds.com.hk

인터넷을 통한 A/S 요령

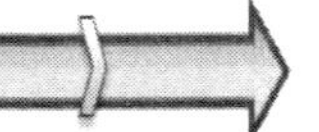

① KOTRA 홈페이지 (www.kotra.or.kr) 로그인 한다.

② 홈페이지 상단 "My Kotra"를 클릭하고, "사업참여이력"에서 "기업완료이력"을 선택한다

③ 해당 무역관 AS 신청버튼을 누르고 AS 신청내용을 입력한다

④ 입력된 내용은 바로 해외 무역관으로 접수되어 결과는 1주일 이내에 메일로 송부된다

수출전문위원을 통한 마케팅 및 A/S 요령

1. 보고서 표지에 기재된 담당 수출전문위원
2. 신청 요령 : 유선 및 이메일 접촉(별도 양식 없음)
3. 서비스 : 발굴 바이어 확인, 교신지원

* 고객 필요시 고객이 요청한 마케팅 지원

고객님의 성공적인 마케팅을 기원합니다!!!

kotra

❒ 바이어찾기 보고서(샘플-평균보고서)

레이저 마킹 장비 시장동향 요약

1. 시장동향(생산 및 수입)

○ UAE에서 레이저 마킹장비를 사용하는 기업은 UAE 연합상의에 등록된 제조업체 17,000개사 중 5,000여 개사임.

○ 최근 인근 중동 및 아프리카 수출을 위해 레이저 마킹 장비 수요증가로 최근 3년간 약 10%씩 성장추세임. 현지 조립생산제품 공급부족과 품질 조잡성으로 수입제품이 전체시장의 80% 차지

〈표〉 현지 유통 레이저 마킹장비

(단위 : U$천, %)

구분	2006		2007		2008	
	금액	증감율	금액	증감율	금액	증감율
시장규모	4,000	9.0	4,500	11.0	5,000	10.0
현지생산	800	12.0	900	9.0	1,000	11.0
수입	3,200	8.5	3,600	12.0	4,000	9.0

(자료원) UAE 제조업체 협의회 및 바이어 의견 종합

○ 현지 생산업체는 Emirates Laser, Pando Marking, Dubai Laser 등 3개 대형업체가 있으며, 중소업체 3개사 등 총 5개사가 활동중인데, 대부분 유럽, 대만 등으로부터 부품을 수입하여 Knock Down 형태의 조립생산임.

2. 경쟁동향(경쟁 및 가격동향)

○ 유럽산이 전체 시장의 50%를 차지하고 있는데, 이태리 Tawachi사 제품이 20%, 프랑스 Altom사가 10%, 대만산이 5%, 한국산이 3% 수준임.

○ 가격은 기본옵션으로 이태리 Tawachi 브랜드가 C&F Dubai U$100만 불, 대만 寒痛사 제품이 U$80만 불, 중국 中國賢顔사 제품이 50만 불 수준임.

[마케팅 핵심 포인트]

UAE(United Arab Emirates) 국가 기본 정보			
GDP	U$ 2,153억 불('08)	경제성장율	7.0%('08)
1인당GDP	U$ 45,228불('08)	물가상승율	12.7%('08)
소비인구	476만 명('08)	실업율	3.17%('08)
수출	U$ 1,529억 불('08)	수입	U$ 947억 불('08)
주수출품목	원유, 가스, 알미늄	주수입품목	섬유, 전자, 자동차
환율	U$=1 Dirham(디람)	휴일	금, 토
한국과의 시차	-6(한국 오후 2시는 UAE 오전 9시)		
종교	이슬람(90%), 기독교(5%), 기타(5%)		
언어	아랍어(공용어), 영어(상용어)		

(주) 1. 통계는 2008년, 단위는 미화(U$) 기준
2. 고객님의 현지 마케팅에 꼭 필요한 사항을 담았습니다. 기타 상세한 정보는 KOTRA 두바이 홈페이지(www.kotra.or.kr)를 이용하시기 바랍니다.

레이저 마킹장비 마케팅 핵심 포인트			
시장규모	U$ 500만 불(2008년)	수입규모	U$ 400만 불(2008년)
시장성장율	10%(07년도 대비 08년도)	시장전망	4점(우수)
시장단계	도입기( ) 성장기(○) 성숙기( ) 정체기( ) 쇠퇴기( )		
주요공급국	이태리(20%), 프랑스(10%), 한국(5%), 중국(3%)		
시장선도	이태리 Tawachi 브랜드		
현지 마케팅 중요 요소	순위	품질(1), 가격(2), 생산국(3), 브랜드(4) 디자인(5), A/S(6)	
	비고	가격보다는 품질 우선으로 형성된 시장	
수입장벽	없음( ) 있음(○)	관세율	5%
기타	UAE로 수출하기 위해서는 해당국 기술표준 인증서가 필요함		
KBC의견	상세 시장 전망 : 향후 지속적인 성장 기대 주요 진출 전략 : 바이어와의 networking		

(주) 1. 고객님이 의뢰하신 상품에 대한 시장 핵심 포인트이며 특이사항은 시장동향 요약부분을 참조하시기 바랍니다.
2. 고객님의 빠른 시장파악을 위한 마케팅 핵심 포인트로 현지 바이어 및 관련업계 등 현장 의견입니다.

〈표〉 공급국별 가격비교

구분	Tawachi	Altom	寒痛	한국o사	中國賢顔	Emarates
가격	1,000	1,200	80	90	50	80
비고	C&F Duabi, 기본옵션					공급가

(자료) 현지 바이어 및 제조업체 의견종합

3. 유통채널: 공급 · 수요자 직접거래

○ 일반 소비재와는 달리 특별한 유통채널이 없으며 제조업체가 필요시마다 공급업체와 직접상담 및 수입 추진

4. 수입정책 및 관세율

○ 주재국의 특별한 수입 규제정책은 없음

○ 관세율: 5%

- 걸프협력회의(GCC: Gulf Cooperation Council) 회원 6개국(사우디, 오만, 카타르, 쿠웨이트, 바레인, UAE) 공히 역외국가로부터 수입은 5% 관세 적용하고 있으며 역내국간 거래는 무관세임
- 역외국가들과 특별한 협력관세나 최혜국대우 없음

〈표〉 수입 관세율

H.S Code	세율	단위	비고
8756.45.6000	5%	C&FDubai	

(자료원) Dubai Custom Office

5. 현지 진출을 위한 KBC 의견

○ 예상 진출기간: 6개월~1년

- 바이어 대상 마케팅 기간 필요

○ 대상 바이어: Emirates Glass 등 현지 제조업체

- 현지 유리(Glass), 플라스틱 사출기계 등 각종 기계 생산공장 등에서 레이저 마킹장비를 직접 구입 형태로 중간 무역상을 통한 공급 불가

○ KBC 의견

- 면담 바이어들은 한국산은 대만, 중국산에 비해 가격이 높은 편이지만 시장을 선도하고 있는 이태리 수준에 버금간다는 의견
- 한 가지 구라파 업체들은 현지 공장 신설단계부터 Engineering 서비스를 하고 있어, 현지 업체들이 구라파 업체를 선호하는 경향이 있음
- 결론적으로 현지 제조 현장을 발로 누비면서 면대면으로 제품 성능, A/S 우수성 등을 홍보하는 방안이 최선의 진출전략임

[상담희망 & 잠재 바이어]

Emirates Glass Company(갑지)			상담희망 바이어 1
대표	Mr. Joseph Peter	직위	Managing Director
담당	Mr. Tery Jones	Title	Purchasing Manager
Tel	(971-2)333-5555	Fax	(971-2)333-6666
Mobile1	(971-50)555-8888	Mobile2	
Email1	Peter@yahoo.com	Email2	
설립연도	1995.2.1	종업원수	200명(사무 50, 생산 150)
Website	www.emiratesglass.com		
Add	P,O.Box 12345, Sheikh zaid Road, Dubai, UAE		
업종	제조, 무역		
생산품목	Glass for Building		
연간매출	U$ 100,000천 불	연수입액	U$ 50,000천 불
주요수입국	이태리, 프랑스, 중국		
주수입품	Laser Marking Machine, Chemical, Plastic Moulding M/C		
한국 거래경험	있음	상담 가능언어	영어, 아랍어
발굴과정	1. 발굴경로: 두바이 건축기자재(GITEX) 박람회장 2. 일지 - 2009.07.07: KBC 바이어 D/B확인, GITEX 방문 상담 - 2009.07.10: 직접면담(통일기업 카타로그 및 가격표 전달) - 2009.08.01: 바이어 2차 유선 접촉		
영업동향	1. 홈페이지 및 동종업계 접촉 결과 두바이 빌딩용 유리 최대 생산업체로 활동하고 있는 현지 유력기업. 두바이 건축기자재박람회(GITEX)에 매년 출품하고 있으며 자사 홍보에 많은 노력을 기울이고 있음 3. 경쟁사인 Dubai Glass사와는 UAE 및 인근 중동지역에서 경합중에 있으며, 자회사로 Dubai Plastic(플라스틱 생활용품 생산), Giant Monitor(Pc Monitor 생산) 등 5개사가 있음 4. 동사 및 자회사 생산제품에 자사 로고를 레이저로 마킹하기 위해 공급업체를 수배중에 있음		
바이어반응	1. 담당자는 기계 구입을 위해 이미 이태리, 프랑스, 중국으로부터 견적을 요청한 상태로 한국기업 참가도 환영함 2. 현재 사용중인 이태리 Tawachi 브랜드 재수입을 심각하게 고려중이지만 통일기업의 마킹기계의 품질 및 가격경쟁력에 대해 호의적인 평가를 하고, C&F Dubai로 견적 요구함		

※ 기타 바이어 영업자료, 바이어 인콰이어리 사양 등 추가 기재사항은 '을' (2/2)지 사용

Emirates Glass Company(을지)	
기타 사항	
마케팅 자료	○ 샘플 사진 ○ 바이어 인콰이어리 사양 등 기재

Dubai Plastic Company			잠재바이어 1
대표	Mr. Joseph Peter	직위	Managing Director
담당	Mr. Tery Jones	Title	Purchasing Manager
Tel	(971-2)333-5555	Fax	(971-2)333-6666
Mobile1	(971-50)555-8888	Mobile2	
Email1	Peter@yahoo.com	Email2	
설립연도	1995. 2. 1.	종업원수	200명(사무 50, 생산 150)
Website	www.emiratesglass.com		
Add	P,O.Box 12345, Sheikh zaid Road, Dubai, UAE		
업종	제조, 무역		
생산품목	Glass for Building		
연간매출	U$ 100,000천 불	연수입액	U$ 50,000천 불
주요수입국	이태리, 프랑스, 중국		
주수입품	Laser Marking Machine, Chemical, Plastic Moulding M/C		
한국 거래경험	있음	상담 가능언어	영어, 아랍어
참고사항	1. 현지 실수요가 없는 바이어 2. 두바이 대행 건축장비 제조업체로 수년전 마킹 장비 구입하였고, 향후 교체수요 발생시 인콰이어리 발주 예상		

Dubai Plastic Company			잠재바이어 2
대표	Mr. Joseph Peter	직위	Managing Director
담당	Mr. Tery Jones	Title	Purchasing Manager
Tel	(971-2)333-5555	Fax	(971-2)333-6666
Mobile1	(971-50)555-8888	Mobile2	
Email1	Peter@yahoo.com	Email2	
설립연도	1995. 2. 1.	종업원수	200명(사무 50, 생산 150)
Website	www.emiratesglass.com		
Add	P,O.Box 12345, Sheikh zaid Road, Dubai, UAE		
업종	제조, 무역		
생산품목	Glass for Building		
연간매출	U$ 100,000천 불	연수입액	U$ 50,000천 불
주요수입국	이태리, 프랑스, 중국		
주수입품	Laser Marking Machine, Chemical, Plastic Moulding M/C		
한국 거래경험	있음	상담 가능언어	영어, 아랍어
참고사항	1. 현지 실수요가 없는 바이어 2. 두바이 대행 건축장비 제조업체로 수년전 마킹 장비 구입하였고, 향후 교체수요 발생시 인콰이어리 발주 예상		

인터넷을 통한 A/S 요령

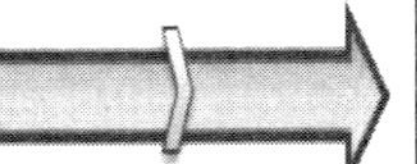

① KOTRA 홈페이지 (www.kotra.or.kr) 로그인 한다.

② 홈페이지 상단 "My Kotra" 를 클릭하고, "사업참여이력"에서 "기업완료이력" 을 선택한다

③ 해당 무역관 AS 신청버튼을 누르고 AS 신청내용을 입력한다

④ 입력된 내용은 바로 해외 무역관으로 접수되어 결과는 1주일 이내에 메일로 송부된다

수출전문위원을 통한 마케팅 및 A/S 요령

1. 보고서 표지에 기재된 담당 수출전문위원
2. 신청요령 : 유선 및 이메일 접촉(별도 양식 없음)
3. 서비스 : 발굴 바이어 확인, 교신지원

* 고객 필요시 고객이 요청한 마케팅 지원

고객님의 성공적인 마케팅을 기원합니다!!!

찾아보기

[ㄱ]

[ㄴ]

[ㄷ]

[ㅈ]

[ㅊ]

[ㅌ]

[ㅍ]

[ㅎ]

[B]

[C]

[E]

[F]

[G]

[I]

[L]

[O]

[T]

[W]

❑ 저자약력

✐ 이순철(李淳喆, Soon Cheul Lee)

➜ 약력
- 미국 University of Oklahoma 경제학 박사
- 인도응용연구원(NCAER) 초빙연구원
- 국민경제자문회의 인도분과 자문위원
- 한·인도 CEPA 협상, 한국대표단 민간대표
- 대외경제정책연구원 동서남아팀장
- 現, 부산외국어대학교 러시아·인도 통상학부 교수

➜ 저서 및 보고서
- 『인도진출 한국기업의 경영실태와 현지화 전략 연구』(2006), 공저, 대외경제정책연구원
- 『한국기업의 대러시아 현지경영 현황과 과제』(2008), 공저, 대외경제정책연구원

✐ 김정포(金正泡, Jung Po Kim)

➜ 약력
- 부산외국어대학교 경영학과 졸업
- 서강대학교 대학원 경영학과 국제경영학 박사
- 서울시정개발연구원 전략클러스터 연구원
- 서울산업통상진흥원 컨설팅솔루션위원회 위원
- 중소기업중앙회 중소기업자간 경쟁제도실무운영위원회 심의위원
- 한국조달연구원 연구실장
- (사)이순신리더십연구회 연구위원
- (사)한국국제경영학회 이사
- (사)한국경영컨설팅학회 이사
- (사)국제지역학회 이사
- 現, 부산외국어대학교 상경대학 경영학부 교수(학부장)

➜ 저서
- 『글로벌경영』(2011), 공저, 박영사

저자협의
인지생략

● **해외시장조사론**

초 판 1쇄 발행 —— 2011년 3월 10일
초 판 2쇄 발행 —— 2013년 1월 30일
지은이 —— 이 순 철 · 김 정 포
펴낸이 —— 전 두 표
펴낸데 —— 도서출판 **두남**
서울시 강동구 성내1동 455-12 두남빌딩
신 고 : 제25100-1988-9호
(구 제2-624호, 1988. 7. 21)
TEL : 02) 478-2065, 2066, 2067, 2311
FAX : 02) 478-2068
E-mail : dunam1@unitel.co.kr
http://www.dunam.co.kr

● **정가 15,000원**

ISBN 978-89-6414-190-8 93320